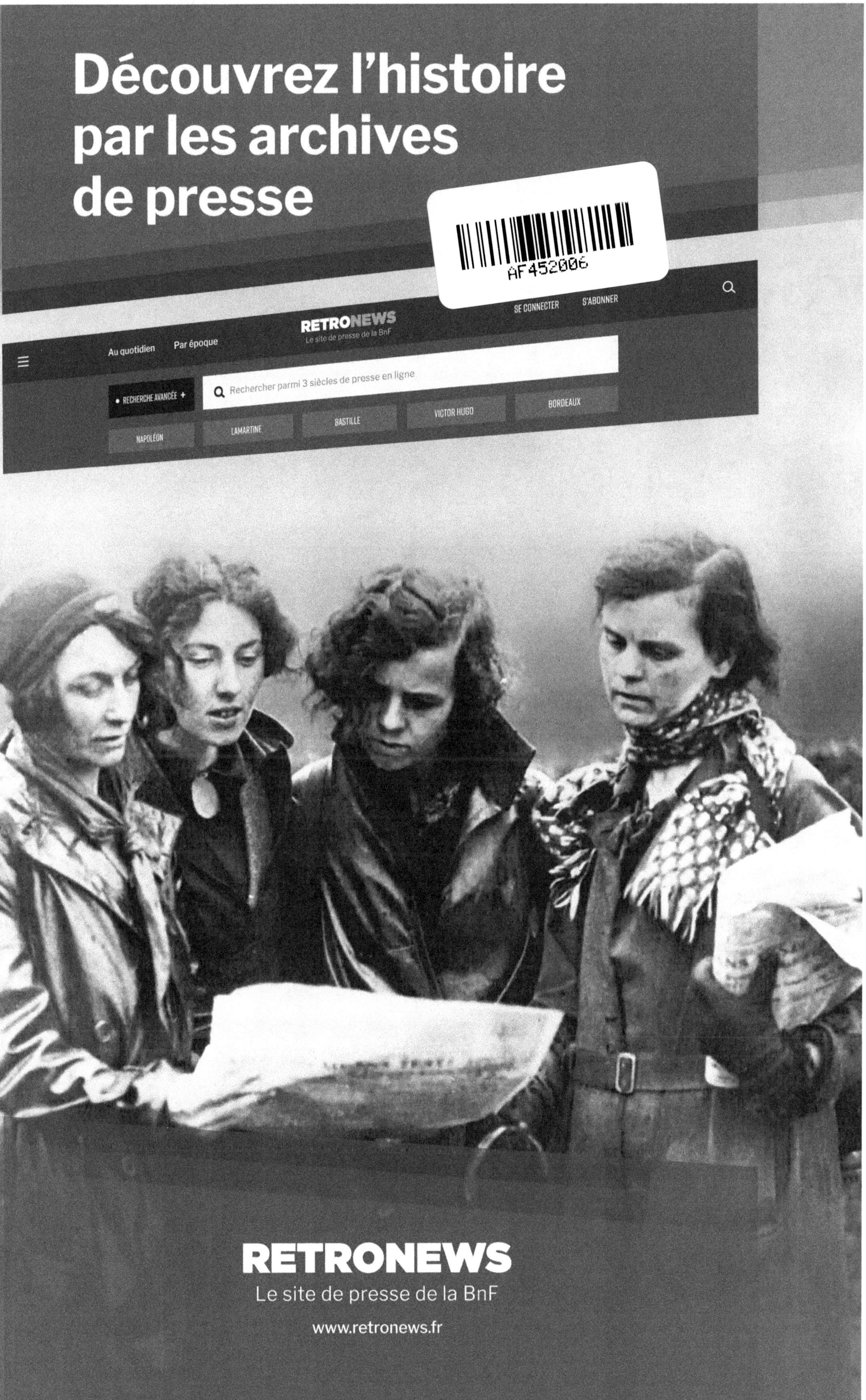

RETRONEWS

Le site de presse de la BnF

www.retronews.fr

ÉTUDES

RELIGIEUSES

PHILOSOPHIQUES, HISTORIQUES ET LITTÉRAIRES

REVUE MENSUELLE

PUBLIÉE PAR DES

Pères de la Compagnie de Jésus

TABLE GÉNÉRALE

DES VINGT-CINQ PREMIÈRES ANNÉES

(1856-1880)

PARIS

ANCIENNE MAISON RETAUX-BRAY

VICTOR RETAUX & FILS, ÉDITEURS

82, RUE BONAPARTE, 82

ÉTUDES

RELIGIEUSES

PHILOSOPHIQUES, HISTORIQUES ET LITTÉRAIRES

PARIS

IMPRIMERIE D. DUMOULIN ET Cie

Rue des Grands-Augustins, 5.

ÉTUDES

RELIGIEUSES

PHILOSOPHIQUES, HISTORIQUES ET LITTÉRAIRES

REVUE MENSUELLE

PUBLIÉE PAR DES

Pères de la Compagnie de Jésus

TABLE GÉNÉRALE

DES VINGT-CINQ PREMIÈRES ANNÉES

(1856-1880)

PARIS

ANCIENNE MAISON RETAUX-BRAY

VICTOR RETAUX & FILS, ÉDITEURS

82, RUE BONAPARTE, 82

La *Table générale* que nous offrons aux vieux amis des Études diffère notablement des deux qui ont été publiées en 1869 et en 1877. Moins méthodique peut-être, elle voudrait être plus pratique et mieux faciliter les recherches aux travailleurs.

Elle comprend deux parties et quatre tables alphabétiques.

La première partie a pour objet les Articles de fond (y compris les *Mélanges, Bulletins* et *Varia*); la seconde (Bibliographie) signale tous les ouvrages analysés dans les articles bibliographiques ou fréquemment cités dans les autres.

Chacune de ces parties renferme deux tables : *Matières* et *Auteurs*.

Les *matières* sont indiquées par le mot important de chaque titre d'article ou d'ouvrage, quelquefois par un mot équivalent. Les sujets qui forment un ensemble de doctrine se trouvent ainsi groupés naturellement sous la même rubrique. En ajoutant quelques répétitions et quelques renvois, ce procédé nous a paru satisfaire à toutes les exigences raisonnables.

Les *Bulletins* et *Varia* sont donnés par sommaires annuels ou mensuels; mais tous les articles signés qui peuvent en être détachés, s'ils ont quelque importance, sont indiqués une seconde fois à part.

Les *auteurs* d'ouvrages sont énumérés avec indication des titres complets de leurs écrits ; pour les auteurs des articles de fond, il a paru suffisant de renvoyer à la table des *matières*.

Les chiffres indiquent l'année (avec ses différents tomes), la tomaison générale (en chiffres romains) et la page. Le tableau ci-contre fournit la concordance de la tomaison générale avec les anciennes *Séries*.

Nous recevrons avec reconnaissance, non seulement les corrections, mais aussi les conseils qui nous aideraient à rendre ce travail moins imparfait pour les périodes suivantes.

P. BRUCKER, S. J.

CONCORDANCE DE LA TOMAISON GÉNÉRALE

AVEC LA TOMAISON PAR SÉRIES

Années.	Séries.	Tom. gén.	Années.	Séries.	Tom. gén.
1856.	I. 1.	I.	1869[1].	IV. 3.	XXII.
1857.	I. 2.	II.	1869[2].	IV. 4.	XXIII.
1858.	I. 3.	III.	1870[1].	IV. 5.	XXIV.
1859.	II. 1.	IV.	1870-71.	IV. 6.	XXV.
1860.	II. 2.	V.	1872[1].	V. 1.	XXVI.
1861.	II. 3.	VI.	1872[2].	V. 2.	XXVII.
1862.	III. 1.	VII.	1873[1].	V. 3.	XXVIII.
1863.	III. 2.	VIII.	1873[2].	V. 4.	XXIX.
1864[1].	III. 3.	IX.	1874[1].	V. 5.	XXX.
1864[2].	III. 4.	X.	1874[2].	V. 6.	XXXI.
1864[3].	III. 5.	XI.	1875[1].	V. 7.	XXXII.
1865[1].	III. 6.	XII.	1875[2].	V. 8.	XXXIII.
1865[2].	III. 7.	XIII.	1876[1].	V. 9.	XXXIV.
1865[3].	III. 8.	XIV.	1876[2].	V. 10.	XXXV.
1866[1].	III. 9.	XV.	1877[1].	V. 11.	XXXVI.
1866[2].	III. 10.	XVI.	1877[2].	V. 12.	XXXVII.
1866[3].	III. 11.	XVII.	1878[1].	VI. 1.	XXXVIII.
1867[1].	III. 12.	XVIII.	1878[2].	VI. 2.	XXXIX.
1867[2].	III. 13.	XIX.	1879[1].	VI. 3.	XL.
1868[1].	IV. 1.	XX.	1879[2].	VI. 4.	XLI.
1868[2].	IV. 2.	XXI	1880.	VI. 5.	XLII.

PREMIÈRE PARTIE

ARTICLES DE FOND

PREMIÈRE TABLE

ORDRE DES MATIÈRES

A

Alexandrie. J. Brucker, Destruction de la bibliothèque d'Alexandrie, d'après la *Revue scientifique*. 1875², xxxiii, 116.

» E. Desjardins, L'école d'Alexandrie et sa lutte contre le christianisme. 1861, vi, 537.

Algérie. H. Ducas, Lettre de Constantine. 1864², x, 500.

» T. Pepin, Projet d'une mer intérieure. 1874², xxxi, 920; 1876¹, xxxiv, 879; 1879², xli, 455.

Allemagne. H. Mertian, Les origines du christianisme d'après la *Revue germanique*. 1861, vi, 60, 396, 605. — La critique germanique et les Actes des Apôtres. 1864³, xi, 1. — L'Université catholique libre d'Allemagne. 1865¹, xii, 87.

» A. Paradan, La campagne d'Allemagne en 1866. 1870¹, xxiv, 858; 1870-71, xxv, 222. — La guerre franco-allemande appréciée par un juge compétent (Rüstow). 1872¹, xxvi, 286.

» C. Sommervogel, Coup d'œil sur les Universités dans l'empire allemand. 1875¹, xxxii, 284.

» F. Vigouroux, L'exégèse rationaliste en Allemagne. 1870-71, xxv, 188, 691.

Allemands. H. Mertian, La Mission allemande à Paris. 1862, vii, 779.

» *Var.* Les Français et les Allemands devant les Anglais. 1873¹, xxviii, 912. — Le drapeau du nouvel empire allemand sur la côte d'Afrique. Les fonctionnaires au Parlement allemand. 1874¹, xxx, 789.

Alligators. C. Rathouis, Les alligators de la Chine centrale. 1879¹, xl, 903.

Allocutions. Pie IX aux cardinaux (23 déc. 1872). 1873¹, xxviii, 126. — Pie IX aux cardinaux (25 juil. 1873). 1873², xxix, 306.

» Léon XIII aux représentants de la presse catholique (22 fév. 1879). 1879¹, xl, 321.

Alphonse (Saint). F. Desjacques, Les *Vindiciæ Alphonsianæ* et le P. Ballerini. 1873², xxix, 78.

» A. Sigé, La théologie Gury-Ballerini recommandée par un disciple de S. Alphonse (le P. Konings). 1878², xxxix, 76; 1879¹, xl, 359.

Alsace. P. Fristot, La propagande protestante en Alsace. 1873¹, xxviii, 764.

Ambroise (Saint). C. Verdière, Les trois tombeaux ambrosiens et leurs rapports avec l'histoire de l'Église. 1878², xxxix, 220, 345.

Ancêtres. F. Ravary, Les tablettes des ancêtres et les registres de la famille en Chine. 1874², xxxi, 762.

Angelico. *Var.* Fra Angelico, poésie du P. de Fougeray. 1879¹, xl, 937.

Angleterre. V. Alet, L'Église romaine et la Grande-Bretagne avant la conquête normande (Aug. Thierry). 1861, vi, 26, 575.

» J. Forbes, Mémoires d'un missionnaire catholique (le P. Gerard) en Angleterre sous le règne d'Élisabeth. 1868², xxi, 602 ; 1869¹, xxii, 111, 280, 575. — La question de l'Université catholique en Irlande et en Angleterre. 1874¹, xxx, 321. — La crise du protestantisme en Angleterre ; le bill contre les ritualistes. 1875¹, xxxii, 97 ; 1876¹, xxxiv, 372.

» P. Loysel, Le titre des rois d'Angleterre, *Defensor fidei.* 1876², xix, 376.

» *Var.* Progrès du catholicisme en Angleterre pendant l'année 1866. 1867¹, xviii, 590.

Anglicanisme. J. Gagarin, Une nouvelle tentative de réunion entre l'Église anglicane et l'Église orientale. 1865², xiii, 84. — L'anglicanisme et le schisme grec. 1865³, xiv, 254.

» P. Toulemont, Le schisme anglican et l'Église des premiers siècles. 1866², xvi, 145, 474 ; 1866³, xvii, 512.

Animal. J. de Bonniot, Les animaux d'après les positivistes. 1872¹, xxvi, 89. — L'homme et l'animal. 1872¹, xxvi, 641. — L'animal ; lettres à Monsieur ***. 1872², xxvii, 249, 391. — Voir *Bêtes.*

» *Var.* Histoire merveilleuse des animaux : les vers à soie de saint Félix de Cantalice ; le rouge-gorge de saint Servan. 1879¹, xl, 126, 437.

Anne. J. Gagarin, L'impératrice Anne et les catholiques en Russie. 1878¹, xxxviii, 645.

Anselme. V. de Buck, Osbert de Clare et l'abbé Anselme, instituteurs de la fête de l'Immaculée Conception dans l'Église latine. 1860, v, 64, 545.

Anthropologie. A. Bellynck, Rapport (de M. de Quatrefages) sur les progrès de l'anthropologie en France. 1868¹, xx, 572.

Antigone. L. Baunard, Lettre au P. de Gabriac sur la représentation en grec de la tragédie d'*Antigone* par les élèves du petit séminaire d'Orléans. 1869², xxiii, 317.

Apocalypse. A. Le Hir, Les Apocalypses apocryphes publiées par M. Tischendorf. 1866², xvi, 190.

Apocryphes. Voir *Apocalypse, Assomption, Esdras.*

Apologétique. F. Desjacques, Un cours d'apologétique chrétienne (P. Caussette). 1873¹, xxviii, 582.

Apologistes. C. Daniel, Conseils aux apologistes, d'après deux écrits de Mgr l'évêque de la Rochelle (Mgr Landriot). 1860, v, 177.

Apostolat. P. Toulemont, L'Apostolat de la prière. 1862, vi, 248.

Apôtres. H. Mertian, Les saints apôtres Paul, Jacques et Jean. 1862, vii, 66. — De la valeur historique des Actes des Apôtres. 1862, vii, 577. — Philologie des Actes des Apôtres. 1863, viii, 774. — L'auteur des Actes des Apôtres ; question d'identité. 1864[2], x, 1. — La critique germanique et les Actes des Apôtres ; date de la composition du livre des Actes. 1864[3], xi, 1.

» J. Noury, Œuvre des Douze Apôtres. 1864[2], x, 531.

Apparitions. J. de Bonniot, De la cause des apparitions. 1877[2], xxxvii, 625.

Apprentis. P. Toulemont, Œuvre des Apprentis et des jeunes ouvriers. 1862, vii, 393.

Arabie. A. Dutau, Les origines du christianisme en Arabie d'après les nouveaux Bollandistes (*Acta S. Arethæ*). 1862, vii, 91, 322.

Araignées. J.-M. Babaz, Le vol des araignées. 1867[2], xix, 713.

Archéologie. V. de Buck, L'archéologie irlandaise (au couvent de Saint-Antoine de Padoue, à Louvain). 1869[1], xxii, 408, 586.

» C. Cahier, Un mot d'explication au sujet des *Nouveaux mélanges d'archéologie* (au cardinal Pitra). 1874[1], xxx, 785.

» R. Champon, Lettre d'un Israélite à M. Jules Soury, à propos de son article sur *la Bible et l'Archéologie*. 1872[1], xxvi, 830.

» N. Larcher, L'archéologie préhistorique et le tombeau de Josué. 1870-71, xxv, 626.

» *Var.* Sénèque a-t-il connu saint Paul ? 1867[1], xviii, 303, 733. — Découverte de trois inscriptions métriques aux Catacombes. 1872[2], xxvii, 928. — Découverte de la basilique souterraine des SS. Nérée et Achillée. 1874[1], xxx, 610.

Architecture. J. Martinov, L'architecture romane en Russie. 1878[2], xxxix, 697.

Armée. E. de Lachau, Le service religieux dans l'armée. 1873[2], xxix, 230.

Arménie. R. Cornely, De la succession légitime sur le siège patriarcal arménien. 1866[1], xv, 211.

Art. A. Cahour, Les mystères de l'art éclairés par l'Évangile. 1870-71, xxv, 641.

» P. Toulemont, Un historien de l'art chrétien (Rio). 1872[2], xxvii, 438, 591. — Le devoir de l'autorité devant les méfaits de l'art et de la presse. 1874[1], xxx, 870 ; 1874[2], xxxi, 384.

Autographes. H. Colombier, Autographes et inédits : P. Coton, P. Joseph du Tremblay, P. Suffren, Richelieu, Saint-Cyran, Bossuet. 1877², xxxvii, 735.

»   H. Ramière, Les autographes de saint Thomas d'Aquin. 1879¹, xl, 883.

»   C. Sommervogel, Promenade à travers les autographes : Charles IX, P. Le Tellier, Rivoallan, P. de Neuville, P. Rapin, Delafosse, P. Labbe. 1869², xxiii, 127; 1870¹, xxiv, 131, 602; 1870-71, xxv, 770.

Autorité. V. Alet, L'autorité dans Homère. 1872², xxvii, 570.

»   A. Matignon, La doctrine d'autorité de Lamennais. 1867¹, xviii, 14.

»   H. de Rochemure, Autorité et liberté dans le christianisme. 1872², xxvii, 191.

»   P. Toulemont, Le devoir de l'autorité publique quant à la protection des mœurs. 1874¹, xxx, 680. — Le devoir de l'autorité devant les méfaits de l'art et de la presse. 1874¹, xxx, 870; 1874², xxxi, 384.

Autriche. C. Clair, L'Autriche catholique jugée par la *Revue des Deux Mondes*. 1869¹, xxii, 854; 1869², xxiii, 100.

»   *** L'abolition du Concordat et les évêques de l'empire d'Autriche. 1869¹, xxii, 641.

Auxiliatrices. J. Noury, Les Auxiliatrices du Purgatoire. 1863, viii, 471.

Aveugles. P. Toulemont, Œuvre des Sœurs aveugles de Saint-Paul. 1862, vii, 386.

B

Babylone. J. Brucker, Les énigmes de Ninive et de Babylone. 1877², xxxvii, 465.

Baccalauréat. A. de Gabriac, Le baccalauréat dans le passé et dans l'avenir. 1869¹, xxii, 821.

Bactéries. T. Pepin, Les bactéries et l'infection charbonneuse. 1877², xxxvii, 420.

Baïanisme. A. Matignon, 1864³, xi, 314.

Ballerini. F. Desjacques, Les *Vindiciæ Alphonsianæ* et le P. Ant. Ballerini. 1873², xxix, 78.

Baltimore. Voir *États-Unis, Nègres*.

Baptême. J. Noury, Un baptême chez les protestants. 1860, v, 166.

Barat. C. Daniel, La Révérende Mère Barat. 1865², xiii, 223.

Beau. E. et G. Desjardins, Du beau, étude métaphysique. 1860, v, 372.

Beugnot. P. Toulemont, Le comte A. Beugnot. 1865[2], xiii, 76.

Beyrouth. A. Dutau, L'Imprimerie catholique de Beyrouth. 1863, viii, 386.

Bible. R. Champon, Lettre d'un Israélite à M. Jules Soury, à propos de son livre *la Bible et l'Archéologie*. 1872[1], xxvi, 830.

» F. Desjacques, Les versions latines de la Bible avant saint Jérôme (L. Ziegler). 1878[2], xxxix, 721.

» A. Haté, La Bible et les sciences de la nature. 1868[2], xxi, 458, 934.

» II. Mertian, La Bible du Sinaï (Tischendorf). 1863, viii, 933.

Bibliothèques. M. de Boylesve, Rapport sur les bibliothèques dans les œuvres. 1875[2], xxxiii, 481.

Billets. P. Clauer, Des billets d'enterrement au dix-huitième siècle. 1877[2], xxxvii, 374.

Biologie. *Var.* Discours du Dr Gluge à la Royale Académie de Belgique sur l'enseignement de la biologie. 1874[1], xxx, 298.

Blessés. C. Chambon, L'Œuvre des blessés militaires. 1870-71, xxv, 316.

Bohémiens. *Var.* Les bohémiens. 1874[1], xxx, 439.

Boileau. F. Le Lasseur, M. Boileau (Beaulaigue), de l'Archevêché. 1878[1], xxxviii, 126.

Bollandistes. Voir *Arabie, Éthiopie, Macaire, Ursule*.

Bonaventure (Saint). E. Marquigny, Le sixième centenaire de saint Bonaventure (15 juillet). 1874[2], xxxi, 133.

Bonne foi. J. Noury, La question de bonne foi chez les dissidents. 1867[1], xviii, 161.

Bonnetty. C. Sommervogel, La condamnation du traditionalisme selon M. Bonnetty. 1872[2], xxvii, 451. — Réclamation de M. Bonnetty. 1872[2], xxvii, 932.

Bossuet. C. Daniel, Bossuet à la cour de Louis XIV. 1866[1], xv, 145.

» F. Gazeau, Louis XIV, Bossuet et la Sorbonne en 1663; première ébauche de la déclaration des quatre articles. 1869[1], xxii, 874. — Documents inédits sur l'oraison funèbre de Nicolas Cornet. 1874[1], xxx, 270; 1874[2], xxxi, 161. — Bossuet et l'infaillibilité de l'Église en face du jansénisme. 1875[2], xxxiii, 56. — L'opinion de Bossuet sur l'infaillibilité de l'Église dans la condamnation du jansénisme. 1876[1], xxxiv, 321. — Réponse à une objection sur la doctrine de Bossuet dans sa Lettre aux religieuses de Port-Royal. 1876[2], xxxv, 281. — L'infaillibilité de l'Église et l'influence de Bossuet dans la paix dite de Clément IX. 1877[1], xxxvi, 92, 496.

Bossuet. E. Marquigny, L'édition nouvelle (Lachat) des Œuvres de
(*Suite.*) Bossuet. 1866², xvi, 241.

  » C. Sommervogel, Lettres inédites de Bossuet. 1875², xxxiii, 447.

  » *Var.* Une thèse de Bossuet sur l'Église en 1651. Bossuet fut-il toujours gallican? 1869¹, xxii, 910.

Botanique. A. Bellynck, La botanique moderne. 1869¹, xxii, 528, 730. — Voir *Chine, Indes.*

Boucher de Perthes. A. Jean. 1868², xxi, 508.

Boulogne. V. Alet, Notre-Dame de Boulogne, du 15 au 31 août 1865; journal et réflexions d'un missionnaire. 1865³, xiv, 227.

Bourdaloue. M. Lauras, De l'action oratoire du P. Bourdaloue. 1876¹, xxxiv, 705. — La marquise de Maintenon et le P. Bourdaloue. 1877², xxxvii, 161. — Les derniers instants du P. Bourdaloue. 1877², xxxvii, 408.

Bourgeois. C. Clair, Une soirée littéraire (de M. Gidel) à la Sorbonne. Bourgeois et gentilshommes au dix-huitième siècle. 1867¹, xviii, 86.

Bourquenoud. A. Dutau, Le P. Bourquenoud. 1869¹, xxii, 138.

Bourret. F. Desjacques, Les ordres religieux défendus par Mgr (Bourret) l'évêque de Rodez. 1880, xlii, 138.

Brahmo-Somajisme. Voir *Indes.*

Brandebourg. C. Sommervogel, Albert de Brandebourg, premier duc de Prusse. 1868¹, xx, 190.

Brefs. Pie IX, A M. Dantier (*Monastères bénédictins d'Italie*). 1867¹, xviii, 299. — Aux élèves de Feldkirch (offrande au Pape). 1867¹, xviii, 893. — A M. Gérin (*Assemblée de 1682*). 1869¹, xxii, 463. — Aux *Études*. 1873², xxix, 5. — A Mgr Gaume (classiques chrétiens). 1874¹, xxx, 905.

Bretagne. C. Clair, Un nouveau poète en Bretagne (J. Rousse). 1867¹, xviii, 713.

  » V. Mercier, Nouveaux aperçus (de M. de Carné) sur l'histoire de la Bretagne, 1868², xxi, 472. — Récits bretons. Pierre Landais ou les derniers jours de l'indépendance. 1870¹, xxiv, 689, 817. — La Ligue à Quimper et dans le diocèse de Cornouaille (1589-1598). 1870-71, xxv, 481, 830; 1872¹, xxvi, 108, 673.

Bréviaire. F. Le Lasseur, A propos d'un bréviaire gallican (d'Orléans). 1875¹, xxxii, 754.

Brique. L. Hélot, Industrie chinoise; la trempe de la brique. 1860, v, 484.

Brumoy. J.-M. Prat, Lettres du P. Brumoy au marquis de Caumont (1730-40). 1857, ii, 413.

Bulgarie. J. Brucker, Question orientale; la Bulgarie et les Bulgares (F. Kanitz). 1877[2], xxxvii, 650 ; 1878[1], xxxviii, 48.

Bulles. G. Desjardins, La bulle *Unam Sanctam*. 1880, xlii, 161, 382, 517.

» A. Matignon, Une note de dom Guéranger sur l'acceptation de la bulle *Vineam Domini*. 1870[1], xxiv, 796.

Buloz. Voir *Revue des Deux Mondes*.

Bussierre. C. Sommervogel, Le vicomte Marie-Théodore Renouard de Bussierre. 1865[3], xiv, 83.

C

Café. Voir *Indes*.

Cahour. C. Daniel, Le Père A. Cahour. 1870-71, xxv, 600.

Calcutta. I. Carbonnelle, Une promenade à Calcutta et dans les environs (lettre). 1865[2], xiii, 463.

» H. Depelchin, Le cyclone du 1er novembre 1867 à Calcutta (lettre). 1867[2], xix, 203.

Calliste. A. Le Hir, Le pape S. Calliste et les *Philosophoumena*. 1865[2], xiv, 163, 277.

Calvaire. J. Noury, Œuvre du Calvaire, Association des dames veuves de Lyon. 1863, viii, 945.

Camille. G. André, Camille (roman chrétien). 1864[1], ix, 214, 445 ; 1864[2], x, 52.

Campagnes. J. Noury, Œuvre des Campagnes. 1864[1], ix, 494.

Canada. *Var.* Un incendie dans les forêts (lettre), 1864[3], xi, 677. — La question des classiques au Canada. 1867[1], xviii, 588.

Canaux. J. Brucker, La jonction des deux Océans. 1874[2], xxxi, 416. — Encore le canal de Darien. 1875[1], xxxii, 128.

» T. Pepin, Le canal interocéanique de Panama. 1879[2], xli, 456

Canisius. V. Alet, Le bienheureux Canisius et son œuvre. 1865[1], xii, 1, 358, 574.

» M. de Boylesve, Le bienheureux Pierre Canisius à Fribourg, en 1865. Récit des trois jours de fête (25, 26, 27 juin) par un témoin oculaire. 1865[2], xiii, 483.

Carlowitz. J. Gagarin, L'Église roumaine, le siège de Carlowitz et le patriarche de Constantinople. 1865[2], xiii, 321.

Carmes. C. Sommervogel, Un prêtre échappé au massacre des Carmes (M. Frontault). 1867[2], xix, 848.

Caspienne. T. Pepin, Jonction de la mer Caspienne à la mer Noire. 1876[1], xxxiv, 882.

Casuistes. D. Bellocq, Les casuistes et leurs nouveaux adversaires (J. Simon), 1866[3], xvii, 25.

Casus conscientiæ. *Var.* I. De impedimento publicæ honestatis ex sponsalibus conditionalis. 1859, iv, 160, 315. — II. De impedimento clandestinitatis. 1859, iv, 319, 465, 479, 641, 645 ; 1860, v, 320.

Catacombes. Voir *Rossi.*

Catholicisme. D. Bellocq, Le catholicisme et la fusion des peuples. 1862, vii, 1.

Catholiques. L. Langlois, Des manifestations catholiques en France pendant l'année 1864. 1865[1], xii, 29.

» E. Marquigny, Le rôle des catholiques dans le mouvement historique contemporain. 1866[3], xvii, 188. — De l'action catholique auprès [des populations industrielles. 1874[2], xxxi, 576.

» L. Sarriot, De la raison d'être encore catholique ; réflexions d'un simple croyant. 1865[2], xiii, 133.

Caumont. J.-M. Prat, Lettres du P. Brumoy au marquis de Caumont (1730-1740). 1857, ii, 413.

Causes. *Var.* Observations de Sainte-Claire Deville sur un livre de M. Balard (*Causes occultes*). 1866[3], xvii, 587.

Caussin. C. Daniel, Une vocation et une disgrâce à la cour de Louis XIII ; lettre inédite du P. Caussin à Mlle de La Fayette. 1861, vi, 353.

Cécile (Sainte). F. Poirré, Sainte Cécile, poème tragique (comte de Ségur). 1868, xxi, 620.

Celtique. *Var.* Projet d'un congrès celtique. 1867[2], xix, 452.

Cerveau. J. de Bonniot, Rapports du cerveau et de la pensée. 1873[3], xxix, 321, 677.

Césarisme. Voir *Monarchie, Libéralisme.*

Champagny. A. Gouilloud, Un historien catholique (de Champagny). 1872[1], xxvi, 854.

Champeaux. Voir *Réalisme.*

Chantal (Sainte). F. Desjacques, Sainte Jeanne-Françoise de Chantal d'après ses écrits. 1880, xlii, 752.

Charbon. T. Pepin, Les bactéries et l'infection charbonneuse. 1877[2], xxxvii, 420.

Charité. F. Desjacques, La charité chrétienne, remède au mal social. 1879[2], xli, 629.

Charles II. F. Dumas, Charles II, roi d'Angleterre, et son fils le Père Jacques Stuart. 1864[3], xi, 31, 196, 454, 578 ; 1865[1], xii, 178.

— Suprême tentative de Charles II pour l'émancipation des

Chronique spéciale. Voir *Belgique, Congrès, Enseignement, Herzégovine, Italie, Jubilé, Khelm, Moreno, Pèlerinages, Prusse, Religion, Suisse, Universités.*

Cinchona. Voir *Indes.*

Civiltà. C. Daniel, Le *Correspondant* et la *Civiltà cattolica.* 1864[2], x, 263.

Classiques. *Var.* La question des classiques au Canada (lettre du cardinal Patrizi). 1867[4], xviii, 588. — Voir *Gaume.*

Clément d'Alexandrie. J. Tailhan. 1866[2], xvi, 366 ; 1866[3], xvii, 214.

Clément IX. F. Gazeau, L'infaillibilité de l'Église et l'influence de Bossuet dans la paix dite de Clément IX. 1877[1], xxxvi, 92, 496.

Clerc. C. Daniel, Alexis Clerc, lieutenant à bord du *Cassini,* de Lorient à Chang-Haï. 1875[2], xxxiii, 221.

Clergé. V. Alet, La science et le clergé catholique. 1873[1], xxviii, 543.

  » H. Dumas, Le clergé et l'instruction primaire. 1872[1], xxvi, 266, 738.

  » J. Gagarin, La réforme du clergé russe. Voir *Russie.*

  » L. Reynaud, Le rôle du clergé dans la presse. 1876[1], xxxiv, 5.

  » A. Rousselin, Le clergé de France pendant la période révolutionnaire. 1868[1], xx, 533.

Code. C. Daniel, Le mariage chrétien et le Code Napoléon. 1869[4], xxii, 5, 321 ; 1869[2], xxiii, 5, 337.

Cœur (Sacré). J. Babaz, Entretiens philosophiques et psychologiques à propos du Sacré Cœur de Jésus. 1874[1], xxx, 349.

  » H. de Bigault, L'objet principal de la dévotion au Sacré Cœur, d'après les données de la philosophie et de la physiologie. 1870[1], xxiv, 233.

  » H. Ramière, La dévotion au Cœur de Jésus et la physiologie. 1874[2], xxxi, 481, 801.

  » X. Le salut de la France et de la chrétienté par le Sacré Cœur. 1875[1], xxxii, 801.

Colbert. C. Verdière, Colbert et son dernier historien (P. Clément). 1876[1], xxxiv, 123.

Collèges. V. Alet, Tableau des collèges de Paris en 1788. 1875[2], xxxiii, 136.

  » M. Laurras, Le collège de Dormans-Beauvais (R. P. Chapotin). 1870-71, xxv, 786.

  » R. de Scorraille, Les distributions de prix dans les collèges. 1879[2], xli, 269, 354.

Collèges. C. Sommervogel, Un collège universitaire (Harcourt) au
(*Suite.*) dix-huitième siècle. 1875¹, xxxii, 148.

» L. C. L'enseignement de la théologie au Collège Romain
(le P. Franzelin). 1873¹, xxviii, 749.

Colomb. J. Brucker, Les précurseurs de Christophe Colomb et
de Vasco de Gama. 1876², xxxv, 5.

Comètes. T. Pepin, La comète de Coggia. 1875¹, xxxii, 427.

Communion. A. Nampon, Archiconfrérie de Notre-Dame de la Première Communion. 1864², x, 235. — Œuvre de la Communion réparatrice. 1864³, xi, 73.

Comores. L. Langlois, Jomby-Soudy, reine de Mohély ; scènes et
récits des îles Comores (1854-1862). 1864², x, 175, 295, 478 ;
1864³, xi, 161.

Computiste. V. de Buck, Sur la numération des Romains, à propos
du computiste anonyme d'Afrique. 1865², xiii, 250.

Comte. J. de Bonniot, Le fondateur du positivisme (A. Comte). 1870¹,
xxiv, 708.

Conception (Immaculée). V. de Buck, Osbert de Clare et l'abbé
Anselme, instituteurs de la fête de l'Immaculée Conception
dans l'Église latine. 1860, v, 64, 545.

» C. Cahier, Le petit office de l'Immaculée Conception. 1880, xlii,
143, 622.

» J. Pra, Notre-Dame de Lourdes et l'Immaculée Conception.
(R. P. Hilaire). 1880, xlii, 742.

Conciles. C. Clair, Examen d'une brochure adressée aux évêques
du concile. 1869², xxiii, 919.

» C. Daniel, La préparation et l'attente du futur concile. 1869²,
xxiii, 753. — Les premières définitions du concile et la constitution *Dei Filius*. 1870¹, xxiv, 785.

» G. Desjardins, Le concile du Vatican et la monarchie spirituelle
du Pape. 1872¹, xxvi, 161. — Le concile du Vatican et le
magistère infaillible du Pontife romain. 1872¹, xxvi, 481. —
Le concile du Vatican et ses historiens. 1872², xxvii, 365.
— La première Constitution du concile du Vatican. 1873¹,
xxviii, 261. — Le décret du concile du Vatican sur la tradition. 1873¹, xxviii, 875. — La théodicée catholique ; étude
sur le concile du Vatican. 1873², xxix, 389, 641 ; 1874¹,
xxx, 228, 1874², xxxi, 42. — Le concile du Vatican et le
rationalisme. 1875¹, xxxii, 321. — Théorie de la foi d'après
le concile du Vatican. 1876¹, xxxiv, 641, 859 ; 1877¹, xxxvi,
5. — La foi, sa nécessité ; étude sur la Constitution *Dei Filius*.
1878², xxxix, 433. — La foi et la raison (chap. iv de la

Constitution *Dei Filius*. 1878², xxxix, 577, 770. — Voir *Constitutions*.

Conciles. II. Matagne, De la confirmation des conciles œcuméniques (*Suite*.) (avec Réponse à l'*Avenir catholique*). 1869², xxiii, 499, 790.

» A. Matignon, L'action sociale de l'Église dans les conciles. 1868¹. xx, 5, 482; 1868², xxi, 161, 751. — Le second concile plénier de Baltimore et la discipline ecclésiastique aux États-Unis, 1869¹, xxii, 481.

» P. Toulemont, La basilique de Saint-Pierre et le futur concile. 1869¹, xxii, 746. — Le concile et les préoccupations de certains catholiques. 1869², xxiii, 976.

» G. K. Collectio Lacensis. (*Acta et decreta sacrorum conciliorum recentiorum*). 1877¹, xxxvi, 735.

» Voir *Synode*.

Concordat. C. de Laage, L'Église et l'État; étude sur le Concordat et les articles organiques. 1872¹, xxvii, 46. — De la nature des concordats, d'après la *Civiltà cattolica*. 1872², xxvii, 741.

» *** L'abolition du Concordat et les évêques de l'empire d'Autriche. 1869¹, xxii, 641.

Condette. Voir *Dunes*.

Conférences. L. Cochard, Un disciple de saint Thomas d'Aquin dans la chaire de Notre-Dame. 1874², xxxi, 105. — Les conférences de Besançon (abbé Besson). 1874², xxxi, 595.

» J. Félix, Les mystères de la science. — I. Le mystère et la science. 1863, viii, 161. — II. Le mystère de la création et la science du monde, 185. — III. La Genèse et les sciences modernes, 213. — IV. Le mystère de la Trinité devant la raison et la science, 245. — V. Le mystère du péché originel et la science de l'homme, 273. — VI. Le mystère de l'Incarnation foyer de lumière, 301. — VII. Le mystère de la destinée devant la foi et la science, 329.

» J. Félix, La critique nouvelle. — I. La critique nouvelle devant la science et le christianisme. 1864¹, ix, 273. — II. Le règne de Jésus-Christ et la critique antichrétienne, 301. — III. Jésus-Christ réformateur et la critique antichrétienne, 329. — IV. Le miracle et la critique nouvelle, 357. — V. Les miracles de Jésus-Christ et la critique antichrétienne, 517. — VI. Le Christ de la nouvelle critique devant l'histoire et le progrès, 545.

» J. Félix, La négation philosophique. — I. La négation naturaliste en face du surnaturel. 1865¹, xii, 277. — II. Le pan-

Cornet. F. Gazeau, Documents inédits sur l'oraison funèbre de Nic. Cornet. 1874[1], xxx, 270 ; 1874[2], xxxi, 161.

Correspondant. C. Daniel, Le *Correspondant* et la *Civiltà cattolica*. 1864[2], x, 263.

Courage. P. Toulemont, Le découragement des honnêtes gens et le devoir du courage au temps actuel. 1872[1], xxvi, 507, 882.

Courants. Voir *Atmosphère, Euripe, Gladstone*.

Coutume. A. Matignon, Les décrets des Congrégations romaines et la coutume. 1859, iv, 504.

Crédit. J. Noury, Œuvre du Crédit de la charité. 1862, vii, 833.

Crétineau-Joly. E. Régnault, Crétineau-Joly et ses livres. 1875[1], xxxii, 386, 572, 881.

Critique. J. Brucker, La critique religieuse dans la *République française* (J. Soury). 1880, xlii, 250.

» E. Marquigny, Un essai de critique idéale et catholique (A. Charaux). 1877[2], xxxvii, 876.

» C. de Smedt, De la critique historique. 1869[1], xxii, 218, 695 ; 1869[2], xxiii, 161 ; 1870[1], xxiv, 68, 513.

» P. Toulemont, La nouvelle école critique (E. Renan). 1862, vii, 17.

» Voir *Conférences*.

Culte. P. Toulemont, Œuvre apostolique pour l'entretien du culte dans les missions. 1862, vii, 244.

Cyclone. H. Depelchin, Le cyclone du 1er novembre 1867 à Calcutta. 1867[2], xix, 203.

Cyrille (Saint). J. Gagarin, L'alphabet de saint Cyrille. 1862, vii, 109.

Czartoryski. J. Félix, Le prince Adam Czartoryski (oraison funèbre). 1862, vii, 273.

D

Daniel. H. Colombier, Les lxx semaines de Daniel. 1875[2], xxxiii, 914.

» A. Delattre, Les deux derniers chapitres de Daniel. 1878[1], xxxviii, 457, 753 ; 1878[2], xxxix, 145, 476.

Dante. A. Cahour, Dante, Virgile et Béatrix. 1869[1], xxiii, 900.

Darien. Voir *Canaux*.

Darwinisme. V. Becker, Un duel darwiniste (Hæckel et His). 1877[1], xxxvi, 672.

» J. de Bonniot, Darwinisme et logique. 1872[1], xxvi, 423.

» I. Carbonnelle, Le darwinisme, théorie et objections. 1869[2], xxiii, 472.

Darwinisme. A. Haté, Un nouveau champion de l'hypothèse de la
(*Suite*).   formation des espèces animales et végétales par voie de trans-
       formation organique (A. Gaudry). 1878², xxxix, 239, 320,
       488, 598; 1879¹, xl, 221, 495, 710 ; 1879², xli, 85, 526, 842.
 »   *Var.* Darwin jugé par un maître (Sauson). 1873¹, xxviii, 595. —
       Dernières nouvelles du *bathybius*. 1880, xlii, 147.

Dauphine. E. Régnault, La Dauphine, mère de Louis XVI. 1874¹,
       xxx. 532, 697 ; 1874², xxxi, 62, 321, 553, 641, 848.

Découragement. P. Toulemont, Le découragement des honnêtes
       gens et le devoir du courage au temps actuel. 1872¹, xxvi,
       507, 882.

Découvreurs. Voir *Géographie*.

Décrétales. L. de Régnon, Les fausses Décrétales et la critique pro-
       testante en 1863. 1864³, xi, 474. — La question des fausses
       Décrétales en 1866. 1866³, xvii, 382.
 »   C. de Smedt, Les fausses Décrétales; l'épiscopat franc et la
       cour de Rome du neuvième au onzième siècle. 1870-71,
       xxv, 77.

Décrets. F. Desjacques, L'épiscopat français et les décrets du
       29 mars. 1880, xlii, 641.

Déicide. E. Marquigny, L'assemblée déicide (abbés Lémann). 1876²,
       xxxv, 736.

Déluge. A. Haté, Les vestiges du déluge. 1879¹, xl, 111.

Démétrius. P. Pierling, Rome et Démétrius, d'après des documents
       nouveaux. 1877¹, xxxvi, 546, 689, 830.

Denys (Saint). G. Longhaye, Saint Denys l'Aréopagite, premier
       évêque de Paris; analyse d'un drame sacré. 1868², xxi, 102.

Descartes. H. Ramière, La révolution cartésienne, cause de déca-
       dence de la philosophie catholique. 1872², xxvii, 481.

Desjardins. Le P. Eugène Desjardins. 1878¹, xxxviii, 870.

Déterminisme. J. de Bonniot, Le déterminisme. 1880, xlii, 683,
       797.

Devoir. D. Bellocq, Droit et devoir, à propos des doctrines de
       MM. Thiers, Cousin, Jouffroy et Simon. 1863, viii, 444.

Dialectique. H. Ramière, Du procédé dialectique. 1857, ii, 87.

Dieu. J. de Bonniot, L'idée de Dieu dans l'éducation. 1879², xli, 161.
 »   J. Dorgues, Excursion philosophique en pays sans Dieu. 1878²,
       xxxix, 787 ; 1879¹, xl, 59.
 »   A. Matignon, De l'intervention de Dieu dans la vie morale. 1860,
       v, 202.

Dimanche. E. Marquigny, Appel aux pèlerins pour une croisade
       dominicale. 1874², xxxi, 88.

Dimanche. J. Noury, Archiconfrérie pour la sanctification du di-
(*Suite.*) manche et des fêtes. 1863, viii, 951.

Directoire. C. Sommervogel, Un ministre de l'intérieur (Benezech sous le Directoire. 1868², xxi, 428.

Disraéli. Voir *Lothair.*

Dissidents. J. Noury, La question de bonne foi chez les dissidents. 1867¹, xviii, 161.

Divorce. F. Desjacques, Le divorce et les doctrines libérales. 1880, xlii, 215, 494, 872.

» E. Desjardins, M. Paul Janet et le divorce. 1877¹, xxxvi, 273.

Douleur. J. de Bonniot, Le plaisir et la douleur. 1876¹, xxxiv, 91.

Doute. C. Clair, La maladie du doute à notre époque. 1866², xvi, 58.

Drame. A. Cahour, Du drame liturgique. 1859, iv, 362; 1860, v, 37, 234.

» G. Longhaye, Types cléricaux dans le drame et le roman modernes. 1870¹, xxiv, 5, 161, 345.

» J. Mavel, Une trilogie dramatique au seizième siècle (*Manassès,* par le P. Crucius). 1878¹, xxxviii, 113, 170.

Droit. V. Alet, La critique moderne et les sources du droit canonique. 1860, v, 427.

» D. Bellocq, Droit et devoir, à propos des doctrines de MM. Thiers, Cousin, Jouffroy et Simon. 1863, viii, 444.

» J. Brucker, La note allemande à la Belgique et le nouveau droit international. 1875¹, xxxii, 796.

» C. de Laage, Étude de droit naturel (Boistel). 1872¹, xxvi, 757.

» A. Matignon, Le droit naturel d'après Suarez. 1866², xvi, 289.

» H. Ramière, L'école du droit des gens. 1872², xxvii, 871. — Restauration du droit des gens. 1873¹, xxviii, 5. — La philosophie du droit détruite par la sécularisation du droit et rétablie par les Universités catholiques. 1878¹, xxxviii, 28, 185.

» L. de Régnon, Les coutumes liturgiques et le droit écrit. 1860, v, 613.

» *Var.* Appel au pape (de lord Montagu), en faveur du droit des gens. 1873¹, xxviii, 285.

Druses. A. Abougit, Les Druses du Liban. 1876¹, xxxiv, 818; 1876², xxxv, 206, 530.

Ducpétiaux. V. de Buck. 1868², xxi, 308.

Dugas. Le P. Joseph Dugas. 1877², xxxvii, 860.

Dunes D. Haf, Plantation des dunes de Condette et de Saint-Étienne, près de Boulogne-sur-Mer. 1868², xxi, 642.

E

Éducation. J. Noury, Un mot sur l'éducation, à propos d'un livre de
(*Suite.*) M. Legouvé (*Les pères et les enfants au dix-neuvième siècle*).
1869[2], xxiii, 35.

» H. Ramière, Importance de la philosophie comme complément
indispensable de l'éducation. 1872[1], xxvi, 345. — Nécessité
de la philosophie comme base de l'éducation supérieure.
1872, xxvi, 704.

» Voir *Enseignement, Pédagogie.*

Église. C. Van Aken, L'église enseignante et la théologie scientifique;
lettre à un catholique américain. 1872[1], xxvi, 178.

» C. Clair, *Non prævalebunt* (poésie sur l'Église). 1866[3], xvii, 90.

» H. Colombier, Remarques sur les possessions de l'Église
romaine à la fin du sixième siècle. 1872[2], xxvii, 25.

» L. Durand, L'Église et l'État devant la raison, d'après le Saint-
Siège et le mémorandum impérial. 1874[1], xxx, 481. — L'Église
et l'État devant le dogme, d'après la réponse du Saint-Siège
aux anciens mémorandums. 1874[2], xxxi, 360.

» J. Félix, Les trois phases de la vie de l'Église (discours prononcé pour la clôture du congrès de Malines). 1864[3], xi, 249.

» H. Martin, L'Église et l'État, d'après M. Ém. Ollivier. 1879[2],
xli, 247, 423, 563.

» A. Matignon, De la constitution de l'Église, à propos du futur
concile. 1867[2], xix, 613. — La part de l'élément humain dans
la société religieuse, à propos de *l'Église attaquée par la médisance* (Mme de Sayn). 1869[2], xxiii, 63.

» H. Ramière, Les destinées de l'Église et de la société d'après
Mgr Gaume. 1872[1], xxvi, 609. — L'Église catholique et les
libertés modernes. 1879[2], xli, 46.

» A. Sarriot, Des respects et des mépris de la philosophie du
siècle pour l'Église catholique. 1858, iii, 135.

» Voir *Orient, Russie, Schisme.*

Élisabeth. *Var.* Le pape Benoît XIV et l'impératrice Élisabeth. 1856,
i, 440. — Voir *Angleterre.*

Éloquence. A. Cahour, Préjugés contre l'éloquence de la chaire au
treizième siècle. 1864[3], xi, 21. — Éloquence sacrée au treizième
siècle; les auditoires. 1865[1], xii, 48, 202.

Émigration. C. Sommervogel, Une correspondance pendant l'émigration; lettres inédites des princes (1792-1797). 1867[1], xviii,
403, 548, 676.

Emmaüs. A. Bourquexoud. 1863, viii, 596.

Encycliques. Pie IX, Encyclique *Etsi multa* (21 nov. 1873). 1873[2],
xxix, 801.

Enterrement. P. Clauer, Des billets d'enterrement au dix-huitième
siècle. 1877[2], xxxvii, 374.

Éphrem (Saint). A. Le Hir, Saint Éphrem et la poésie syriaque au
quatrième siècle. 1868[1], xx, 391.

Épicure. J. de Bonniot, Résurrection d'Épicure (M. Guyau). 1879[1],
xl, 178.

Épileptiques. A. Nampon, Œuvre des Épileptiques. 1864[2], x, 237.

Équateur. *Var.* Les prisonniers de Mosquera dans l'Équateur (lettre).
1864[3], xi, 678.

Esclavage. Voir *Nègres*.

Esdras. A. Le Hir, Du quatrième livre d'Esdras, 1867[1], xviii, 198,
325, 660.

Espagne. E. Marquigny, Les pensées d'un protestant (Baumstark)
sur le passé et l'avenir de l'Espagne. 1872[2], xxvii, 723.

» *Var.* L'Espagne catholique, d'après M. Mézières. 1867[1], xviii,
159.

Espagnols. J. Tailhan, Les Espagnols chrétiens du haut moyen
âge. 1870[1], xxiv, 741; 1870-71, xxv, 170, 587.

Espérance. J. Noury, Archiconfrérie de Notre Dame de l'Espérance
pour le salut de la France. 1863, viii, 947.

Esprit (Saint-). V. de Buck, Essai de conciliation sur le dogme de la
procession du Saint-Esprit. 1857, ii, 307.

» *Var.* La procession du Saint-Esprit figurée en peinture. 1856, i,
441.

État. L. Durand, l'Église et l'État devant la raison, d'après le Saint-
Siège et le mémorandum impérial. 1874[1], xxx, 481. — L'É-
glise et l'État devant le dogme, d'après la réponse du Saint-
Siège aux anciens mémorandums. 1874[2], xxxi, 360.

» H. Martin, L'Église et l'État, d'après M. Ém. Ollivier. 1879[2],
xli, 247, 423, 563.

États-Unis. A. Matignon, Le second concile plénier de Baltimore et
la discipline ecclésiastique aux États-Unis. 1869[1], xxii, 481.

» *Var.* L'apostolat catholique aux États-Unis pendant la guerre de
sécession; nouvelles religieuses (lettres diverses). 1862, vii,
807; 1863, viii, 862; 1865[1], xii, 397; 1866[2], xvi, 386; 1867[1],
xviii, 299, 589, 734; 1867[2], xix, 424; 1868[2], xxi, 134.

Éthiopie. H. Matagne, L'Église éthiopienne dans les *Acta Sanctorum*.
1869[1], xxii, 374.

Étoiles. J. de Bonniot, *Stellæ cadent de cœlo*. 1879[2], xli, 481, 899.

» N. Larcher, Les étoiles filantes pendant la nuit du 13 novembre.
1867[2], xix, 564, 891.

F

Femme. E. Marquigny, Une femme forte. 1873[1], xxviii, 54, 183, 399, 513.

Fénelon. C. Daniel, Controverse entre Malebranche et Fénelon. 1859, iv, 384.

» C. Sommervogel, Lettre inédite de Fénelon au duc de Beauvilliers sur l'Université de Douai. 1863, viii, 791.

Fénians. J. O'Carroll, La littérature féniane (Macpherson). 1880, xlii, 507.

Ferney. G. Longhaye, A Ferney, comédie. 1869[1], xxii, 348.

Fessler. Voir *Infaillibilité*.

Feuilles. A. Matignon, Les feuilles diocésaines. 1863[3], xvii, 567.

« *Var*. L'archéologie dans les feuilles diocésaines. 1867[2]; xix, 164.

Foi. G. Desjardins, La première Constitution (*de Fide*) du concile du Vatican. 1873[1], xxvi, 261; 1878[2], xxxix, 433, 577, 770. — Théorie de la foi d'après le concile du Vatican. 1876[1], xxxiv, 641, 859; 1877[1], xxxvi, 5.

» A. Matignon, La philosophie de la foi. 1862, vii, 433.

Forêts. *Var*. Un incendie dans les forêts du Canada. 1864[3], xi, 677.

Fossiles. I. Carbonnelle, Perroquet fossile. 1868[1], xx, 281.

Français. G. Longhaye, Suis-je Français? 1870[1], xl, 741.

» *Var*. Les Français et les Allemands devant les Anglais. 1873[1], xxviii, 912.

France. L. Boutié, La France de saint Louis et la France de la Révolution. 1879[1], xl, 726; 1879[2], xli, 546; 1880, xlii, 182, 353, 652, 819.

» M. de Boylesve, Mission de la France. 1876[1], xviii, 1.

» J. Brucker, La restauration de la France, d'après Mgr Pie. 1874[2], xxxi, 121.

» H. Colombier, Époque de l'érection des évêchés de France. 1877[2], xxxvii, 5, 216, 386, 485.

» A. Matignon, De la régénération morale de la France. 1870-71, xxv, 321, 663.

Franck. Voir *Peine, Philosophie*.

François Iᵉʳ. F. Gazeau, Léon X et François Iᵉʳ; entrevue de Bologne. 1861, vi, 274.

François Régis (Saint). A. Nampon, Œuvre de Saint-François Régis pour la réhabilitation des mariages. 1863, viii, 1092.

François de Sales (Saint). C. Clair, Saint François de Sales; appréciations de quelques historiens modernes. 1865[1], xii, 158, 612.

» H. Colombier, Quelques reliques (lettres et billets inédits) de saint François de Sales. 1877[2], xxxvii, 283.

François de Sales (Saint). F. Desjacques, Une lettre inédite de
(*Suite.*) saint François de Sales à son frère. 1866[1], xv, 412, 540.
» G. Desjardins, Saint François de Sales docteur de l'Église.
1877[2], xxxvii, 305, 531, 670, 807.
» C. Sommervogel, Quelques lettres inédites de saint François de
Sales. 1868[1], xx, 354; 1874[2], xxxi, 770; 1878[2], xxxix, 106.
» P. Toulemont, Association de Saint-François de Sales. 1862,.
vii, 390.

François Xavier (Saint). X. Rondina, Histoire et description du
monument de saint François Xavier à Sancian (extraits).
1866[1], xvii, 546.

Francs-Maçons. C. Daniel, Les Jésuites francs-maçons et les Illuminés de Bavière, d'après la *Revue des Deux Mondes*. 1866[3],
xv, 342.

Frontault. Voir *Carmes*.

Fusion. D. Bellocq, Le catholicisme et la fusion des peuples. 1862,
vii, 1.

G

Galilée. E. Desjardins, M. Mézières et le procès de Galilée. 1877[1],
xxxvi, 273.
» A. de Gabriac, Galilée devant la science, la religion et la littérature. 1867[1], xviii, 528.

Galitzin. Notice sur Mme Élisabeth Galitzin. 1857, ii, 511.
» F. Desjacques, Le prince Dmitri-Augustin Galitzin, missionnaire en Amérique. 1873[1], xxviii, 852.

Gallard. F. Le Lasseur, Le bonhomme Gallard et les Gallardins.
1875[2], xxxiii, 540.

Gallas. M. Le Gall, Les Abyssins et les Gallas. 1868[2], xxi, 73, 902.

Gallicanisme. Voir *Maret*.

Gama. J. Brucker, Les précurseurs de Christophe Colomb et de
Vasco de Gama. 1876[2], xxxv, 5.

Gaule. A. Gouilloud, La Gaule pendant l'épiscopat de saint Germain
d'Auxerre. 1873[2], xxix, 11.

Gaume. J. Brucker, Le bref à Mgr Gaume (sur les classiques chré-
tiens). 1874[1], xxx, 905.
» H. Ramière, Les destinées de l'Église et de la société d'après
Mgr Gaume. 1872[1], xxvi, 609. —Lettre de Mgr Gaume au P. Ra-
mière (sur son livre : *Où en sommes-nous ?*). 1872[1], xxvi, 781.
» Voir *Classiques*.

Gaz. T. Pepin, Recherches de M. Amagat sur la compressibilité des
gaz. 1880, xlii, 290.

Gazeau. C. S., Le P. François Gazeau. 1877[1], xxxvi, 877.

Génération. T. Pepin, Les générations spontanées. 1877[1], xxxvi, 424.

Genèse. J. Brucker, La Genèse avant Moïse. 1877, xxxvi, 481, 857.

Genève. C. Daniel, Les catholiques de Genève depuis la Réforme. 1862, vii, 747.

Geneviève (Sainte). C. Verdière, Sainte Geneviève, ses précédentes histoires et son nouvel historien (« Un serviteur de Marie »). 1878[1], xxxviii, 488, 618.

Gentilshommes. C. Clair, Une soirée littéraire à la Sorbonne (M. Gidel) : Bourgeois et gentilshommes au dix-septième siècle. 1867[1], xviii, 86.

Géographie. J. Brucker, Les précurseurs de Christophe Colomb et de Vasco de Gama. 1876[2], xxxv, 5. — Découvreurs et missionnaires dans l'Afrique centrale au seizième et au dix-septième siècle. 1878[1], xxxviii, 775.

» C. Daniel, La géographie dans les collèges des Jésuites au dix-septième et au dix-huitième siècle. 1879[1], xl, 801.

» A. Jean, Les nouvelles découvertes géographiques et ethnologiques : l'Afrique septentrionale, occidentale et centrale. 1865[2], xiii, 1. — L'Afrique méridionale ; le haut Nil et l'Égypte. 1865[2], xiii, 301. — L'Asie centrale et occidentale. 1865[3], xiv, 188. — L'Asie méridionale et orientale. 1866[1], xv, 163. — L'Asie septentrionale. 1866[1], xv, 484.

» H. W. et J. B. Des rapports du catholicisme et de la géographie. 1876[1], xxxiv, 553. — De l'influence de la religion dans les découvertes du quinzième siècle et dans la découverte de l'Amérique. 1876[2], xxxv, 570.

» Voir *Afrique.*

Géorgie. A. Daras, Sainte Nina et les origines chrétiennes de la Géorgie. 1874[1], xxx, 103, 207.

« J. Gagarin, Les missionnaires catholiques en Géorgie. 1866[2], xvi, 220, 316.

Gerard. Voir *Angleterre.*

Gerbert. H. Colombier, Gerbert, sa vie jusqu'à son élévation au siège de Ravenne. 1869[1], xxii, 83, 248. — Réponse de M. A. Olleris. 1869[1], xxii, 451. — Défense de Gerbert. 1869[1], xxii, 604. — *Regestum* de Gerbert. 1869[2], xxiii, 290, 445.

» *Var.* Procès de Gerbert d'après M. J. Janin. 1867[1], xviii, 590.

Germain (Saint). A. Gouilloud, Un hagiographe lyonnais du cinquième siècle (Constance, auteur de la *Vie* de saint Germain d'Auxerre). 1873[1], xxviii, 691. — La Gaule pendant l'épiscopat de saint Germain d'Auxerre. 1873[2], xxix, 11.

495. — Les nouvelles Méditations de M. Guizot (sur la religion chrétienne). 1868[2], xxi, 37.

Gury. A. Sigé, La théologie Gury-Ballerini recommandée par un
disciple de saint Alphonse (P. Konings). 1878[2], xxxix, 76. —
Le *Compendium* du P. Gury et la théologie de saint Alphonse.
1879[1], xl, 359.

» P. Toulemont, Notice sur le R. P. Gury, S. J. 1867[2], xix, 592.

Gustave III. C. Sommervogel, Gustave III et le cardinal de Bernis.
1869[1], xxii, 186, 5 8, 801; 1869[2], xxiii, 185, 537, 723.

Guyane. E. Paton, Saint-Laurent du Mahoni. 1864[2], x, 338. —
Conversions; mort édifiante (lettre). 1864[3], xi, 679.

» C. Verdière, Souvenirs des pénitenciers de la Guyane. 1869[2],
xxiii, 515; 1870-71, xxv, 530.

H

Hagiographie. F. Desjacques, Saint Jean Chrysostome et l'hagiographie rationaliste (Am. Thierry). 1872[2], xxvii, 849.

Hallucination. J. de Bonniot, L'hallucination. 1874[2], xxxi, 821. —
Caractères distinctifs de l'hallucination. 1877[2], xxxvii, 145,
321.

Haymar. C. Cahier, Une thèse en Sorbonne (P. Riant) : *De Haymaro monacho*. 1863[2], xiii, 504.

Henri IV. C. Sommervogel, Lettre inédite d'Henri IV (au pape Clément VIII). 1868[2], xxi, 116.

Herzégovine. J. Brucker, 1875[2], xxxiii, 632.

Histoire. J. Brucker, Études d'histoire religieuse. 1878[2], xxxix,
289, 655; 1879[1], xl, 90; 1880, xlii, 831.

» F. Gazeau, Lettre sur l'enseignement et les nouveaux livres
classiques d'histoire contemporaine. 1865[3], xiv, 245.

» E. Marquigny, Le rôle des catholiques dans le mouvement historique contemporain. 1866[3], xvii, 188. — La philosophie
de l'histoire de France dans un discours de collège en 1698
(P. Jouvency). 1866[3], xvii, 354.

» C. Sommervogel, De la réimpression de l'*Histoire littéraire de
la France*. 1867[2], xix, 728.

» *Var.* L'histoire christianisée, d'après le congrès (1867) de Malines. 1867[2], xix, 609.

Historiens. C. Daniel, Les jésuites historiens au dix-septième siècle.
1879[2], xli, 398.

Hollande. Voir *Pays-Bas, Zouaves.*

Homère. V. Alet, L'autorité dans Homère. 1872², xvii, 570.

Homme. A. Jean, Les monuments de l'âge de pierre et les théories sur l'ancienneté de l'homme. 1868¹, xx, 31, 507. — Sir Charles Lyell et ses théories sur l'ancienneté de l'homme. 1868², xxi, 220.

» A. Matignon, L'unité de l'espèce humaine, d'après les travaux récents des physiologistes, 1864¹, ix, 70.

Honnête. G. Longhaye, L'utile et l'honnête dans les ouvrages d'esprit. 1873¹, xxviii, 673.

Honorius. H. Colombier, La condamnation d'Honorius et l'infailli bilité du Pape. 1869², xxiii, 819; 1870¹, xxiv, 29, 257, 373, 533. — Encore un mot sur la question d'Honorius. 1873¹, xxviii, 274.

Horace. J. Burnichon, A propos d'une traduction en vers des *Épîtres* d'Horace (E. de Jonquières). 1880, xlii, 535.

Hovas. G. André, La mission de Madagascar et la révolution des Hovas. 1863, viii, 1077.

Hugo. Voir *Religion, Transporté*.

Humanité. G. Longhaye, Le dieu Humanité; épître au R. P. M. de B. 1867¹, xviii, 132.

Hurter. J. Martinov, 1865³, xiv, 513. — Frédéric Hurter et sa correspondance. 1866¹, xv, 94.

Hymnes. J. Gagarin, Les hymnes de l'Église grecque. 1868¹, xx, 337.

I

Iconographie. C. Cahier, Iconographie de la sainte Vierge (Rohault de Fleury). 1880, xlii, 917.

» C. Daniel, L'art et l'archéologie dans l'iconographie chrétienne. 1868², xxi, 352, 729.

» J. Martinov, L'iconographie russe. 1875¹, xxxii, 161.

Ignace (Saint). Abbé Freppel, Panégyrique de saint Ignace de Loyola, prêché dans l'église du Jésus, à Paris. 1868², xxi, 339.

Illuminés. C. Daniel, Les Jésuites francs-maçons et les Illuminés de Bavière, d'après la *Revue des Deux-Mondes*. 1866¹, xv, 342

Imprimerie. A. Dutau, L'Imprimerie catholique de Beyrouth. 1863, viii, 386.

Incarnation. G. Longhaye, *Et Verbum caro factum est;* élévations sur le mystère de l'Incarnation. 1862, vii, 118.

» A. Matignon, Le dogme de l'Incarnation et la philosophie contemporaine. 1860, v, 337.

Innocents. G. Longhaye, *Flores martyrum*, poésie. 1864[3], xi, 669.

Inondations. T. Pepin, Les inondations et l'endiguement des rivières. 1879[2], xli, 908.

  » Voir *Indes*.

Inscription. R. Garrucci, D'une inscription trilingue découverte en Sardaigne. 1862, vii, 551.

Instruction. A. Nampon, Œuvre de l'Instruction de l'Enfant-Jésus. 1863, viii, 1096.

  » Voir *Enseignement*.

Intérêt. H. Ramière, Les principes, les intérêts et les passions. 1873[2], xxix, 734.

Internat. C. Clair, L'internat dans l'éducation (H. Sainte-Claire Deville). 1870-71, xxv, 457.

Intervention. A. Matignon, De l'*intervention* de Dieu dans la vie morale. 1860, v, 202.

Irlande. V. de Buck, L'archéologie irlandaise au couvent de Saint-Antoine de Padoue à Louvain. 1869[1], xxii, 408, 586.

  » I. Carbonnelle, La question irlandaise en 1869. 1869[1], xxii, 161.

  » J. Forbes, [La nouvelle Irlande (en Amérique), à propos d'un livre de M. Maguire. 1870[1], xxiv, 206. — La question de l'Université catholique en Irlande et en Angleterre. 1874[1], xxx, 321.

Israélite. R. Champon, Lettre d'un Israélite à M. J. Soury à propos de son article sur la Bible et l'archéologie. 1872[1], xxvi, 830.

Italie. J. Brucker, La liberté du Saint-Siège et de l'Italie. 1875[1], xxxii, 633.

  » E. Desjardins, De l'unité italienne. 1872[1], xxvi, 801 ; 1872[2], xxvii, 70.

  » E. Marquigny. Les bienfaits de l'unité en Italie. 1872[2], xxvii, 801.

  » H. Martin, Victor-Emmanuel II et l'unité italienne, 1878[1], xxxviii, 305.

J

Jansénisme. A. Matignon, La lutte contre le jansénisme. 1865[2], xiii, 277 ; 1865[3], xiv, 1.

  » C. Van Aken, Le schisme janséniste de Hollande. 1873[1], xxviii, 161, 343.

Japon. *Var.* Nouvelles religieuses du Japon. 1867[2], xix, 307.

Jean Chrysostome (Saint). F. Desjacques, Saint Jean Chrysostome et l'hagiographie rationaliste (Am. Thierry). 1872[2], xxvii, 849.

Jeanne d'Arc. J. DE BONNIOT, Jeanne d'Arc a-t-elle été hallucinée? 1877[2], XXXVII, 500.

» F. GAZEAU, La mission de Jeanne d'Arc d'après les historiens de nos jours. 1862, VII, 159. — Jeanne d'Arc a-t-elle rempli sa mission? 1866[1], XV, 64, 311.

» H. MARTIN, Jeanne d'Arc, drame (de P. Blier). 1878[2], XXXIX, 853.

Jérusalem. J. GAGARIN, Le Saint-Sépulcre et la topographie de Jérusalem. 1868[1], XX, 692. — Un mot de réponse au R. P. Gagarin (abbé Coulomb). 1868[2], XXI, 180.

Jésuites. L.-X. ABOUGIT, Les Jésuites dans les prisons de Maredine; récit du P. Nau. 1877[2], XXXVII, 580.

» J. BRUCKER, Le gouvernement des Jésuites au Paraguay. 1880, XLII, 418.

» V. DE BUCK, La Bibliothèque des écrivains de la Compagnie de Jésus. 1870[1], XXIV, 287.

» A. CAHOUR, Théâtre latin des Jésuites à la fin du seizième siècle et au commencement du dix-septième. 1862, VII, 460.

» H. COLOMBIER, Les Jésuites ligueurs, d'après l'abbé Houssaye. 1874[1], XXX, 759.

» C. DANIEL, Les Jésuites francs-maçons et les Illuminés de Bavière d'après la *Revue des Deux Mondes*. 1866[1], XV, 342. — Lettre à M. Guizot sur un chapitre de ses *Mémoires*. 1866[2], XVI, 335. — Une pétition au Sénat (pour l'expulsion des Jésuites). 1869[1], XXII, 788. — La géographie dans les collèges des Jésuites au dix-septième et au dix-huitième siècle. 1879[1], XL, 801. — Les Jésuites historiens au dix-septième siècle. 1879[2], XLI, 398. — Les méthodes de Port-Royal et les Jésuites. 1880, XLII, 117.

» F. DUMAS, Un mot de M. Weiss (sur le chocolat de Cadix). 1865[2], XIII, 22, 255.

» J. GAGARIN, Un document inédit (du P. DAVID) sur l'expulsion des Jésuites de Moscou en 1689. 1856, I, 387. — Les Jésuites en Russie Blanche. 1868[1], XX, 157. — Missions des Jésuites en Russie (1804-1824). 1869[2], XXIII, 459. — M. Venioukof et les Jésuites de Shang-Haï. 1878[2], XXXIX, 813. — L'empereur Paul et le P. Gruber. 1879[1], XL, 42.

» M. LAURAS, Un article de la Bibliothèque de l'École des Chartes (sur le vandalisme des Jésuites). 1870-71, XXV, 967.

» A. MATIGNON, Les doctrines de la Compagnie de Jésus sur la liberté. Voir *Liberté*.

» H. MEHTIAN, État général des Missions de la Compagnie de Jésus. 1862, VII, 667.

Jésuites. F. DE MONTÉZON, La vérité sur les Jésuites de Russie. (*Suite.*) 1861, vi, 134.

» C. VERDIÈRE, Les Jésuites et leur enseignement au seizième siècle, remis en cause à la Sorbonne (par M. Froment). 1875[1], xxxii, 411, 617.

» *Var.* Un mot sur la question des jésuites à Ratisbonne (brochure de Mgr de Senestrey); lettre. 1867[2], xix, 286.

Jésus (Compagnie de). G. LONGHAYE, Adieux d'un martyr à la Compagnie de Jésus ; poésie à la mémoire du P. Olivaint et de ses compagnons). 1870-71, xxv, 910.

Jésus-Christ. J. CORLUY, Les frères de Notre-Seigneur Jésus-Christ. 1878[1], xxxviii, 5, 145.

» M. LE GALL, Une introduction à l'histoire de Notre-Seigneur Jésus-Christ (abbé Le Camus). 1870-71, xxv, 293.

» J. PRA, L'hypothèse du développement progressif dans le Christ (abbé Bougaud). 1878[2], xxxix, 204.

Jeunesse. A. MATIGNON, La mission de la jeunesse catholique, conférence aux étudiants de Louvain. 1866[1], xv, 1.

Jonas. *Var.* M. Van Beneden et le miracle de Jonas. 1873[2], xxix, 935.

Josaphat (Saint). J. MARTINOV, Saint Josaphat Koncévitch, archevêque de Polotsk et martyr. 1867[2], xix, 107, 224. — Saint Josaphat et ses détracteurs. 1875[1], xxxii, 342.

Josué. N. LARCHER, L'archéologie préhistorique et le tombeau de Josué (découvertes de M. V. Guérin et de M. l'abbé Richard). 1870-71, xxv, 626.

Journaux. F. DESJACQUES, La lecture des mauvais journaux et les prohibitions épiscopales. 1873[2], xxix, 109.

Jouvency. E. MARQUIGNY, La philosophie de l'histoire de France dans un discours de collège en 1698 (du P. Jouvency). 1866[3], xvii, 354.

» V. ALET, Un professeur d'autrefois (le P. Jouvency). 1872[2], xxvii, 745, 894.

Jubilé. A. NAMPON, Jubilé de 1865. 1865[1], xii, 409.

» E. MARQUIGNY. L'année jubilaire (1875). 1875[1], xxxii, 153.

Judaïsme. H. MERTIAN, Les origines du christianisme d'après l'école de Tubingue : Judaïsme et christianisme. 1861, vi, 396.

Juifs. C. SOMMERVOGEL, Les juifs en Chine; mémoire du P. Cibot. 1877[2], xxxvii, 748.

K

Kabylie. J. DUGAS, La Kabylie et le peuple kabyle. 1875[2], xxxiii, 693 ; 1876[1], xxxiv, 502; 1876[2], xxxv, 29, 426, 850.

Khelm. J. Martinov, Le brigandage de Khelm, 1875[1], xxxii, 943.

Kossovo. J. Martinov, La bataille de Kossovo, rhapsodie serbe. 1868[2], xxi, 239.

L

Lacretelle. H. Vadon, L'école primaire et le projet Lacretelle. 1876[1], xxxiv, 734, 840.

Lacs amers. Voir *Mer Rouge*.

La Fayette. C. Daniel, Une vocation et une disgrâce à la cour de Louis XIII; lettre inédite du P. Caussin (à Mlle de La Fayette). 1861, vi, 353.

La Fontaine. G. Longhaye, La Fontaine moraliste et poète. 1870-1871, xxv, 5.

Lamennais. A. Matignon, La doctrine d'autorité de Lamennais. 1867[1], xviii, 14.

» V. Mercier, Lamennais; étude psychologique. 1867[1], xviii, 793; 1867[2], xix, 195.

La Moricière. J. Dugas. *La Moricière, sa vie militaire, politique et religieuse*, par E. Keller. 1874[1], xxx, 838.

Landais. Voir *Bretagne*.

Langage. J. Brucker, La science du langage et la religion primitive. 1873[2], xxix, 861 ; 1874[1], xxx, 587 ; 1874[2], xxxi, 5.

» J. Martinov, La science du langage au dix-neuvième siècle. 1865[1], xii, 549 ; 1866[2], xvi, 433.

Langues. J. Brucker, Un mot sur l'étude des origines de la langue française (à propos de M. Barbe). 1874[1], xxx, 409.

» F. Desjacques, Les langues anciennes dans l'enseignement secondaire de l'État. 1872[2], xxvii, 641.

» A. Le Hir, Des langues américaines. 1867[2], xix, 120.

» J. Martinov, De la langue russe dans le culte catholique. 1874[1], xxx, 25, 554.

» J.-B. Maujay, La nouvelle méthode grecque, fondée sur les résultats de la comparaison des langues. 1878[2], xxxix, 86.

» H. Mertian, De l'élément germanique dans la langue française. 1860, v, 98.

» *Var*. Les études grecques au collège de Quimper et au petit séminaire de la Chapelle. 1867[1], xix, 305. — Projet d'un congrès celtique. 1867[2], xix, 452.

Lataste. P. Toulemont, Les écrits de Marie Lataste. 1863, viii, 66.

Laurent. Voir *Libre penseur*.

La Valette. G. Longhaye, Jean de La Valette, tragédie, 1874[1], xxx, *ad finem*.

Lecture. P. Toulemont, Appel aux consciences chrétiennes contre les abus et les dangers de la lecture. 1865⁵, xiv, 133.

Ledoux. A. Dutau, Le R. P. Claude-André Ledoux. 1861, vi, 502.

Legouvé. P. Brucker, Les idées d'un académicien (M. Legouvé) sur la réforme de l'enseignement secondaire. 1877¹, xxxvi, 594.

» J. Noury, Un mot sur l'éducation (à propos de M. Legouvé : *Les pères et les enfants au dix-neuvième siècle*). 1869², xxiii, 35.

Le Hir. F. Desjacques, Les études bibliques posthumes de M. l'abbé Le Hir. 1878¹, xxxviii, 206, 357.

» P. Toulemont, La mort de M. l'abbé Le Hir. 1868¹, xx, 162.

» *Var.* A propos de quelques hommages rendus à la mémoire de l'abbé Le Hir. 1868¹, xx, 251.

Leibnitz. Voir *Optimisme*.

Lemoinne. C. Clair, La théologie de M. John Lemoinne. 1866³, xvii, 79.

Lenormant. C. Daniel, Charles Lenormant. 1860, v, 161.

Léon X. F. Gazeau, Léon X et François Iᵉʳ ; entrevue de Bologne. 1861, vi, 274.

Léon XIII. Voir *Allocutions, Encycliques*.

Lettres apostoliques. A. Matignon, Les droits et les limites de la raison d'après S. S. Pie IX : Lettre apostolique à l'archevêque de Munich. 1863, viii, 723.

» Voir *Brefs, Bulles, Encycliques*.

Lettres et nouvelles religieuses. Voir *Algérie, Autriche, Beyrouth, Boulogne, Calcutta, Canada, Chine, Comores, Écosse, Équateur, États-Unis, Guyane, Indes, Madagascar, Nègres, New-York, Rome, Schleswig, Tyrol, Varia* de 1867 et 1876.

Le Valois. C. Sommervogel, Le maréchal de Bellefonds et le P. Le Valois. 1878², xxxix, 161.

Lexicologie. V. de Buck, Lexicologie latine : *Totius Latinitatis Lexicum*, par Forcellini. 1862, vii, 634.

Liban. A. de Damas, Le Liban et l'avenir religieux de l'Orient. 1864¹, ix, 114. — Origine de la Mission de la Compagnie de Jésus au mont Liban. 1864¹, ix, 409. — La science et les missionnaires au mont Liban. 1864², x, 455.

» A. Bourquenoud et A. Dutau, Voyage dans le Liban et l'Anti-Liban (Études archéologiques de Ghazir). 1864³, xi, 129, 285 ; 1865³, xiv, 64, 370, 495 ; 1866¹, xv, 509.

Libéralisme. H. Ramière, La banqueroute du libéralisme. 1874¹, xxx, 5, 722 ; 1874², xxxi, 23, 192. — Libéralisme et césa-

Littérature. G. Longhaye. Discours (sur les Lettres) prononcé à Vau-
(*Suite.*) girard. 1865[2], xiii, 564. — La littérature contemporaine, d'a-
près un document officiel (rapport sur le progrès des Lettres).
1868[2], xxi, 673; 1869[1], xxii, 56. — L'utile et l'honnête dans
les ouvrages d'esprit. 1873[1], xxviii, 673. — De la peinture
du vice. 1873[1], xxviii, 836. — Introduction à une théorie
philosophique de la littérature, 1874[1], xxx, 366, 641.

» H. Martin, L'école littéraire naturaliste (E. Zola). 1880, xlii,
200, 664.

» A. Théry, La littérature pieuse, d'après Pontmartin. 1868[1], xx,
135.

Littré. J. de Bonniot, La morale de M. Littré. 1870-1871, xxv, 512.

» C. Daniel, Un manifeste positiviste (de M. Littré). 1860, v, 1.

» J. Dorgues, La double conscience (de Littré). 1878[2], xxxix, 621.

» J. Félix, L'athéisme à la porte de l'Académie : la candidature de
M. Littré et l'Avertissement de Mgr d'Orléans. 1863, viii,
505.

» E. Marquigny, Les études historiques d'un positiviste (Littré).
1868[1], xx, 76.

» *Var.* La vieillesse pour un positiviste (Littré). 1867[2], xix, 916.

Liturgie. L. de Régnon, Les coutumes liturgiques et le droit écrit.
1860, v, 613.

Livingstone. *Var.* Livingstone est-il mort? 1867[1], xviii, 895.

Livres. J. Noury, Association de Notre-Dame des Bons-Livres. 1862,
ii, 831.

Logique. J. de Bonniot, De la logique à notre époque; discours prononcé à Poitiers. 1866[3], xvii, 171.

Lois. O. B. Les lois existantes; conte indien. 1880, xlii, 587.

Lombard. Voir *Propriété*.

Lope de Vega. L. Langlois, Théâtre de Lope de Vega (trad. par
Damas-Hinard). 1862, vii, 795.

Loriquet. *Var.* Facéties de M. Louandre (sur le P. Loriquet). 1873[2],
xxix, 445. — Le dernier mot sur le P. Loriquet. 1874[1],
xxx, 610. — Encore le P. Loriquet. 1873[1], xxx, 787.

Lorraine. E. Marquigny, Deux anniversaires séculaires (Lorraine
et Luxembourg, 1766 et 1666). 1866[2], xvi, 390.

Lothair. A. Escalle, *Lothair*, par Disraëli. 1870[1], xxiv, 902; 1870-71,
xxv, 267.

Louis (Saint). L. Boutié, La France de saint Louis et la France de
la Révolution. Voir *France*.

» E. Marquigny, Œuvre de Saint-Louis, ayant pour but d'évan-
géliser les musulmans. 1866[1], xv, 543.

M

Madagascar. *Var.* L'éducation chrétienne à Madagascar; lettre d'un
(Suite.) officier français. 1859, IV, 156. — Nouvelles religieuses. 1864[3],
XI, 509. — La promenade d'une reine malgache; lettres.
1868[1], XX, 911.

Maduré. Voir *Indes.*

Mahométisme. E. MARQUIGNY, Les nouveaux panégyristes du mahométisme. 1865[3], XIV, 210, 446. — Œuvre de Saint-Louis.
1866[1], XV, 543.

Maintenon. M. LAURAS, La marquise de Maintenon et le P. Bourdaloue. 1877[2], XXXVII, 161.

» V. MERCIER, Mme de Maintenon d'après les travaux de la critique
contemporaine. 1868[1], XX, 645, 773; 1868[2], XXI, 188.

Maistre. F. DESJACQUES, Lettres inédites du comte Joseph de
Maistre. 1873[2], XXIX, 746.

» J. GAGARIN, Une lettre inédite de Xavier de Maistre à son
frère Joseph. 1880, XLII, 427.

Malebranche. P. CHABIN, La philosophie de Malebranche. 1873[2],
XXIX, 598.

» Voir *Optimisme.*

Malines. Voir *Congrès, Église.*

Mandements. *Var.* Le *Journal des Débats* et les mandements. 1867[1],
XVIII, 158.

Manitouline. E. PATON, Éviction des sauvages de l'île Manitouline.
1864[3], XI, 353, 639.

Manuscrits. J. GAGARIN, Les *manuscrits slaves de la Bibliothèque
impériale de Paris.* 1858, III, 467.

» J. MARTINOV, Le manuscrit de Rayhrad. 1856, I, 431.

Marava. Voir *Indes.*

Marc (Saint). A. LE HIR, La chaire de saint Marc. 1870[1], XXIV, 672.

Maret. C. DANIEL, Lettres de Mgr Maret. 1869[2], XXIII, 818, 988.

» A. MATIGNON, Une résurrection du gallicanisme (Mgr Maret).
1869[2], XXIII, 614, 659. — Du pouvoir judiciaire des évêques
en matière de foi; réponse à Mgr Maret. 1870[1], XXIV, 93.

Marguerite-Marie. C. DANIEL, La vénérable Marguerite-Marie et
l'Ordre de la Visitation en 1671. 1864, IX, 47, 176. — La
bienheureuse Marguerite-Marie (béatification), 1864[3], XI,
531.

Mariage. C. DANIEL, Le mariage chrétien et le Code Napoléon.
1869[1], XXII, 5, 321; 1869[2], XXIII, 5, 337. — Le mariage et le
concile du Vatican. 1870[1], XXIV, 321.

» J. GAGARIN, Publications russes sur le mariage. 1858, III, 479.

Mariage. H. Ramière, Le mariage civil, conséquence et condamna-
(Suite.) tion du libéralisme législatif. 1877[2], xxxvii, 196.

» Voir *Indes.*

Marie. V. de Buck, Osbert de Clare et l'abbé Anselme, instituteurs
de la fête de l'Immaculée Conception dans l'Église latine.
1860, v, 64, 545.

» C. Cahier, Le petit office de l'Immaculée Conception. 1880, xlii,
143, 622. — Iconographie de la sainte Vierge (Rohault de
Fleury). 1880, xlii, 917.

» C. Daniel, La dévotion à Marie devant la théologie protestante.
1866[3], xvii, 462.

» L. Durand, La revanche de Dieu (sur le serpent par Marie).
1879[2], xli, 789.

» A. Le Hir, De l'Assomption de la sainte Vierge et des livres
apocryphes qui s'y rapportent. 1866[2], xvi, 514.

» E. Letierce, Notre-Dame de France ; culte de la sainte Vierge
dans le diocèse de Paris. 1863, viii, 414.

» C. Sommervogel, M. Saint-René Taillandier et Novalis (à propos de chants à Marie). 1877[1], xxxvi, 286.

» P. Toulemont, La sainte Vierge et l'art chrétien d'après M. Rio.
1867[1], xviii, 593; 1867[2], xix, 54.

» *Var. Mater admirabilis,* érigée sur le mont Bouquet; lettre. 1866[3],
xvii, 263.

» Voir *Notre-Dame.*

Marquette. J. Brucker, Jacques Marquette. 1879[2], xli, 749, 823.

Martin (Saint). V. Alet, Saint Martin et la reconstruction de sa
basilique de Tours. 1864[3], xi, 427.

» V. de Buck, Sabaria, ville natale de saint Martin. 1868[1], xx, 419.

Maspha. A. Bourquenoud, Maspha de Benjamin, le centre du système télégraphique des Israélites. 1864[2], x, 32, 197, 433.

Masque. L. Turquand. A propos du Masque de fer. 1869[2], xxiii,
142, 242, 497.

Massillon. A. Cahour, Étude sur le Petit Carême de Massillon. 1863,
viii, 92.

Matérialisme. J. de Bonniot, Un essai de psychologie matérialiste
(P. Sièrebois). 1873[2], xxix, 60.

» *Var.* Opinions matérialistes de MM. E. About et Th. Gautier.
1867[2], xix, 612. — La Faculté de médecine jugée par un de
ses amis (M. Castelnau). 1868[2], xxi, 158. — La profession
de foi d'un savant (M. Chevreul). 1874[2], xxxi, 790.

Médecine. J.-B. Rousseau, État de la médecine en Chine. 1866[1],
xv, 101.

Mélancolie. G. Longhaye, Rêve, mélancolie, nature; lettres à un
  jeune homme. 1875[2], xxxiii, 858; 1876[1], xxxiv, 235.

Mémorandum. L. Durand, L'Église et l'État devant la raison, d'a-
  près le Saint-Siège et le mémorandum impérial. 1874[1], xxx,
  481. — L'Église et l'État devant le dogme, d'après la réponse du Saint-Siège aux anciens mémorandums. 1874[2],
  xxxi, 360.

Mer intérieure. Voir *Algérie*.

Mer rouge. M. Lecointre, Du passage de la mer Rouge par les Hébreux. 1869[2], xxiii, 557; 1873[2], xxix, 31, 195.

» D. Pujol, Les lacs amers et le passage de la mer Rouge par les
  Hébreux. 1872[2], xxvii, 661. — Moïse et les lacs amers; réponse à M. Lecointre. 1873[2], xxix, 362.

Merry (Saint-). C. Clair, Les dames de l'hôtel de Nevers et les
  bourgeoises de Saint-Merry. 1866[1], xv, 462; 1866[2], xvi,
  165.

Mésa. J. B. La stèle de Mésa (abbé Deschamps). 1876[1], xxxiv, 305.

Messes. P. Toulemont, Association et fondation de messes à perpé-
  tuité pour les prêtres défunts. 1862, vii, 395.

Métaphysique. C. Daniel, La métaphysique dans le journal (M. Schérer, dans le *Temps*). 1866[3], xvii, 54.

Métaux. I. Carbonnelle, Métaux perméables. 1868[1], xx, 275.

Météorologie. T. Pepin, État de la météorologie en France (1877) :
  variations atmosphériques. 1877[1], xxxvi, 879. — L'hiver et
  le phylloxera; propagation du froid sous terre; la banquise
  de Saumur; congélation des lacs de Suisse; température des
  montagnes; observations de Zi-ka-wei. 1880, xlii, 433.

» A. Secchi, La météorologie et le météorographe à l'Exposition
  universelle. 1867[2], xix, 107.

Mexique. P. Cornette, Relation d'un voyage de Mexico à Guatemala
  dans le cours de l'année 1855. Carte. 1858, iii, 205.

» F. Dumas, Le siège de Puebla en 1863 et celui de Mexico en
  1521. 1863, viii, 646.

Michel (Saint). A. Jean, Œuvre de Saint-Michel (pour la propagation des bons livres). 1870[1], xxiv, 955.

Microbes. T. Pepin, Les microbes (M. Moigno). 1879[1], xl, 444. —
  Les microbes et le choléra des poules. 1880, xlii, 908.

Microphone. T. Pepin, Le microphone dans la physique du globe.
  1879[1], xl, 129.

Miracle. H. Taupin, Le miracle est-il possible? 1859, iv, 237.

» P. Toulemont, M. Renan et le miracle. 1862, vii, 597.

» *Var*. Le miracle devant M. Littré. 1873[2], xxix, 147.

Missions. A. DE DAMAS, Les Missions catholiques au dix-neuvième siècle dans les pays hérétiques, schismatiques et infidèles. 1867[1], XVIII, 563, 718; 1867[2], XIX, 130.

» L. LANGLOIS, Les Missions chrétiennes des trois derniers siècles (Marshall). 1865[3], XIV, 50, 345.

» H. MERTIAN, État général des Missions de la Compagnie de Jésus. 1862, VII, 667.

» A. NAMPON, Des Missions intérieures. 1864[3], XI, 398, 526.

» J. NOURY, Établissement d'une mission belge en Chine. 1864[2], X, 535.

» C. SOMMERVOGEL, Une Mission catholique à l'intérieur (dans le Diois). 1875[1], XXXII, 281.

» P. TOULEMONT, Œuvre apostolique pour l'entretien du culte dans les missions. 1862, VII, 244.

» Voir *Chine, États-Unis, Indes, Madagascar, Syrie.*

Mœurs. F. DESJACQUES, La question des mœurs au congrès socialiste de Lyon. 1878[1], XXXVIII, 512

» P. TOULEMONT, Le devoir de l'autorité publique quant à la protection des mœurs. 1874[1], XXX, 680.

Moines. C. DANIEL, Les|moines d'Occident et leur historien (Montalembert). 1867[1], XVIII, 305.

» *Var.* Les moines grecs de Patmos et M. Petit de Julleville. 1867[1], XVIII, 442.

Molière. G. LONGHAYE, Molière et Louis Veuillot. 1877[2], XXXVII, 715, 833.

Molinisme. A. MATIGNON. Les précurseurs de Molina; le molinisme. 1864[3], XI, 571; 1865[1], XII, 63.

» H. RAMIÈRE, Le thomisme et le molinisme (P. Monsabré). 1876[2], XXXV, 229.

Monarchie. C. VERDIÈRE, Le césarisme entre la papauté et la monarchie chrétienne. 1876[1], XXXIV, 194, 666; 1876[2], XXXV, 94.

Monde. J. DE BONNIOT, La croyance à la fin du monde. 1879[2], XLI, 680.

» H. COLOMBIER, Durée des cinq premiers âges du monde d'après la Bible. 1872[1], XXVI, 205.

» G. MADELAINE, O.P., Opinion de S. Norbert sur la fin du monde (lettre au P. Toulemont). 1868[2], XXI, 975.

» P. TOULEMONT, La question de la fin du monde et du règne de Dieu sur la terre. 1868[2], XXI, 552, 696, 845. — Un mot à propos de la question de la fin du monde. 1869[1], XXII, 468.

Monisme. J. DE BONNIOT, Le monisme. 1877[1], XXXVI, 31, 159, 605; 1877[2], XXXVII, 785.

Monopole. F. Desjacques, Le retour au monopole de l'État enseignant. 1879[1], xl, 613.

Monsabré. L. Cochard, Un disciple de saint Thomas d'Aquin (le P. Monsabré) dans la chaire de Notre-Dame. 1874[2], xxxi 105.

» P. Fristot, Conférences du couvent de Saint-Thomas d'Aquin. 1867[1], xviii, 266.

» H. Ramière. Le thomisme et le molinisme (P. Monsabré). 1876[2], xxxv, 229.

Montalembert. C. Daniel, Les moines d'Occident et leur historien. 1867[1], xviii, 305.

» E. Marquigny, Montalembert et ses écrits posthumes. 1877[1], xxxvi, 389.

» C. Sommervogel, Le comte de Montalembert à vingt ans. 1873[2], xxix, 291.

Montcalm. C. Sommervogel. 1870[1], xxiv, 723 ; 1870-71, xxv, 102, 370.

Montrouzier. C. Sommervogel, Le P. H. Montrouzier, S. J. 1872[2], xxvii, 770.

Morale. C. Daniel, La morale philosophique avant et après l'Évangile. 1856, i, 187.

» D. Bellocq, Le principe scientifique de la morale et les utilitaires. 1865[1], xii, 596. — Un nouveau réquisitoire (M. Boutteville) contre la morale de l'Église. 1867[1], xviii, 634.

Moreno. J. Brucker, Garcia Moreno. 1875[2], xxxiii, 476.

Mormons. J. Noury, Mémoires d'un Mormon. 1865[2], xiii, 341.

Morphine. *Var*. La morphiomanie (M. Levinstein). 1878[1], xxxviii, 742.

Mots. G. Longhaye, Les grands mots ; épître. 1877[2], xxxvii, 399.

» *Var*. Conférence de M. Sarcey sur les mots et les idées. 1867[1], xviii, 300.

Moyen âge. M. Lauras, Les arts au moyen âge et à la Renaissance. 1869[2], xxiii, 842 ; 1870[1], xxiv, 47.

» H. de Rochemure, Le moyen âge devant le monde moderne. 1872[1], xxvi, 230.

Munich. Voir *Congrès, Lettres apostoliques*.

Musulmans. J. Noury, Notre-Dame d'Afrique, association de prières pour la conversion des musulmans. 1863, viii, 943.

Mystères. A. Cahour, Des mystères au quinzième siècle et au commencement du seizième. 1864[1], ix, 153, 301.

Mysticisme. E. B. Fantaisies rationalistes sur le mysticisme (*les Mystiques espagnols*, par Rousselot). 1869[1], xxii, 618.

» J. de Bonniot, Du mysticisme. 1878[2], xxxix, 5.

Mystique. A. Cochard, Un cours de théologie mystique (l'abbé Gay.) 1874[2], xxxi, 750.

»   A. Jean, L'enseignement de la mystique. 1880, xlii, 761.

N

Naturalisme. H. Martin, L'école littéraire naturaliste (Zola). 1880, xlii, 200, 664.

Nécrologie. Voir *Barat, Berryer, Beugnot, Boucher de Perthes, Bourquenoud, Bussierre, Cahour, Desjardins, Ducpétiaux, Dugas, Galitzin, Gazeau, Gontaut, Gousset, Gratiolet, Gury, Hurter, Ledoux, Le Hir, Lenormant, Mac Gee, Montrouzier, Ozanam, Paton, Pie IX, Protet, Quatrebarbes, Reynaud, Secchi, Villefort, Zamoyski.*

Négation. H. Leroy, Affirmation et négation; étude de linguistique et de psychologie. 1875[1], xxxii, 363.

Nègres. F. Dumas, Le catholicisme et l'esclave noir. 1863, viii, 15. — Les nègres et la traite. 1863, viii, 355. — Les nègres et l'esclavage, 1863, viii, 744. — Les nègres et la loi du sang. 1863, viii, 985. — Philanthropie américaine. 1864[1], ix, 468.

»   A. Nampon, Œuvre du rachat des jeunes nègres et négresses. 1864[3], xi, 69.

»   *Var*. Œuvre des gens de couleur à Baltimore (lettre). 1868[1], xx, 139.

Nérée et Achillée (Saints). *Var*. Découverte de la basilique souterraine des saints Nérée et Achillée. 1874[1], xxx, 610.

Nevers. G. Clair, Les dames de l'hôtel de Nevers et les bourgeoises de Saint-Merry. 1866[1], xv, 462 ; 1866[2], xvi, 165.

Névrose. J. de Bonniot, Extase et névroses. 1878[2], xxxix, 300.

Newman. H. Ramière, Le P. Newman et M. Gladstone. 1875[1], xxxii, 247.

»   *Var*. Une réponse au Dr Pusey par le R. P. Newman. 1866[1], xv, 286.

New-York. H. du Ranquet, Établissements de bienfaisance à New-York (lettre). 1868[2], xxi, 131.

Nil. *Var*. Tentative de M. Le Saint vers le haut Nil. 1867[1], xviii, 896. — Voir *Afrique*.

Nila. Y. X. Z. Le tombeau de Nila Florentina. 1868[2], xxi, 799 ; 1869[1], xxii, 129.

»   R. Garrucci, Le tombeau de Nila Florentina; observations. 1868[2], xxi, 968.

Nina (Sainte). A. DARAS, Sainte Nina et les origines chrétiennes
de la Géorgie. 1874[1], xxx, 103, 207.

Ninive. J. BRUCKER, Les énigmes de Ninive et de Babylone. 1877[2],
xxxvii, 465.

Noire (mer). T. PEPIN, Jonction de la mer Caspienne à la mer Noire.
1876[1], xxxiv, 882.

Norbert (Saint). G. MADELAINE, O. P. Opinion de saint Norbert sur
la fin du monde (lettre). 1868[2], xxi, 975.

Notre-Dame. E. LETIERCE, Notre-Dame de France ; culte de la sainte
Vierge dans le diocèse de Paris. 1863, viii, 414.

» H. MERTIAN, Consécration de Notre-Dame de Paris (par
Mgr Darboy). 1864[2], x, 401.

» A. NAMPON. Origine historique de [l'œuvre connue sous le nom
d'*Histoire de Notre-Dame de France.* 1864[3], xi, 78.

Novalis. C. S. A propos des hymnes de Novalis à Marie. 1877[1],
xxxvi, 286.

Nubie. A. DUTAU, Fragments d'un récit de voyage dans la haute
Nubie. 1868[1], xx, 453.

Numération. V. DE BUCK, Sur la numération des Romains, à propos
du computiste anonyme d'Afrique. 1865[2], xiii, 250.

O

Océan. T. PEPIN, Exploration (du *Challenger*) dans les profondeurs
de l'Océan. 1874[1], xxx, 890.

Œuvres catholiques (Bulletin des). Voir *Adoption*, *Adoration*,
Afrique, *Apostolat*, *Apôtres*, *Apprentis*, *Auxiliatrices*, *Aveu-
gles*, *Béguinages*, *Calvaire*, *Campagnes*, *Communion*, *Con-
grégations*, *Crédit*, *Culte*, *Dimanche*, *Écoles apostoliques*,
Écoles d'Orient, *Enfance* (*Ste*), *Épileptiques*, *Espérance*
(*N.-D. d'*), *François Régis* (*St*), *François de Sales* (*St*),
Instruction, *Jubilé*, *Livres*, *Messes*, *Michel* (*St*), *Missions*,
Nègres, *Ouvriers*, *Pèlerinages*, *Propagation*, *Publications
populaires*, *Puy* (*N.-D. du*), *Retraites*, *Slaves*, *Tabernacles*,
Viateur (*St*), *Vierge fidèle*.

Office (Saint-). J. PRA, Nature et valeur des sentences doctrinales
du Saint-Office (abbé Fabre). 1879[1], xl, 30.

Olier. C. DANIEL, Les procédures pour la béatification de M. Olier.
1868[1], xx, 160.

» F. LE LASSEUR. M. Olier et les jansénistes. 1859, iv, 627.

Olivaint. C. CLAIR, Le R. P. Pierre Olivaint. Le siège de Paris. La
Commune. 1878[1], xxxviii, 371.

Ollivier. H. Martin, L'Église et l'État d'après M. Em. Ollivier. 1879[2], xli, 247, 423, 563.

Optimisme. C. Daniel, De l'optimisme en philosophie et en théologie; controverse entre Malebranche et Fénelon. 1859[1], iv, 384. — Leibnitz et M. Saisset; fragment d'une étude sur l'optimisme. 1861, vi, 208.

» *Var.* Protestations optimistes de M. Franck. 1867[1], xviii, 302.

Oratoires. V. de Buck, Les oratoires privés depuis le concile de Trente. 1863, viii, 1013; 1864[1], ix, 189.

Ordres. F. Desjacques. Les Ordres religieux défendus par Mgr l'évêque de Rodez (Mgr Bourret). 1880, xlii, 138.

Orient. J. Gagarin, Trois mois en Orient. 1859, iv, 538. — Une nouvelle tentative de réunion entre l'Église anglicane et l'Église orientale. 1865[2], xiii, 84. — Constitution et situation présente de toutes les Églises d'Orient. 1865[2], xiii, 519. — L'anglicanisme et le schisme grec. 1865[3], xiv, 254. — Chronique religieuse de l'Orient. 1865[3], xiv, 381, 523; 1866[1], xv, 113. — Les Églises orientales unies. 1867[2], xix, 698.

» P. Toulemont, Œuvre des Écoles d'Orient. 1862, vii, 245.

Osbert. V. de Buck, Osbert de Clare et l'abbé Anselme, instituteurs de la fête de l'Immaculée-Conception dans l'Église latine. 1860, v, 64, 545.

Ouvrières. J. Dugas, L'Association des jeunes ouvrières de Notre-Dame de Fourvière. 1875[2], xxxiii, 561.

» P. Toulemont, De la condition des ouvrières en France. 1875[1], xxxii, 596; 1875[2], xxxiii, 31, 402.

Ouvriers. C. Clair, Les confréries ouvrières. 1873[1], xxviii, 238.

» A. Croizier, Œuvre des jeunes ouvriers de Lyon. 1876[2], xxxv, 543.

» E. Marquigny, Le congrès de Lyon; union des œuvres ouvrières catholiques. 1874[2], xxxi, 265, 403. — La constitution des œuvres de la famille ouvrière. 1875[1], xxxii, 397. — Les principes fondamentaux de la réforme des ateliers. 1876[2], xxxv, 414.

» P. Toulemont, Œuvre des apprentis et des jeunes ouvriers. 1862, vii, 393.

» A. D. Une solution de la question ouvrière (Guénebault). 1877[1], xxxvi, 302.

Ozanam. F. Grandidier, Frédéric Ozanam. 1866[1], xv, 526.

Ozone. T. Pepin, L'ozone (M. Moigno). 1879[1], lx, 758.

P

Pagnon. Ph. Mazoyer, Joseph Pagnon ; lettres et fragments. 1869[2], xxiii, 134.

Paix. P. Loysel, La paix et la trêve de Dieu. 1861, vi, 424.

Panama. Voir *Canaux*.

Pansement. T. Pepin, Des pansements ouatés. 1874[2], xxxi, 279.

Papauté. C. Verdière, Le césarisme entre la papauté et la monarchie chrétienne. 1876[1], xxxiv, 194, 666 ; 1876[2], xxxv, 94.

Pape. C. Clair, Les papes en exil. 1866[3], xvii, 145, 289. — Les libertés nécessaires au Pape et le protectorat des puissances à Rome. 1870-71, xxv, 555.

  » G. Desjardins, Le concile du Vatican et la monarchie spirituelle du Pape. 1872[1], xxvi, 161. — Le concile du Vatican et le magistère infaillible du Pontife romain. 1872[1], xxvi, 481.

  » P. Toulemont, Le Pape, son autorité et son action dans l'Église. 1861, vi, 1.

  » *Var.* Appel au Pape en faveur du droit des gens (lettre de lord Montagu). 1873[1], xxviii, 285.

Parabère. *Var.* Affaire de la succession du P. Parabère. 1868[2], xxi, 510.

Paraguay. J. Brucker, Le gouvernement des Jésuites au Paraguay. 1880, lxii, 418.

Parole. A. Haté, La voix et la parole. 1869[2], xxiii, 405, 735.

Pascal. E. Chauveau, Les *Pensées* de Pascal. 1868[1], xx, 309 ; 1868[2], xxi, 5.

Passions. H. Ramière, Les principes, les intérêts et les passions. 1873[2], xxix, 734.

Pathologie. J. de Bonniot, Ascétisme et pathologie. 1878[2], xxxix, 745.

Paton. C. Daniel, Le P. Paton. 1869[2], xxiii, 325.

Patriciens. J. Dugas, Le christianisme et les familles patriciennes de Rome aux deux premiers siècles. 1874[2], xxxi, 716.

Paul. J. Gagarin, L'empereur Paul et le P. Gruber. 1879[1], xl, 42.

Pays-Bas. E. Marquigny, La canonisation des martyrs de Gorcum et le protestantisme dans les Pays-Bas. 1867[1], xviii, 818.

  » C. Van Aken, Le schisme janséniste de Hollande. 1873[1], xxviii, 161, 343.

  » *Var.* Statistique du culte catholique dans le royaume des Pays-Bas et dans ses possessions. 1867[1], xviii, 143. — Nouvelles religieuses. 1867[2], xix, 307.

Port-Royal. C. Clair, Une visite à Port-Royal en 1658. 1865³, xiv, 299.

» C. Daniel, Les méthodes de Port-Royal et les Jésuites. 1880, xlii, 117.

Positivisme. J. de Bonniot, Les principes du positivisme. 1870¹, xxiv, 497. — Le fondateur du positivisme. 1870¹, xxiv, 708. — Les animaux d'après les positivistes. 1872¹, xxvi, 89. — Morale et moralité d'après M. Wyrouboff. Le *Cri de l'homme* de M. Franck. Mariage et célibat d'après M. Bertillon. 1873¹, xxviii, 288. — Le miracle devant M. Littré. 1873², xxix, 147. — Auguste Comte et le R. P. Beckx. 1874¹, xxx, 444. — La propagande positiviste (MM. Pichard, Noël). 1875², xxxiii, 665. — Découvertes positivistes (du Dʳ Bourdet). 1876², xxxv, 309. — Le fin mot du positivisme. 1876², xxxv, 518.

» C. Daniel, Un manifeste positiviste (Littré). 1860, v, 1.

» E. Marquigny, La Revue positiviste. 1867², xix, 586. — Les études historiques d'un positiviste (Littré). 1868¹, xx, 76.

Prédication. M. Lauras, De la prédication d'emprunt. 1869¹, xxii, 780.

» E. Séguin. La prédication contemporaine. 1872¹, xxvi, 594.

Préhistorique (Science). A. Haté, Les résultats des recherches préhistoriques d'après [les congrès et réunions des sociétés savantes. 1874¹, xxx, 74, 505 ; 1874², xxxi, 213, 508 ; 1875¹, xxxii, 31, 537, 836 ; 1875², xxxiii, 495, 824 ; 1876¹, xxxiv, 35 ; 1876², xxxv, 184, 374. — La science préhistorique (M. Hamard). 1878¹, xxxviii, 837.

» A. Jean, Le Congrès préhistorique de Paris. 1867², xix, 408. — Un mot sur la question préhistorique. 1873², xxix, 607.

» N. Larcher, L'archéologie préhistorique et le tombeau de Josué. 1870-71, xxv, 626.

Presse. L. Reynaud, Le rôle du clergé dans la presse. 1876¹, xxxiv, 5.

» P. Toulemont, Le devoir de l'autorité devant les méfaits de l'art et de la presse. 1874¹, xxx, 870 ; 1874², xxxi, 384.

» F. D. L'Œuvre de Saint-Paul ou l'apostolat par la presse. 1879², xli, 598.

» *Var.* Discours de Léon XIII aux représentants de la presse catholique (22 février 1879). 1879¹, xl, 321.

Prêt. T. Pepin, Le prêt à intérêt. 1873², xxix, 757.

Prêtre. G. André, Le prêtre dans le roman et la poésie. 1863, viii, 1039.

Prêtre. *Var.* Le prêtre catholique d'après le *Confessionnal démas-*
(*Suite.*) *qué.* 1867², xix, 756.

Prière. P. Toulemont, Apostolat de la prière. 1862, vii, 248. — La
Providence spéciale et la prière devant les négations de
l'école spiritualiste. 1868¹, xx, 165.

Principes. H. Ramière, Le principe politique de la restauration sociale. 1873¹, xxviii, 321. — Les principes, les intérêts et les
passions. 1873², xxix, 734.

» P. Toulemont, Les principes de 89 jugés par la *Revue des Deux
Mondes.* 1872¹, xxvi, 249.

Prix. R. de Scorraille, Les distributions de prix dans les collèges.
1879², xli, 269, 354.

» *Var.* Des livres distribués en prix. 1873¹, xxviii, 909.

Probabilisme. A. Matignon, 1866¹, xv, 188 ; 1866², xvi, 1.

» M. P., Si les Jésuites ont inventé le probabilisme. 1880, xlii, 54.

Professeur. V. A. Un professeur d'autrefois (P. Jouvency). 1872²,
xxvii, 745, 894.

Progrès. D. Bellocq, Le progrès d'après M. Pelletan. 1872¹, xxvi,
574.

» Voir *Conférences de Notre-Dame.*

Propagation de la Foi. P. Toulemont. 1862, vii, 242.

Prophètes. A. Le Hir, Les prophètes d'Israël, réponse à M. Réville.
1867², xix, 522, 674, 806.

Propriété. F. Desjacques, Les SS. Pères et les origines du droit de
propriété, réponse à M. Baudrillart. 1878², xxxix, 363.

» C. Sommervogel, Questions de propriété littéraire (le P. Thiroux et le P. Lombard). 1864³, xi, 84.

Prose. A. Cahour, De la prose française au treizième siècle. 1864², x,
156.

Protestantisme. C. Daniel, La crise du protestantisme en France
depuis le jubilé de la Réformation (29 mai 1859). 1862, vii,
205. — Un rationaliste protestant (Edmond Schérer). 1862,
vii, 510. — Les protestants de France ; organisation et statistique. 1863, viii, 550.

» E. Desjardins, Le protestantisme ; études historiques et philosophiques. 1872¹, xxvi, 51.

» J. Forbes, La crise du protestantisme en Angleterre : le bill
contre les ritualistes. 1875¹, xxxii, 97 ; 1876¹, xxxiv, 371.

» P. Fristot, La propagande protestante en Alsace. 1873¹, xxviii,
764.

» J. Lefèvre, La crise du protestantisme français en 1866. 1866³,
xvii, 97.

Protestantisme. H. Mertian. L'ascétisme protestant. 1860, v, 497.
(*Suite.*) F. Monneret, Des causes du protestantisme. 1869[1], xxii, 676.
» J. Noury, Un baptême chez les protestants. 1860, v, 166. — La
question de bonne foi chez les dissidents. 1867[1], xviii, 161.
» J. Pra, Les dogmes dans le protestantisme. 1879[1], xl, 514.
» A. Sarriot. De la logique de la propagande **protestante** au dix-
neuvième siècle. 1858, iii, 493.
» C. Verdière, Les commencements du protestantisme en France;
période meldoise (1520-1526). 1859, iv, 570; 1860, v, 243.
» *Var.* Esprit de l'*Alliance évangélique* de Neuilly. 1867[2], xix, 308.
— Les missions wesleyennes à l'Exposition, d'après M. Th.
Gautier. 1867[2], xix, 449. — Fragments de liturgie luthé-
rienne, 1873[2], xxix, 441.
» Voir *Chine*, *États-Unis*, *Madagascar.*

Protet. F. Ravary, La mort de l'amiral Protet (lettre). 1862, vii, 648.

Providence. P. Toulemont, La Providence et la science, à propos
des récentes attaques du journalisme contre Mgr Dupanloup.
1866[3]. xvii, 326. — Le dogme de la Providence. 1868[1], xx, 96.
— La Providence spéciale et la prière devant les négations de
l'école spiritualiste. 1868[1], xx, 165. — La Providence spéciale devant la métaphysique et l'histoire. 1868[2], xxi, 51.

Prusse. J. Brucker, La guerre contre l'Église en Prusse. 1875[1],
xxxii, 307.
» C. Sommervogel, Albert de Brandebourg, premier duc de
Prusse. 1868[1], xx, 190.

Pseudonymes. P. Clauer, Une poignée de pseudonymes français,
1877[2], xxxvii, 74.

Psychologie. J. de Bonniot, Un essai de psychologie matérialiste
(P. Sièrebois). 1873[2], xxix, 60.
» P. Chabin, Physiologie et psychologie; la vie, le principe **vital**
et l'unité de principe de vie dans l'homme. 1868[1], xx, 669,
854; 1869[2], xxiii, 583, 866.

Publications. J. Noury, Société pour l'amélioration et l'encourage-
ment des publications populaires. 1863, viii, 825.

Puebla. Voir *Mexique.*

Puits. J. Martinov, Les puits artésiens dans l'antiquité. 1865[1], xii,
223.

Pusey. J. Forbes, Le Dr Pusey et son projet d'union jugés par un
professeur de théologie (le P. Harper). 1867[1], xviii, 115.
» *Var.* Le Dr Pusey et son nouveau programme d'union avec l'É-
glise catholique. 1866[1], xv, 132, 259, 378. — Une réponse
au Dr Pusey par le R. P. Newman. 1866[1], xv, 286. — Phy-

sionomie et forces du parti puséiste (lettre de M. N. O.). 1866[3], xvii, 398.

Puy (Le). A. Nampon, Le grand jubilé de Notre-Dame du Puy en 1864. 1864[1], ix, 249.

Pyroxyle. N. Larcher, Études nouvelles sur le pyroxyle. 1865[1], xii, 216.

Q

Quatrebarbes (Bernard de). P. du Réau. 1867[2], xix, 879.

R

Radama. Voir *Madagascar*.

Radiomètre. T. Pepin. 1876[2], xxxv, 452 ; 1877[2], xxxvii, 861.

Raison. A. Matignon, Les droits et les limites de la raison, d'après S. S. Pie IX (Lettre apostolique à l'archevêque de Munich). 1863, viii, 723.

Ram. V. de Buck, Mgr de Ram. 1865[2], xiii, 165, 358, 421.

Rancé. F. Le Lasseur, L'abbé de Rancé et les jansénistes. 1876[2], xxxv, 321, 481.

Ratio studiorum. F. Monneret, Le *Ratio studiorum* de la Compagnie de Jésus. 1876[2], xxxv, 553, 712, 876.

Rationalisme. C. Daniel, Un rationaliste protestant (Edmond Schérer). 1862, vii, 510.

» G. Desjardins, Le concile du Vatican et le rationalisme. 1875[1], xxxii, 321.

» A. Matignon, Le surnaturel en face du rationalisme moderne. 1859, iv, 1, 321.

» A. Sarriot, Le libéralisme rationaliste et l'Église catholique. 1861, vi, 88.

» F. Vigouroux, De l'exégèse rationaliste en Allemagne. 1870-71, xxv, 188, 691.

Ravignan. A. de Ponlevoy, Le P. de Ravignan à Notre-Dame. 1859, iv, 481.

Réalisme. A. Matignon, Une critique de M. l'abbé Loyson (sur Guillaume de Champeaux). — Encore le réalisme et M. l'abbé Loyson (lettre et réponse). — Une nouvelle et dernière lettre de M. l'abbé Loyson. 1868[1], xx, 610, 766, 925.

Réforme sociale. Voir *Société*.

Religieux. Voir *Congrégations, Ordres*.

Religion. J. de Bonniot, Un projet de religion nouvelle (M. de Hartmann). 1878[1], xxxviii, 469.

Religion. J. Brucker, La science du langage et la religion primitive.
 (*Suite.*) 1873², xxix, 861 ; 1874¹, xxx, 587 ; 1874², xxxi, 5. — La question religieuse au Parlement de Versailles. 1876², xxxv, 313.

» A. Dechevrens, De l'étude de la religion en philosophie (P. Schouppe). 1874², xxxi, 905.

» F. Desjacques, Religion et philosophie, d'après M. **Franck**. 1867², xix, 453.

» E. de Lachau, Le service religieux dans l'armée. 1873², **xxix**, 230.

» C. Lahr, De l'impartialité dans la science des religions. 1875², xxxiii, 578.

» G. Longhaye, De l'étude de la religion dans le monde (discours). 1869², xxiii, 375.

» H. Martin, La crise religieuse. 1879², xli, 801. — Religions et religion (V. Hugo). 1880, xlii, 886.

» H. Ramière, La part de la religion dans la réforme sociale, 1873², xxix, 173. — Les courants de la pensée religieuse (M. Gladstone). 1876¹, xxxv, 143.

» R. de Scorraille, Un argument officiel en faveur de l'enseignement religieux (rapport de M. Bardoux). 1879¹, xl, 234, 413, 574.

» X., La question religieuse ; à propos des *Notes à mes collègues* (M. Pradié). 1872², xxvii, 275.

Renaissance. M. Lauras, Les arts au moyen âge et à la Renaissance. 1869², xxiii, 842 ; 1870¹, xxiv, 47.

Renan. A. Bourquenoud, Les distractions de M. Renan. 1863, viii, 841. — M. Renan et la grammaire hébraïque. 1863, viii, 1063.

» J. Félix, Quelques mots sur le livre de la *Vie de Jésus*. 1863, viii, 681.

» S. Fréchon, M. Renan et l'exégèse antichrétienne. 1859, iv, 161.

» A. Le Hir, Examen critique d'un livre intitulé *les Apôtres*, par E. Renan. 1866², xvi, 77.

» P. Toulemont, La nouvelle école critique. 1862. vii, 17. — M. Ernest Renan. 1862, vii, 352. — M. Renan et le miracle. 1862, vii, 597.

» *Var*. Charme du galimatias, d'après M. Renan. 1867¹, xviii, 443.

RÉPONSES. Lettres de saint Cyprien. Terrains de sédiment. 1879¹, xl, 799. — Somme théologique de saint Thomas. De la lettre *r* dans quelques mots français. 1879¹, xl, 955. — Origine de la faune des îles. 1879², xli, 160. — Vierges noires. 1879², xli, 320. — Somme théologique de saint Thomas.

Richesse. F. Desjacques, Les riches et les richesses, d'après l'Évangile et les saints Pères (contre M. Baudrillart). 1878[2], xxxix, 181, 363. — La richesse mobilière et les saints Pères. 1872[2], xxxix, 512.

Ritualisme. J. Forbes, La crise du protestantisme en Angleterre : le bill contre les ritualistes. 1875[1], xxxii, 97; 1876[1], xxxiv, 371.

» M. N. O., Du mouvement ritualiste en Angleterre; les nouvelles controverses sur l'Eucharistie. 1868[1], xx, 54.

Robinson. H. Mertian, Le Robinson de la légende (S. Macaire). 1862, vii, 372.

Roman. G. André, Le prêtre dans le roman et la poésie. 1863, viii, 1039.

» A. de Gabriac, Du roman à notre époque. 1864[3], xi, 623.

» G. Longhaye, Types cléricaux dans le drame et le roman modernes. 1870[1], xxiv, 5, 161, 345.

Romancero. J. Tailhan, 1865[3], xiv, 27, 421.

Rome. J. de Bonniot, La préparation évangélique à Rome, d'après M. Duruy. 1876[2], xxxv, 687. — Éclosion du christianisme à Rome, d'après M. Duruy. 1879[1], xl, 439.

» J. Brucker, Pie IX et les pèlerins à Rome. 1875[2], xxxiii, 947.

» C. Clair, Les libertés nécessaires au Pape et le protectorat des puissances à Rome. 1870-71, xxv, 555.

» H. Colombier, Remarques sur les possessions de l'Église romaine à la fin du sixième siècle. 1872[2], xxvii, 25.

» J. Ducas, Le christianisme et les familles patriciennes de Rome aux deux premiers siècles. 1874[2], xxxi, 716. — Le paganisme romain dans ses rapports avec le christianisme aux deux premiers siècles. 1875[1], xxxii, 480.

» Mgr Languillat, Voyage d'un évêque missionnaire à Rome. 1867[2], xix, 282.

» T. Pepin, Mémoire du P. Secchi sur quelques travaux antiques de la campagne de Rome. 1877[1], xxxvi, 723.

» *Var.* A propos des fêtes de béatification et de canonisation. 1867[2], xix, 161.

Roncevaux. A. Cahour, La chanson de Roncevaux. 1867[1], xviii, 449. — Le chantre de Roncevaux. 1867[2], xix, 165.

Rossi. V. de Buck, M. de Rossi et ses récents travaux sur les Catacombes de Rome. 1865[1], xii, 133, 333. — Le cimetière de Saint-Calliste et les travaux de MM. de Rossi. 1868[2], xxi, 280.

» Voir *Archéologie.*

Rossignol. II. O., L'Étourneau et les Rossignols, fable. 1880, XLII,
770.

Rostopchine. A. X. L. 1872[1], XXVI, 408.

Roumanie. J. GAGARIN, L'Église roumaine, le siège de Carlowitz et
le patriarche de Constantinople. 1865[2], XIII, 321.

Rousseau. H. DUMAS, Quelques observations sur le centenaire de Voltaire et de Rousseau. 1876[2], XXXV, 118.

Royal-Lieu. E. RÉGNAULT, Mme de Soulanges et les derniers jours
du monastère de Royal-Lieu. 1874[1], XXX, 124.

Roye. O. B. Éléonore de Roye et Marie des Ursins. 1877[1], XXXVI, 363.

Russie. J. GAGARIN, De l'enseignement de la théologie dans l'Église
russe. 1856, I, 1. — Les Starovères, l'Église russe et le
Pape. 1857, II, 3. — L'avenir de l'Église grecque-unie.
1862, VII, 187. — La primauté de saint Pierre et les livres
liturgiques de l'Église russe. 1863, VIII, 525. — La mission
catholique d'Astrakhan au dix-huitième siècle, 1866[1], XV,
229. — La réforme du clergé russe. 1866[3], XVII, 234, 351;
1867[1], XVIII, 52, 356, 693, 777. — Les Jésuites en Russie
blanche. 1868[1], XX, 157. — Les hymnes de l'Église grecque.
1868[1], XX, 337. — La Sorbonne et l'Église russe. 1868[2],
XXI, 479. — Anecdotes recueillies à Saint-Pétersbourg par
le comte de Maistre. 1868[2], XXI, 533, 777; 1869[2], XXIII,
84. — Mission des Jésuites en Russie (1804-1824), documents. 1869[2], XXIII, 459. — L'impératrice Anne et les
catholiques en Russie. 1878[1], XXXVIII, 645. — L'Église orthodoxe en Russie (rapport du comte Tolstoï). 1878[2], XXXIX,
100. — L'empereur Paul et le P. Gruber. 1879[1], XL, 42.

» J. MARTINOV, Le plan d'abolition de l'Église grecque-unie.
1873[1], XXVIII, 71. — Un nouveau plan d'abolition de l'Église
romaine en Russie. 1873[2], XXIX, 268. — De la langue russe
dans le culte catholique. 1874[1], XXX, 25, 554. — L'iconographie russe. 1875[1], XXXII, 161. — Le Saint-Siège et la Russie au seizième siècle. 1876[2], XXXV, 352. — L'Église catholique sous le gouvernement russe. 1877[2], XXXVII, 759. —
Architecture romane en Russie. 1878[2], XXXIX, 697.

» F. DE MONTÉZON, La vérité sur les Jésuites de Russie. 1861, VI,
134.

» P. PIERLING, Les confréries ecclésiastiques en Russie. 1876[2],
XXXV, 286. — Les statuts des consistoires ecclésiastiques
en Russie. 1876[2], XXXV, 650.

» C. VERDIÈRE, Origines catholiques de l'Église russe jusqu'au
douzième siècle. 1857, II, 133.

S

M. Amagat sur la compressibilité des gaz. Le percement des Alpes et la Compagnie de Jésus. Problème de l'Euripe. 1880, xlii, 290. — Météorologie : l'hiver et le phylloxera ; propagation du froid sous terre ; la banquise de Saumur ; la congélation des lacs de Suisse ; température des montagnes ; observations de Zi-ka-wei. 1880, xlii, 433. — Les microbes et le choléra des poules. 1880, xlii, 908.

Science sociale. Voir *Société*.

Secchi (Le Père). T. Pepin, 1878[1], xxxviii, 410.

Segneri. V. de Coppier, Le P. Segneri considéré comme orateur. 1878[2], xxxix, 813.

Seigneret. C. de Laage, Paul Seigneret, séminariste de Saint-Sulpice, fusillé à Belleville le 26 mai 1871. 1872[1], xxvi, 444.

Séleucie. A. Bourquenoud, Mémoire sur les ruines de Séleucie de Piérie ou Séleucie de Syrie. 1860, v, 403, 583.

Sénèque. *Var.* Sénèque a-t-il connu saint Paul ? 1867[1], xviii, 303, 733.

Sennachérib. A. Delattre, Ézéchias et Sennachérib. 1877[2], xxxvii, 90.

Sens. J. de Bonniot, Les sens et la science contemporaine. 1876[1], xxxiv, 801 ; 1876[2], xxxv, 161, 584.

Sensations. J. de Bonniot, De la mesure des sensations. 1876[1], xxxiv, 536.

» J. Delsaulx, Des sensations visuelles. 1870[1], xxiv, 189. — Des sensations auditives. 1870-71, xxv, 241.

Sépulcre (Saint-) Voir *Jérusalem*.

Service religieux. Voir *Armée*.

Seton (Élisabeth). J. Dufour. 1868[2], xxi, 513.

Sévigné. L. Senepin, Lettres inédites de Mme de Sévigné à sa fille. 1876[2], xxxv, 894.

Sibylle. G. André (*Histoire de Sibylle*, O. Feuillet). 1863, viii, 40.

Sibylles. J. Brucker, Des sibylles juives et de leur influence dans la propagation du christianisme. 1876[1], xxxiv, 600.

Siège (Saint-). J. Brucker, La liberté du Saint-Siège et l'Italie. 1875[1], xxxii, 633.

» J. Martinov, Le Saint-Siège et la Russie au seizième siècle. 1876[2], xxxv, 352.

Simon (Jules). A. de Geyer, La réforme de l'enseignement secondaire. 1874[1], xxx, 823.

» A. Sengler, Le coup d'État de M. Jules Simon. 1873[1], xxviii, 102.

» Voir *Casuistes*.

Slaves. J. Martinov, Associations catholiques parmi les Slaves de l'Allemagne : Héritages de saint Jean Népomucène, de saint Cyrille et de saint Méthode. 1862, vii, 676.

Smyrne. A. Gouilloud, Smyrne au deuxième siècle. 1875², xxxiii, 350.

Socialisme. F. Desjacques, La question des mœurs au congrès socialiste de Lyon. 1878¹, xxxviii, 512, — Socialisme ou christianisme (P. Félix). 1878², xxxix, 56. — Socialisme et christianisme (M. Périn). 1879², xli, 586. — La charité chrétienne, remède au mal social. 1879², xli, 629.

Société. E. Marquigny, La restauration de la science sociale, d'après les définitions du Saint-Siège (M. Périn). 1874², xxxi, 883.

» A. Matignon, La société civile d'après Suarez. 1866³, xvii, 1.

» H. Ramière, Les destinées de l'Église et de la société d'après Mgr Gaume. 1872¹, xxvi, 609. — Le principe politique de la restauration sociale. 1873¹, xxviii, 321. — L'école de la réforme sociale. 1873¹, xxviii, 710, 801. — La part de la religion dans la réforme sociale. 1873², xxix, 173. — Les conditions de la régénération sociale. 1876¹, xxxiv, 161, 353, 573.

» H. de Rochemure, La société française au point de vue religieux pendant le dix-huitième siècle. 1872¹, xxvi, 551.

Sociétés. P. Leboucq, Les sociétés secrètes en Chine. 1875², xxxiii, 197, 641.

Soleil. I. Carbonnelle, Chaleur solaire : sa nature et ses applications. 1869¹, xxii, 438.

» T. Pépin, L'auréole du soleil. 1873¹, xxviii, 891. — Le Soleil (P. Secchi). 1876², xxxv, 672. — Applications industrielles de la chaleur solaire. 1877¹, xxxvi, 125. — L'éclipse du 29 juillet. 1878², xxxix, 859.

» A. Secchi, Le Soleil, conférence faite aux élèves de l'école Sainte-Geneviève. 1867², xix, 264, 393. — Physique solaire. Éclipse du 18 août 1868. 1868², xxi, 954. — Le soleil. 1870-71, xxv, 120.

Sorbonne. J. Gagarin, La Sorbonne et l'Église russe, 1868², xxi, 479.

» F. Gazeau, Louis XIV, Bossuet et la Sorbonne en 1663 : première ébauche de la déclaration des quatre articles. 1869¹, xxii, 874. — L'infaillibilié pontificale et la Sorbonne en 1663. 1874¹, xxx, 53.

Soulanges. E. Régnault, Mme de Soulanges et les derniers jours du monastère de Royal-Lieu. 1874¹, xxx, 124.

Spiritisme. H. Mertian, Les communications d'outre-tombe, extraits de *Les Morts et les Vivants*, par A. Matignon. 1862, vii, 41.

Spectroscope. I. Carbonnelle, L'éclipse du 18 août (1868) et le spectroscope. 1868[2], xxi, 811.

Starovères. I. Gagarin, Les Starovères, l'Église russe et le Pape. 1857, ii, 3.

Stigmates. I. Carbonnelle, Stigmates et extase (à propos de Louise Lateau). 1870[1], xxiv, 923.

Stuart. F. Dumas, Charles II, roi d'Angleterre, et son fils le P. Jacques Stuart. 1864[3], xi, 31, 196, 454, 598 ; 1865[1], xii, 178.

» E. Marquigny, Marie Stuart dans l'histoire, dans le drame et le roman. 1864[3], xi, 371, 483. — De quelques nouveaux écrits concernant Marie Stuart. 1864[3], xi, 660.

Studien. C. Sommervogel, Une Revue catholique hollandaise. 1875[1], xxxii, 204. — Les *Études religieuses, scientifiques et littéraires*. 1876[2], xxxv, 764.

Style. G. Longhaye, Le style hypocrite, lettre au R. P. C. C. 1866[2], xvi, 236.

Suarez. A. Matignon, Le droit naturel d'après Suarez. La société civile d'après Suarez. 1866[2], xvi, 289; 1866[3], xvii, 1.

Succession. Voir *Famille, Parabère*.

Sucre. T. Pepin, L'effeuillage des betteraves et le rôle physiologique du sucre. 1876[1], xxxiv, 431.

Suède. *Var.* Notre-Dame de l'Espérance de Suède. 1867[2], xviii, 444.

Suffrage. H. Ramière, Le suffrage universel, ses dangers et son organisation. 1874[1], xxx, 177.

Suicide. C. Sommervogel, Du suicide au dix-neuvième siècle. 1874[2], xxxi, 604.

Suisse. A. Dechevrens, La situation des catholiques en Suisse. 1875[1], xxxii, 461.

Surnaturel. A. Matignon, Le surnaturel en face du rationalisme moderne. 1859, iv, 1, 321; 1860, v, 202.

Swetchine. C. Daniel, Mme Swetchine, sa vie et son influence religieuse. 1864[2], x, 213, 356.

Syllabus. F. Desjacques, Quelques récents commentaires du *Syllabus*. 1877[2], xxxvii, 691.

» H. Dumas, Questions sur le *Syllabus*. 1875[1], xxxii, 736; 1875[2], xxxiii, 247; 1876[1], xxxiv, 384.

Synodes. G. Desjardins, Conciles et synodes catholiques; synodes protestants. 1877[1], xxxvi, 186, 321, 777; 1877[2], xxxvii, 51, 229.

Syriaque. C. CLAIR, L'étude du syriaque et la nouvelle *Schola Syriaca* (du P. Wenig). 1868[1], xx, 415.

» A. LE HIR, Saint Éphrem et la poésie syriaque au quatrième siècle. 1868[1], xx, 391.

Syrie. *Var*. Lettres du P. Verseau, supérieur de l'ancienne mission de Syrie (1698-1700). 1859, iv, 308. — Voir *Beyrouth*.

T

Tabernacles. J. NOURY, Œuvre des Tabernacles. 1863, viii, 131.

Taine. J. DE BONNIOT, La philosophie de M. Taine. 1870-71, xxv, 60, 427.

» E. CHAUVEAU, M. Taine philosophe et professeur d'esthétique. 1867[1], xviii, 227. — Une réclamation de M. Taine; réponse. 1867[1], xviii, 422. — M. Taine critique et écrivain. 1867[1], xviii, 506, 848.

» C. DANIEL, Un trait d'érudition (bouton chinois). 1859, iv, 464.

» H. MARTIN, La Révolution française et M. Taine. 1878[2], xxxix, 635; 1879[1], xl, 5, 260, 326.

Taipings. S. CLAVELIN, Un missionnaire au milieu des taipings (lettre). 1863, viii, 136.

Télégraphe. A. BOURQUENOUD, Maspha de Benjamin, le centre du système télégraphique des Israélites. 1864[2], x, 32, 197, 433.

» I. CARBONNELLE, Un télégraphe imprimeur. 1868[1], xx, 279.

Téléphone. T. PEPIN, Téléphone et microphone. 1879[1], xl, 916.

» *Var*. Le téléphone. 1877[2], xxxvii, 623.

Témoins. A. LE HIR, Les trois témoins célestes. 1868[2], xxi, 378.

Terre-Sainte. C. CAHIER, Une thèse en Sorbonne (P. Riant, Pèlerinages scandinaves en Terre-Sainte). 1865[2], xiii, 504.

» X. PAILLOUX, Terre-Sainte : Nazareth et l'Annonciation; départ pour la Visitation; Béthulie, camp d'Holopherne. 1878[1], xxxviii, 90, 258.

» Voir *Emmaüs, Jérusalem, Maspha*.

Terreur. H. DE ROCHEMURE, Souvenir de la Terreur (M. de Longevialle). 1872[1], xxvi, 923.

Testament. A. DUTAU, Des résultats actuels de la critique sur l'histoire du Nouveau Testament. 1861, vi, 241.

» Voir *Bible, Écriture Sainte*.

Théâtre. A. CAHOUR, Théâtre latin des Jésuites à la fin du seizième siècle et au commencement du dix-septième. 1862, vii, 460.

Théodicée. G. DESJARDINS, La théodicée catholique; étude sur le concile du Vatican. 1873², xxix, 389, 641 ; 1874¹, xxx, 228 ; 1874², xxxi, 42.

Théologie. J. Gagarin, De l'enseignement de la théologie dans l'Église russe. 1856, i, 1.

» A. Matignon, Les rapports de la philosophie et de la théologie. 1862, vii, 721. — Le passé et l'avenir de la théologie, à propos du congrès de Munich (1863). 1864², x, 137, 273.

» J. Pra, Un nouveau cours de théologie dogmatique (P. Mazzella). 1878¹, xxxviii, 413.

» H. Ramière, De la théologie scolastique. 1858, iii, 3.

» P. Toulemont, Théologie critique, par M. de Rémusat (*Revue des Deux Mondes*). 1862, vii, 115. — La théologie et la science catholique jugées par M. Vacherot. 1868², xxi, 257.

» C. Van Aken, L'Église enseignante et la théologie scientifique. 1872¹, xxvi, 178.

» L. C. L'enseignement de la théologie au Collège Romain. 1873¹, xxviii, 749.

Théologique (Bulletin). G. Desjardins, Infaillibilité (Mgr de La Tour d'Auvergne). Cours complet de théologie (M. Vincent). Cours de morale (P. Gury, éd. Dumas et Ballerini, P. Gallo, P. Varceno). Cours de dogme (M. Janssen). Manuels pratiques (M. de Rivières, M. Denzinger, P. de Luise). Le Syllabus (Mgr Maupied). Le libéralisme (M. Morel). 1876², xxxv, 915.

» J. Pra, Dogme (P. Schrader, P. Cercia, P. Lessius, P. Molina). Canons du concile de Bordeaux (1624). Philosophie scolastique (P. Cornoldi, M. Champenois). 1878¹, xxxviii, 1847. — L'Église et le Pape (P. Cercia). Cours de controverse (P. Knoll). Droit canon (P. de Luise). Révélation (M. Vacant). Saint sacrifice (M. Pulcian). Année liturgique (2ᵉ partie). Ordre surnaturel (M. Rouillot). 1878², xxxix, 556. — La grâce, (P. Mazzella). Les Sacrements (P. de Augustinis). Le *Canoniste contemporain* (M. Grandclaude). Apologétique pontificale (M. Morel). Idéologie (M. Tarino). Précis de philosophie (M. Bensa). Discours d'ouverture (P. Jovene). 1879¹, xl, 287. — Thomisme (Goudin). Molinisme (Schneemann). L'Église et l'État (M. Moulart). Les Anges (M. Ferrigno). Cosmologie et idéologie (P. Chartier). La Douleur (M. Blanc de Saint-Bonnet). 1879², xli, 118. — Encyclique *Æterni Patris*. Collectio Lacensis. Les vertus infuses (P. Mazzella). Connaissance de Dieu (M. Vacant). Philosophie (Sanseverino).

Somme rythmée (P. Gravina). 1879², xli, 762. — Droit canon et naturel (M. Deville). Sacrements (P. de Augustinis). Pénitence (P. Palmieri). Instruction religieuse (M. Gridel, M. Penaud). Théologie scolastique (P. Ramière). 1880, xlii, 279. — Notre-Dame de Lourdes et l'Immaculée Conception (P. Hilaire). 1880, xlii, 742.

Thérèse (Sainte). H. Matagne, Térèse ou Thérèse. 1869², xxiii, 469.

Thermodynamique. I. Carbonnelle. 1869², xxiii, 209, 416, 694; 1870¹, xxiv, 425; 1870-71, xxv, 25, 401, 913.

Thiers. H. Martin, Thiers historien de la Révolution. 1878¹, xxxviii, 70. — Thiers historien de l'Empire. 1878¹, xxxviii, 226. — Thiers orateur et homme d'État. 1878¹, xxxviii, 810; 1878², xxxix, 31.

Thiroux. Voir *Propriété*.

Thomas (Saint). E. Marquigny, Le centenaire de saint Thomas d'Aquin et nos futures Universités catholiques. 1874¹, xxx, 161.

» J. Pra, Saint Thomas d'Aquin et l'Encyclique *Æterni Patris*. 1880, xlii, 481.

» H. Ramière, Les autographes de saint Thomas. 1879¹, xl, 883.

Thomisme. H. Ramière, Le thomisme et le molinisme (P. Monsabré). 1876², xxxv, 229.

Tiers de sol. C. Verdière, Le *tiers de sol* trouvé à Montmartre, sorti des ateliers de saint Éloi. 1877², xxxvii, 574.

Tradition. J. Brucker, Philologie et tradition, réponse à M. d'Anselme. 1875², xxxiii, 295.

» G. Desjardins, Le décret du concile du Vatican sur la tradition. 1873¹, xxviii, 875.

Traditionalisme. A. Matignon, Les systèmes traditionalistes. 1867¹, xviii, 481.

» H. Ramière, La question du traditionalisme après le concile du Vatican. 1873², xxix, 481.

» C. Sommervogel. La condamnation du traditionalisme selon M. Bonnetty. 1872², xxvii, 451.

Tragédie. V. Alet, Une tragédie latine à Rome, l'an 1600 (*Flavia*, du P. Stefonio). 1857, ii, 355.

Traite. Voir *Nègres*.

Transformisme. J. de Bonniot, Le transformisme et l'athéisme. 1873², xxix, 428.

Transporté. G. André, Appendice aux *Misérables* de M. V. Hugo. Un transporté à la Guyane. 1863, viii, 573.

Travail. F. Desjacques, Travail et christianisme (S. Mony). 1878¹, xxxviii, 692.

Travail. P. Toulemont, De l'enquête parlementaire sur la condition (*Suite.*) du travail en France ; rapport de M. Ducarre. 1875[2], xxxiii, 908.

Travaux publics. Voir *Sciences* (Bulletin des). 1876[1] et 1879[2].

Trêve. P. Loysel, La paix et la trêve de Dieu. 1861, vi, 424.

Tribunaux. J. Le Génissel, Étude historique sur les tribunaux d'Athènes. 1879[2], xli, 101.

Trionyx. M. Heude, Mémoire sur les trionyx de la Chine. 1880, xlii, 620.

Tunnel. T. Pepin, Tunnel du Saint-Gothard. 1876[1], xxxiv, 886 ; — Le percement des Alpes et la Compagnie de Jésus. 1880, xlii, 293. — Voir *Chemins de fer.*

Types. G. Longhaye, Types cléricaux dans le drame et le roman modernes. 1870[1], xxiv, 5, 161, 345.

Tyrol. C. Clair, Persécution et insurrection en Tyrol (1806-1809). 1868[2], xxi, 405, 582, 881 ; 1869[1], xxii, 40. — La conquête romaine et la prédication chrétienne en Tyrol. 1875[2], xxxiii, 719.

»   *Var.* Mission à Inspruck (lettre). 1864[3], xi, 672. — Lettre d'un aumônier des tirailleurs du Vorarlberg (P. Pachtler). 1866[3], xvii, 425.

U

Ultramontains. E. Marquigny, Les doctrines du parti ultramontain. 1876[2], xxxv, 54.

Union. J. Gagarin, Les partisans et les adversaires de l'union (en Russie). 1859[1], iv, 54.

Université. C. Verdière, L'ancienne Université à son origine. 1879[2], xli, 28, 182.

Universités. J. Brucker, Les Universités catholiques. 1875[2], xxxiii, 794.

»   J. Forbes, La question de l'Université catholique en Irlande et en Angleterre. 1874[1], xxx, 321.

»   E. Marquigny, Le centenaire de saint Thomas et nos futures Universités catholiques. 1874[1], xxx, 161. — Les droits de l'Église sur les Universités. 1876[1], xxxiv, 481. — L'enseignement des Universités catholiques sur le mariage (M. Lucien Lebrun). 1877[1], xxxvi, 244.

»   H. Mertian, L'Université catholique libre d'Allemagne. 1865[1], xii, 87.

»   H. Ramière, La philosophie du droit détruite par la sécularisation du droit et rétablie par les Universités catholiques. 1878[1], xxxviii, 28, 185.

Universités. C. Sommervogel. Coup d'œil sur les Universités dans
(Suite.) l'empire allemand. 1875[1], xxxii, 284.

Ursins. O. B. Éléonore de Roye et Marie des Ursins. 1877[1], xxxvi,
363.

Ursule (Sainte). C. Daniel, Le martyre de sainte Ursule et le tome IX
d'octobre des *Acta Sanctorum.* 1859, iv, 219.

Utile. G. Longhaye, L'utile et l'honnête dans les ouvrages d'esprit.
1873[1], xxviii, 673.

Utilitaires. D. Bellocq, Le principe scientifique de la morale et les
utilitaires. 1865[1], xii, 596.

V

Varia. 1856. — Le manuscrit de Rayhrad. Fragments glagolitiques
(J. Martinov). 1856, i, 431. — Le pape Benoît XIV et l'impératrice Élisabeth. La procession du Saint-Esprit figurée
en peinture. 1856, i, 441. — Le vert de Chine (L. Hélot).
1856, i, 442.

» 1857. — Réflexions politiques sur les Européens; extraits d'un
écrit de Kang-hi, empereur de Chine. 1857, ii, 489. — Le
feld-maréchal comte Boris Chérémétef à Rome, en 1698
(J. Gagarin). 1857, ii, 498. — Notice sur Mme Élisabeth
Galitzin. 1857, ii, 511.

» 1858. Les manuscrits slaves. Publications russes sur le mariage
(J. Gagarin). 1858, iii, 467. — Nouvelles recherches sur le
vert de Chine. 1858, iii, 485. — De la logique de la propagande protestante au dix-neuvième siècle (A. Sarriot). 1858,
iii, 493.

» 1866. Les Forçats pour la foi. Pourquoi la France n'est-elle pas
protestante (A. Coquerel). Observations sur les causes
occultes (H. Sainte-Claire Deville). Histoire de la puissance
pontificale depuis saint Pierre jusqu'à Innocent III (Viennet),
analysée par M. Alloury. Blasphème de M. Em. Burnouf.
L'athéisme et le péril social (Mgr Dupanloup). Lissa (*Revue
des Deux Mondes,* nov.). La *Revue des Questions historiques*
(1res livraisons). 1866[3], xvii, 584.

» 1867. Le *Journal des Débats* et les mandements. La *Revue des Deux
Mondes* (M. Forcade) et Mgr Dupanloup. L'Espagne catholique selon M. Mézières. 1867[1], xviii, 158. — Nouvelles religieuses des États-Unis. Conférence de M. Sarcey sur les
mots et les idées. Note de M. Buloz sur la vertu chrétienne
de sa *Revue.* Traduction protestante de la Bible. Optimisme

de M. Franck. Sénèque et saint Paul, selon M. de Rossi.
Bref à M. Dantier (les *Monastères bénédictins d'Italie*). 1867[1],
xviii, 299. — M. Petit de Julleville et les moines de Patmos.
M. Deschanel et la statue de Voltaire. M. Renan et le galimatias.
Notre-Dame de l'Espérance de Suède. Exégèse allemande
(M. E. Desjardins et M. Lutteroth). L'éducation homicide (V.
de Laprade). Terrain cédé aux missionnaires à Nankin. 1867[1],
xviii, 442. — La question des classiques au Canada. L'Exposi-
tion de la Louisiane bénie par le clergé. M. Jules Janin et
Sylvestre II. Progrès du catholicisme en Angleterre. Le
Catéchisme (solidaire) *de la mère*. Paradoxes à propos de
Voltaire (MM. Fontanès et de Pompéry). 1867[1], xviii, 588.
— Sénèque a-t-il connu saint Paul? Nouvelles religieuses de
Burlington et de Philadelphie. M. Gilbert Thierry et l'*acci-
dent* en théologie. Annonce du congrès de Malines (1867).
1867[1], xviii, 733. — L'Université de Louvain. Une absolu-
tion à Sadowa. Bref aux élèves de Feldkirch. Le Dr Livingstone est-il mort? Tentative de M. Le Saint vers le haut Nil.
1867[1], xviii, 893. — Note sur l'inspiration des saints Livres
(Mgr Manning et le P. Matignon). A propos des nouveaux
saints et bienheureux, témoignages de reconnaissance.
Les martyrs coréens. L'archéologie dans les feuilles diocésaines. Mission de Madagascar. 1867[2], xix, 159. —
M. Sainte-Beuve et Voltaire. Le grec au collège de Quimper
et au petit séminaire de la Chapelle. Le catholicisme au Japon
et en Hollande. L'*Alliance évangélique* de Neuilly et son
esprit, 1867[2], xix, 303. — M. Théophile Gautier à l'Exposition
des Missions wesleyennes. Bévue de M. L. Simonin sur les
navigateurs aériens (P. Dana et P. Daniel). Projet d'un congrès celtique. 1867[2], xix, 449. — Un discours sur les collèges
d'internes (l'abbé Ch. Martin). L'histoire christianisée (Congrès de Malines). L'histoire antichrétienne (Am. Thierry).
Matérialisme (E. About et Th. Gautier dans le *Moniteur*).
1867[2], xix, 607. — Critique rationaliste de M. Réville (reconstruction du Temple, pharisiens). Le prêtre catholique
selon le *Confessionnal démasqué*. 1867[2], xix, 753. — Bévues
d'un pasteur (L. Boissard, auteur de *l'Église de Russie*). La
vieillesse pour un positiviste (M. Littré). 1867[2], xix, 916.

Varia. 1868. La *Revue de l'Instruction publique* : M. Aubé sur saint
(*Suite.*) Jérôme ; M. Goumy sur la philosophie de M. Taine. Réclamation de M. Aubé ; réponse (P. Toulemont). 1868[1], xx,
   304, 446. — Une critique de M. l'abbé Loyson (sur Guillaume

de Champeaux). Encore le réalisme et M. l'abbé Loyson : lettre et réponse (A. MATIGNON), 1868[1], xx, 610, 766. — Une nouvelle et dernière lettre de M. l'abbé Loyson (C. DANIEL) 1868[1], xx, 925. — La Faculté de médecine (matérialiste) jugée par un de ses amis (M. de Castelnau). Un mot de réponse (de l'abbé Coulomb) au P. Gagarin, 1868[2], xxi, 158. — Lettre de M. l'abbé Rouquette au P. Noury (sur sainte Clotilde); réponse. M. Boucher de Perthes. Affaire de la succession du P. Parabère. 1868[2], xxi, 504.

Varia. 1871. Un article de la *Bibliothèque de l'École des Chartes* sur
(*Suite*). le vandalisme des Jésuites (M. LAURAS). 1870-71, xxv, 967.

» 1873. La morale positiviste (de M. Wyrouboff). Le *Cri de l'homme* (de M. Franck). Mariage et célibat, du Dr Bertillon (J. DE BONNIOT). 1873[1], xxviii, 288. — Un Garo allemand (M. Helmholtz). La métaphysique de M. Clifford. Darwin jugé par un maître (M. A. Sanson). 1873[1], xxviii, 594. — Des livres distribués en prix. Les Français et les Allemands devant les Anglais. Comment il fut un temps où les quadrupèdes avaient quatre pattes de derrière. 1873[1], xxviii, 909. — Le miracle devant M. Littré. 1873[2], xxix, 147. — Fragments de liturgie luthérienne. Les facéties de M. Louandre (à popos d'un voyage à Amiens). 1873[2], xxix, 441. — Le phylloxera. 1873[2], xxix, 767. — M. Van Beneden et le miracle de Jonas. 1873[2], xxix, 935.

» 1874. L'enseignement supérieur en Belgique. Discours du Dr Gluge sur l'enseignement de la biologie. 1874[1], xxx, 296. — Les bohémiens. Le phylloxera. Conservation des vins par le chauffage. Auguste Comte et le R. P. Beckx. 1874[1], xxx, 439. — Le dernier mot sur le P. Loriquet. Une importante découverte archéologique (basilique souterraine des SS. Nérée et Achillée). La Ligue de l'enseignement condamnée par l'Église. L'enseignement obligatoire de la religion dans les écoles primaires. 1874[1], xxx, 610. — Encore le P. Loriquet. Un perfectionnement de la machine parlementaire (*saut de mouton et vote télégraphique*). Le drapeau du nouvel empire allemand sur la côte d'Afrique. Les fonctionnaires au Parlement allemand. 1874[1], xxx, 787. — La science allemande et un abbé romain (Pressuti) à propos du *Regesta Pontificum Romanorum*. Services rendus par les Jésuites aux Universités. 1874[2], xxxi, 307. — La profession de foi d'un savant (Chevreul). 1874[2], xxxi, 790.

» 1875. Un collège universitaire (d'Harcourt) au dix-huitième siècle

Vie. V. DE BUCK, Essai de conciliation sur le dogme de la vie future. 1858, III, 101.

» N. LARCHER, La vie passée et la vie future (L. Figuier). 1870-71, XXV, 859.

» A. MATIGNON, De l'intervention de Dieu dans la vie morale. 1860, V, 202.

» Voir *Biologie*, *Physiologie*, *Psychologie*.

Vierge. L. LANGLOIS, Les religieuses de la Vierge-Fidèle. 1865[2], XIII, 377.

» Voir *Marie*.

Vieux-Catholiques. C. CLAIR, La foi et la science au congrès (des Vieux-Catholiques) de Munich (1871). 1870-71, XXV, 776.

Vigny. L. LANGLOIS, A propos de M. Alfred de Vigny (sa conversion). 1864[2], X, 264.

Villefort. E. CHAUVEAU, Le Père Philippe de Villefort. 1866[3], XVII, 560.

Vincent de Paul (Saint). *Var*. Lettre inédite à la Révérende Mère Supérieure de l'Hôtel-Dieu de Québec. 1874[2], XXXI, 760. — Deux lettres inédites (à Mlle le Gras et à M. Lambert). 1875[2], XXXIII, 284.

Vin. *Var*. Conservation des vins par le chauffage. 1874[1], XXX, 443.

Virgile. A. CAHOUR, Dante, Virgile et Béatrix. 1869[1], XXIII, 900.

Voix. A. HATÉ, La voix et la parole. 1869[2], XXIII, 405, 735.

Volontaire. J.-B. DIDIERJEAN, Un jeune volontaire lorrain au siège de Verdun (Paul Bastien). 1874[1], XXX, 740.

Voltaire. C. CLAIR, A propos d'un livre intitulé *Voltaire et ses maîtres* (A. Pierron). 1866[2], XVI, 556. — La statue de Voltaire. 1867[1], XVIII, 261.

» H. DUMAS, Quelques observations sur le centenaire de Voltaire et de Rousseau. 1876[2], XXXV, 118.

» G. LONGHAYE, La dernière Histoire de Voltaire (U. Maynard). 1867[2], XIX, 785. — A Ferney, comédie. 1869[1], XXII, 348.

» H. MARTIN, Le culte de Voltaire. 1878[1], XXXVIII, 715.

» *Var*. Conférence de M. E. Deschanel sur la statue de Voltaire. 1867[1], XVIII, 442. — Paradoxes de MM. Fontanès et de Pompéry à propos de Voltaire. 1867[1], XVIII, 592. — Jugement de M. Sainte-Beuve. 1867[2], XIX, 303.

Vote. *Var*. Un perfectionnement de la machine parlementaire : *saut de mouton* et vote télégraphique. 1874[1], XXX, 787.

Z

*Archéologie, Computiste, Ducpé-
tiaux, Écosse, Esprit (Saint-),
Jésuites, Lexicologie, Oratoires,
Ram* (Mgr de), *Rossi, Sabaria,
Vie future.*

Burnichon Joseph. — *Christine,
Horace.*

C

Cahier Charles. — *Archéologie,
Haymar, Iconographie, Marie*
(T. S. V.), *Terre Sainte.*

Cahour Arsène. — *Art, Corneille,
Dante, Drame, Éloquence, Jé-
suites , Massillon , Mystères ,
Prose, Rhétorique , Roncevaux.*

Candeloup Louis. — *Guérin* (Eug.
de).

Canoz Alexis (Mgr). — *Indes.*

Carbonnelle Ignace. — *Attrac-
tion, Aurore boréale, Calcutta,
Darwinisme, Éclipses, Fossiles,
Irlande, Lumière, Lune, Métaux,
Sciences* (Bulletin des), *Soleil,
Spectroscope, Stigmates, Télé-
graphe, Thermodynamique, Vi-
brations.*

Chabin Pierre. — *Malebranche,
Physiologie, Psychologie.*

Chambon Charles, — *Blessés.*

Champon Régis. — *Archéologie,
Bible.*

Chapron Prosper. — *Bègues.*

Chartier Jules. — *Liberté.*

Chauveau Émile. — *Bénédictins,
Pascal, Taine, Villefort* (P. de),
Zouaves.

Clair Charles. — *Autriche, Bourgeois, Concile, Congrès, Doute,
École, Éducation, Église, Enseignement, François* (St) *de Sales,
Grades, Hôtel de Nevers, Internat, Lemoinne, Olivaint* (P.), *Ou-*

*vriers, Pape, Poètes, Port-Royal,
Saint-Simon, Syriaque, Tyrol,
Vieux-Catholiques, Voltaire.*

Clauer. — *Billets, Pseudonymes.*

Clavelin Stanislas. — *Chine.*

Cochard Louis. — *Conférences,
Monsabré* (P.), *Mystique.*

Cohen Marie-Xavier. — *Assas-
sins.*

Colombel Augustin. — *Chine.*

Colombier Henri. — *Ages, Auto-
graphes, Constantin, Daniel,
Évéchés, François* (St) *de Sales,
Gerbert, Gratry, Honorius Ier,
Jésuites, Luynes, Persécutions,
Rome.*

Coppier (de) Victor. — *Segneri* (P.).

Corluy Joseph. — *Évangiles, Jésus-Christ.*

Cornely Rodolphe. — *Arménie.*

Cornette André. — *Mexique.*

Croizier Antoine. — *Ouvriers.*

Croullière François. — *Chine.*

D

Damas (de) Amédée. — *Liban,
Missions.*

Daniel Charles. — *Apologistes,
Associations, Barat* (Mère), *
Beauregard* (P.), *Bossuet, Ca-
hour* (P.), *Civiltà Cattolica,
Clerc* (P.), *Code, Conciles, Fé-
nelon, Genève, Géographie, Gra-
try* (P.), *Guizot, Iconographie,
Jésuites, La Fayette* (Mlle de),
Lenormant, Littré, Maret (Mgr),
Marguerite-Marie (Vén.), *Ma-
riage, Marie* (T. S. V.), *Méta-
physique, Montalembert, Morale,
Olier* (M.), *Optimisme, Para-
bère* (P.), *Paton* (P.), *Port-Royal,
Protestantisme , Rationalisme,*

Réalisme, Swetchine (Mme), *Taine, Ursule* (Ste).

Daras Augustin. — *Nina* (Ste).

Dechevrens Antoine. — *Chronique, Éducation, Enseignement, Religion, Suisse.*

Dechevrens Marc. — *Lumière.*

Delattre Alphonse. — *Daniel, Ézéchias.*

Delsaulx Joseph. — *Sensations.*

Depelchin Henri. — *Indes.*

Desjacques François. — *Alphonse* (St) *de Liguori, Apologétique, Bible, Chantal* (Ste), *Charité, Christianisme, Chronique, Congrès, Décrets, Divorce, François* (St) *de Sales, Galitzin, Jean* (St) *Chrysostome, Journaux, Langues, Le Hir, Libre penseur, Maistre* (J. de), *Monopole, Ordres religieux, Poésie, Propriété, Religion, Richesse, Socialisme, Syllabus, Travail.*

Desjacques Marin. — *Chine.*

Desjardins Eugene. — *Alexandrie, Beau, Christianisme, Chronique, Divorce, Écoles, Galilée, Italie, Philosophisme, Protestantisme, Revue des Deux Mondes.*

Desjardins Gabriel. — *Beau, Bulles, Conciles, Écriture Sainte, Foi, François* (St) *de Sales, Pape, Rationalisme, Revue des Deux Mondes, Synode, Théodicée, Théologie* (Bulletin de), *Tradition.*

Didierjean Jean-Baptiste. — *Volontaire.*

Dorgues Jean. — *Athéisme, Littré.*

Ducat Henri. — *Algérie.*

Dufour Jules. — *Seton* (Mme).

Dugas Joseph. — *Kabylie, La*

Moricière, Ouvrières, Patriciens, Rome.

Dumas Florent. — *Charles II, Chronique, Jésuites, Mexique, Nègres, Saint-Simon.*

Dumas Henri. — *Clergé, Infaillibilité, Voltaire.*

Durand Louis. — *Église, Marie* (T. S. V.).

Dutau Adolphe. — *Arabie, Beyrouth, Bourquenoud* (P.), *Ledoux* (P.), *Nubie, Testament.*

E

Edel Xavier. — *Chine.*

Escalle Auguste. — *Lothair.*

F

Félix Joseph. — *Czartoryski, Conférences, Église, Littré, Pie IX, Renan.*

Forbes James. — *Angleterre, Irlande, Pusey, Ritualisme, Universités.*

Fréchon Stanislas. — *Renan.*

Freppel (Abbé). *Ignace* (St) *de Loyola.*

Fristot Paul. — *Alsace, Monsabré* (P.)

G

Gabriac (de) Alexandre. — *Baccalauréat, Galilée, Roman.*

Gagarin Jean. — *Alexandre Ier, Anglicanisme, Anne, Astrakhan, Chérémétef, Cyrille* (St), *Géorgie, Golowin* (Mme), *Gruber* (P.), *Hymnes, Jérusalem, Jésuites, Maistre* (X. de), *Manuscrits, Mariage, Orient, Pierre* (St), *Roumanie, Russie, Sorbonne, Starovères, Théologie, Union.*

gion, *Rêve*, *Richelieu*, *Style*, *Types*, *Utile*, *Vice*, *Voltaire*.

LOYSEL Paul. — *Angleterre*, *Paix de Dieu*.

M

MADELAINE (Le P.), O. P. — *Monde*.

MARQUIGNY Eugène. — *Associations*, *Ateliers*, *Berchmans* (Bx), *Bonaventure* (St), *Bossuet*, *Catholiques*, *Chronique*, *Congrès*, *Critique*, *Déicide*, *Dimanche*, *Écrouelles*, *Éducation*, *Enseignement*, *Espagne*, *Femme*, *Gorcum*, *Grades*, *Grange* (Jean), *Histoire*, *Industrie*, *Italie*, *Jouvency* (P.), *Jubilé*, *Littré*, *Lorraine*, *Louis* (St), *Louvain*, *Mahométisme*, *Montalembert*, *Ouvriers*, *Pèlerinages*, *Pie IX*, *Positivisme*, *Société*, *Stuart* (Marie), *Thomas* (St) *d'Aquin*, *Ultramontains*, *Universités*, *Zouaves*.

MARTIN Hippolyte. — *Constituante*, *Église*, *Jeanne d'Arc*, *Naturalisme*, *Religion*, *Taine*, *Thiers*, *Victor-Emmanuel II*, *Voltaire*.

MARTINOV Jean. — *Architecture*, *Glagolites*, *Hurter*, *Iconographie*, *Josaphat* (St), *Khelm*, *Kossovo*, *Langage*, *Langues*, *Manuscrit*, *Puits artésiens*, *Russie*, *Siège* (*Saint-*), *Slaves*.

MATAGNE Henri-Jules. — *Conciles*, *Éthiopie*, *Thérèse* (Ste).

MATIGNON Ambroise. — *Baïanisme*, *Bulles*, *Conciles*, *Congrégations romaines*, *Congrès*, *Droit*, *Église*, *États-Unis*, *Évêques*, *Feuilles diocésaines*, *Foi*, *France*, *Gratry*, *Homme*, *Incarnation*, *Infaillibilité*, *Intervention*, *Jan-*

sénisme, *Jésuites*, *Jeunesse*, *Lamennais*, *Liberté*, *Maret* (Mgr), *Molinisme*, *Philosophie*, *Probabilisme*, *Raison*, *Réalisme*, *Société*, *Spiritisme*, *Surnaturel*, *Théologie*, *Traditionalisme*.

MAUJAY Jean-Baptiste. — *Langues*.

MAVEL Joseph. — *Drame*.

MAZOYER Philippe. — *Pagnon* (Joseph), *Poète*.

MERCIER Victor. — *Bretagne*, *Lamennais*, *Ligue*, *Maintenon* (Mme de).

MERTIAN Henri. — *Allemagne*, *Allemands*, *Apôtres*, *Bible*, *Christianisme*, *Gousset* (Cardinal), *Jésus* (Compagnie de), *Judaïsme*, *Langues*, *Liberté*, *Missions*, *Notre-Dame de Paris*, *Pie IX*, *Pierre* (St), *Protestantisme*, *Robinson*, *Universités*.

MINASI Pascal. — *Sarcophage*.

MONFORT (de) Gustave. — *Pierre* (St).

MONNERET Florian. — *Protestantisme*, *Ratio studiorum*.

MONSABRÉ (Le P.), O. P. — *Berchmans* (Bx).

MONTÉZON (de) Fortuné. — *Jésuites*.

MONTROUZIER Henri. — *Polémique*.

N

NAMPON Adrien. — *Béguinages*, *Communion*, *Écoles apostoliques*, *Épileptiques*, *François* (St) *Régis*, *Instruction*, *Jubilé*, *Missions*, *Nègres*, *Notre-Dame*, *Puy* (Notre-Dame du), *Retraites*.

NOURY Jean. — *Adoption*, *Adoration*, *Afrique* (Notre-Dame d'),

*Apôtres, Auxiliatrices, Bonne foi,
Calvaire, Campagnes, Chine,
Crédit, Dimanche, Espérance*
(Notre-Dame d'), *Étudiants, Le-
gouvé, Livres, Mormons, Protes-
tantisme, Publications populaires,
Tabernacles, Viateur* (Saint).

O

O'CARROLL Jean. — *Fénians.*
OLIVAINT Pierre. — *Science.*

P

PACHTLER Michel. — *Tyrol.*
PAILLOUX Xavier. — *Terre Sainte.*
PARADAN Auguste. — *Allemagne.*
PATON Ernest. — *Manitouline,
Guyane.*
PEPIN Théophile. — *Algérie, As-
tronomie, Atmosphère, Bactéries,
Bernard* (Claude), *Canaux, Cas-
pienne, Chemin de fer, Comètes,
Éclairage, Éclipses, Étoiles, Eu-
ripe, Exposition, Gaz, Généra-
tion spontanée, Inondations, Mé-
téorologie, Microbes, Microphone,
Océan, Ozone, Pansements, Per-
cement, Phosphorescence, Phyl-
loxera, Plomb, Prêt, Radiomètre,
Rome, Sang, Sciences* (Bulletin
des), *Secchi* (P.), *Soleil, Sucre,
Téléphone, Travaux publics, Tun-
nel, Vénus, Zuyderzée.*
PIE IX. — *Allocutions, Brefs, Encycliques, Lettres.*
PIERLING Paul. — *Démétrius,
Russie.*
POIRRÉ Félix. — *Cécile* (Ste).
PONLEVOY (de) Armand. — *Berryer, Infaillibilité, Ravignan* (P.
de).

PRA Joseph. — *Jésus-Christ, Lourdes, Office* (Saint-), *Protestantisme, Théologie, Thomas* (St)
d'Aquin.
PRAT Jean-Marie. — *Brumoy* (P.).
PUJOL Damase. — *Mer Rouge,
Pierre* (St).

R

RAMIÈRE Henri. — *Cœur* (Sacré),
*Chronique, Descartes, Dialec-
tique, Droit, Éducation, Église,
Études, Gaume* (Mgr), *Glad-
stone, Gratry, Libéralisme, Ma-
riage, Newman, Philosophie,
Pie IX, Principes, Religion,
Science, Société, Suffrage uni-
versel, Théologie, Thomas* (St),
*Thomisme, Traditionalisme, Uni-
versité, Verbe.*
RANQUET (du) Henri. — *New-
York.*
RATHOUIS Charles. — *Alligators,
Vers à soie.*
RAVARY François. — *Ancêtres,
Protet.*
REAU (du) Paul. — *Quatre-
barbes.*
RÉGNAULT Émile. — *Beaumont*
(de), *Chronique, Crétineau-Joly,
Dauphine, Louise-Marie* (Vén.),
Royal-Lieu, Sand (George).
RÉGNON (de) Henri. — *Madagas-
car.*
RÉGNON (de) Louis. — *Décrétales,
Exemption, Liturgie.*
REYNAUD Lazare. — *Clergé.*
ROCHEMURE (de) Henri. — *Auto-
rité, Moyen âge, Société, Terreur.*
RONDINA François - Xavier. —
François Xavier (St).
ROUSSEAU Jean-Baptiste. — *Mé-
decine.*

APPENDICE

A. D. — *Ouvriers.*
A. X. L. — *Rostopchine.*
C. S. — *Bossuet, Gazeau* (P.), *Novalis, Revues, Vincent* (St) *de Paul.*
D. HAF. — *Dunes.*
E. B. — *Mysticisme.*
F. D. — *Presse.*
G. K. — *Conciles.*
H. O. — *Étourneau.*
J. B. — *Mésa.*
J. T. H. D. — *Évangiles.*

L. C. — *Collèges.*
M. N. O. — *Pusey, Ritualisme.*
M. P. — *Probabilisme.*
O. B. — *Lois existantes, Roye.*
P. C. — *Pernette.*
V. A. — *Professeur.*
W. B. — *Géographie.*
X. — *Religion.*
Y. X. Z. — *Nila.*

***. — *Autriche, Guise.*
Évêque de .*** — *Évêques.*

SECONDE PARTIE

BIBLIOGRAPHIE

TROISIÈME TABLE

ORDRE DES AUTEURS

A

ABBELOOS (J.-B.) et LAMY (E. J.). Gregorii Barhebræi Gronicon ecclesiasticum, *J. Corluy*. 1877², xxxvii, 776.

ACY (E. d'). Le limon des plateaux du nord de la France et les silex travaillés qu'il renferme, *A. Haté*. 1879¹, xl, 111.

AGASSIZ (L.). De l'espèce, *A. Haté*. 1878², xxxix, 609 ; 1879¹, xl., 221.

ALAUX (J. E.). La religion au dix-neuvième siècle ; la raison, *A. Matignon*. 1861, vi, 112.

ALAZARD (abbé). Notice sur Mgr Delalle, *V. Alet*. 1873¹, xxviii, 608.

ALBERT (abbé N.). Somme ascétique de saint François de Sales, *G. Desjardins*. 1878², xxxix, 124. — Vie abrégée de saint François de Sales, *F. Desjacques*. 1878², xxxix, 570.

ALBERT (P.). La littérature française au dix-septième siècle ; la prose ; la poésie, *G. Longhaye*. 1873², xxix, 552.

ALCAN (E.). La légende des âmes, souvenirs de quelques Conférences de Saint-Vincent de Paul, *C. Sommervogel*. 1879¹, xl, 772.

ALET (V.), S. J. Le bienheureux Canisius, *Ch. Daniel*. 1865², xiii, 416. — La divinité du christianisme démontrée par un fait (la ruine de Jérusalem), *E. Marquigny*. 1868¹, xx, 606. — Les divines opportunités du doctorat de saint François de Sales, *C. Sommervogel*. 1878², xxxix, 139.

ALEXANDRE (C.). Oracula sibyllina, *J. Brucker*. 1876¹, xxxiv, 600.

ALLARD (P.). Les esclaves chrétiens, *E. Abt*. 1876², xxxv, 295.

ALLIES (miss). The life of Pope Pius the seventh. 1877¹, xxxvi, 625.

ALPHONSE (Saint). Deux opuscules sur la communion fréquente (trad. par l'abbé Gerson). 1861, vi, 349.

ALPHONSE (le P.). Vie de saint Norbert, *A. Jean*. 1867¹, xviii, 284.

ALZOG (Dr J.). Grundriss der Patrologie, *J. Martinov*. 1869¹, xxii, 798. — Histoire universelle de l'Église (trad. par Goschler et Audley), *A. D.* 1875¹, xxxii, 789.

AMAGAT (E. H.). Comptes rendus sur la compressibilité des gaz, *T. Pepin*. 1880, xlii, 290.

AMBERT (général). L'héroïsme en soutane, *J. Forbes*. 1876[1], xxxiv, 466.

ANCESSI (abbé V.). Etudes de grammaire comparée, *H. Leroy*. 1875[1], xxxii, 363. — L'Égypte et Moïse, *A. Delattre*. 1876[2], xxxv, 470. — Job et l'Égypte ; le Rédempteur et la vie future dans les civilisations primitives, *A. Delattre*. 1877[2], xxxvii, 287.

ANDRÉ (abbé). Les communes de Vaucluse de 1556 à 1789 : Lagnes, *C. Sommervogel*. 1874[2], xxxi, 944.

ANGELINI (A.), S. J. Tituli in supremis honoribus A. Secchii, *T. Pepin*. 1878[2], xxxviii, 876.

ANSELME (M. d'). Lettres au R. P. Brucker (Annales de philosophie chrétienne), *J. Brucker*. 1875[2], xxxiii, 295.

ANSTRUTHER (R.). Epistolæ Herberti de Losinga, Osberti de Clara et Elmeri, *V. de Buck*. 1860, v, 64.

ARDUIN (abbé A.). La religion en face de la science, *J. de Bonniot*. 1877[2], xxxvii, 291 ; 1879[2], xli, 936.

ARMAGNAC (cardinal d'). Lettres inédites (Tamizey de Larroque), *C. Sommervogel*. 1874[1], xxx, 912.

ARMEL DE KERVAN (D. M.). Voltaire, ses hontes, ses crimes. 1877[2], xxxvii, 458. — Quatre-vingt-neuf et son histoire. 1877[2], xxxvii, 461.

ARMELLINI (T.), S. J. De prisca refutatione hæreseon Origenis nomine ac *Philosophumenon* titulo recens vulgata, *A. Matignon*. 1863, viii, 802.

ARMINJON (abbé C.). Le règne de Dieu dans les sociétés actuelles ; conférences, *F. Desjacques*. 1870[1], xl, 765.

ARNOLD (P.), S. J. Imitation du Sacré Cœur de Jésus (trad. par l'abbé Bélet), *F. Dumas*. 1865[1], xii, 422.

ARSAC (J. d'). Les jésuites, doctrine, enseignement, apostolat, *F. Dumas*. 1865[2], xiii, 255 ; — *L. L.* 1865[2], xiii, 412. — La papauté, ses ennemis et ses juges. 1867[1], xviii, 439.

ARTUS (E.). Les médecins et les miracles de Lourdes. 1873[2], xxix, 122.

AT (le P.). Le vrai et le faux en matière d'autorité et de liberté, *A. D.* 1874[2], xxxi, 298.

AUBÉ (B.). Histoire des persécutions de l'Église jusqu'à la fin des Antonins, *H. Colombier*. 1877[1], xxxvi, 409.

AUBINEAU (L.). Notices littéraires sur le dix-septième siècle. 1860, v, 335. — Les jésuites au bagne. 1862, vii, 422. — Vie de la Mère Émilie de Rodat, *C. Sommervogel*. 1869[2], xxiii, 814 ; — *J. Burnichon*. 1880, xlii, 633. — La vie admirable du bienheureux mendiant et pèlerin Benoît-Joseph Labre, *E. P.* 1873[2], xxix, 140. — Des serviteurs de Dieu au dix-neuvième siècle, *E. Régnault*. 1874[2], xxxi, 933. — Le saint homme de

Tours, *E. Régnault*. 1878², xxxix, 707. — De la révocation de l'édit de Nantes, *C. Sommervogel*. 1879¹, xl, 634. — M. Augustin Thierry, son système historique et ses erreurs, *H. Martin*. 1879², xli, 148.

Aucapitaine (baron H). Les Kabyles et la colonisation de l'Algérie, *E. Paton*. 1864², x, 131.

Aucher (le P. J.-B.). Evangelii concordantis expositio (S. Ephrem), *J. Brucker*. 1876², xxxv, 307.

Audiat (L.). Bernard Palissy, *P. Maznyer*. 1870¹, xxiv, 487. — Un fils d'Estienne Pasquier, Nicolas Pasquier, *C. Sommervogel*. 1877¹, xxxvi, 457. — Brouage et Champlain, documents, *C. Sommervogel*. 1879², xli, 471.

Audouy (abbé). La doctrine chrétienne dans les prières quotidiennes (P. Viexmance), *C. Sommervogel*. 1879¹, xl, 952.

Augier (Em.). Le fils de Giboyer, *G. Longhaye*. 1870¹, xxiv, 12. — Lions et renards, *G. Longhaye*. 1870¹, xxiv, 345.

Augustinis (E. de), S. J. De re sacramentaria, *J. Pra*. 1879¹, xl, 290 ; 1880, xlii, 283.

Ault-Dumesnil (d'), Dubeux (L.) et Crampon (abbé). Nouveau dictionnaire d'histoire et de géographie anciennes et modernes, *A. Jean*. 1866¹, xv, 428.

Avenel (G. d'). Les évêques et archevêques de Paris, *C. Sommervogel*. 1878¹, xxxviii, 834.

Avesne (E. d'). La franc-maçonnerie et les projets Ferry, *F. Desjacques*. 1879², xli, 142 ; — *C. Sommervogel*. 1879², xli, 474. — Les deux Frances, radicaux et catholiques, *C. Sommervogel*. 1880, xlii, 307.

Avril (Ad. d'). Documents relatifs aux Églises de l'Orient, considérées dans leurs rapports avec le Saint-Siège, *J. Martinov*. 1862, vii, 407. — La Chaldée chrétienne, *J. Martinov*. 1864¹, ix, 147. — La bataille de Kossovo, rhapsodie serbe, *J. Martinov*. 1868², xxi, 239. — L'Arabie contemporaine, *A. Dutau*. 1868², xxi, 820.

Ayzac (Mme d'). Histoire de l'abbaye de Saint-Denis en France, *C. Sommervogel*. 1863, viii, 484.

B

Bach (J.), S. J. Les origines de Metz, de Toul et de Verdun. 1864¹, ix, 271. — Le P. Calmette et les missionnaires indianistes, *C. Sommervogel*. 1868², xxi, 338.

Backer (A. de), S. J. Essai bibliographique sur le livre de l'Imitation,

C. S. 1864³, xi, 245. — Bibliothèque des écrivains de la Compagnie de Jésus, *P. Clauer.* 1869², xxiii, 159 ; — *V. de Buck.* 1870¹, xxiv, 296.

BACUEZ et VIGOUROUX (abbés). Manuel biblique, *F. Desjacques.* 1879¹, xl, 304.

BADER (Mlle Cl.). La femme dans l'Inde antique, *G. André.* 1864², x, 241.

BADTS DE CUGNAC (A. de). Les jésuites et l'armée, *C. Sommervogel.* 1875¹, xxxii, 777. — L'empoisonnement social, résultat de l'enseignement universitaire, *F. Desjacques.* 1879², xli, 140. — L'expulsion des jésuites, *C.¹Sommervogel.* 1879², xli, 473. — La Compagnie de Jésus jugée par l'Église universelle, *F. Desjacques.* 1879², xli, 937. — Les jésuites et l'éducation, *F. Desjacques.* 1879², xli, 941.

BAEKER (L. de). Grammaire comparée des langues de la France, *H. Mertian.* 1862, vii, 256.

BAGUENAULT DE PUCHESSE (F.). Le catholicisme présenté dans l'ensemble de ses preuves, *H. Mertian.* 1860, v, 295. — L'immortalité, la mort et la vie, *A. de Damas.* 1864², x, 248.

BAILLON (comte de). Henriette-Marie de France, *H. Colombier.* 1878¹, xxxviii, 292.

BAILLY (L.), S. J. Le trait d'union ; — le Livre d'heures, *L. G.* 1879¹, xl, 460.

BALLEYGUIER (D.). Sauvons le Pape! hymne guerrier des Franco-Belges. 1868¹, xx, 445.

BALLEYGUIER (Mme O. D.). La première aube, ou l'Évangile raconté aux tout petits enfants. 1862, vii, 432. — La deuxième aube, ou l'Ancien Testament raconté aux enfants, *C. D.* 1865², xiii, 413.

BARBE (abbé). De l'immortalité de l'âme, *C. Jovene.* 1866³, xvii, 574.

BARBE (P.). La vérité sur la langue d'O, *J. Brucker.* 1874¹, xxx, 409.

BARBEREY (Mme de). Elizabeth Seton et les commencements de l'Église catholique aux États-Unis, *J. Dufour.* 1868², xxi, 513.

BARGÈS (abbé J. J. L.). Papyrus égypto-araméen, appartenant au musée égyptien du Louvre, *A. Dutau.* 1862, vii, 705.

BARHEBRÆUS (Grég. Abu'l Pharadg). Cronicon ecclesiasticum (Abbeloos et Lamy), *J. Corluy.* 1877², xxxvii, 776.

BARRANDE (J.). Distribution des céphalopodes dans les contrées siluriennes ; trilobites. 1872², xxvii, 946.

BARRAU (E. de). 1789 en Rouergue, *V. Alet.* 1875², xxxiii, 938.

BARTHÉLEMY-SAINT-HILAIRE (J.). Mahomet et le Coran, *F. Gazeau.* 1865², xiii, 533.

Barthélemy des Martyrs (Vén.). Compendium spiritualis doctrinæ (Mgr Fessler), *J. Martinov*. 1865[3], xiv, 553.

Bartolini (Mgr). Sopra l'anno lxvii dell' era volgare, se fosse quel del martirio dei gloriosi principi degli Apostoli Pietro e Paolo. 1866[3], xvii, 431.

Baschet (A.). Mémoire d'Armand du Plessis de Richelieu (1607-1610), *C. Sommervogel*. 1880, xlii, 477.

Baudrillart (H.). Études morales : la satire chrétienne aux premiers siècles, *F. Desjacques*. 1878[2], xxxix, 181,363. — Histoire du luxe privé et public, *F. Desjacques*. 1880, xlii, 791.

Baumstark (R.). Pensées d'un protestant sur l'invitation du Pape pour la réunion à l'Église romaine (trad. par Th. de Lamezan), *C. Daniel*. 1869[1], xxii, 480. — Une excursion en Espagne (trad. par Th. de Lamezan), *E. Marquigny*. 1872[2], xxvii, 723.

Baunard (abbé L.). Le doute et ses victimes au temps présent, *C. Clair*. 1866[2], xvi, 58. — L'apôtre saint Jean, *A. de Gabriac*. 1870[1], xxiv, 301. — Histoire de saint Ambroise, *C. Clair*. 1870-71, xxv, 960. — Histoire de Mme Barat, *E. Régnault*. 1876[1], xxxiv, 914. — Histoire de Mme Duchesne, *C. B.* 1878[2], xxxix, 423.

Baur (C.). Das Christenthum und die christliche Kirche der drei ersten Jahrhunderte, *H. Mertian*. 1861, vi, 608 ; 1862, vii, 66. — Kirchengeschichte der neueren Zeit ; — des xix Jahrhunderts, *H. Mertian*. 1864[1], ix, 151.

Bautain (abbé). Philosophie des lois au point de vue chrétien ; — La conscience ou la règle des actions humaines ; — La belle saison à la campagne ; — La chrétienne de nos jours ; — Le chrétien de nos jours, *A. Matignon*. 1862, vii, 409. — Méditations sur les Épîtres et les Évangiles. 1863, viii, 837. — Les choses de l'autre monde, *V. Mercier*. 1869[1], xxii, 626. — Méditations chrétiennes. 1873[1], xxviii, 148.

Bavard (abbé E.). Vie du Vén. Bénigne Joly, *C. Sommervogel*. 1879[1], xl, 775.

Bavarelli (le P.), barn. Vie du Vén. F.-X. Bianchi (trad. par l'abbé de Valette), *C. Sommervogel*. 1870-71, xxv, 634.

Bayle (abbé A.). Massillon, étude historique et littéraire, *H. de Bigault*. 1867[2], xix, 431.

Bayma (S.), S. J. Realis philosophiæ institutiones. 1863, viii, 679. — The elements of molecular Mechanics. 1867[1], xviii, 726.

Bazarof (J.). Le mariage selon la doctrine et le rite de l'Église orthodoxe russe, *J. Gagarin*. 1858, iii, 479.

BEAUFFORT (comte de). Histoire de l'invasion des États pontificaux et du siège de Rome en 1870, *C. Sommervogel*. 1874[1], xxx, 909.

BEAUGUÉ (J. de). Histoire de la guerre d'Écosse, *E. M.* 1864[3], xi, 563.

BÉCHET (D[r]). Les harmonies médicales et philosophiques de l'homœopathie, *T. Pepin.* 1873[1], xxviii, 780.

BECK (J.). Freiherr Heinrich von Wessemberg. 1862, vii, 717.

BÉDOUET (abbé Z.). Histoire et culte de sainte Geneviève, *A. M.* 1866[1], xv, 572.

BEELEN (J.-Th.), Het nieuwe Testament, *V. D. B.* 1869[1], xxii, 955.

BELIN (F.). La société française au dix-septième siècle, *C. Sommervogel.* 1875[2], xxxiii, 611.

BELINGAN J.-B. de), S. J. Retraite spirituelle pour tous les états, *C. Sommervogel.* 1879[1], xl, 450.

BELLEVAL (marquis de). Nos pères; mœurs et coutumes du temps passé. 1879[2], xli, 468.

BELLUNE (abbé de). Dieu et son amour pour ses créatures, *J. Dorgues.* 1878[2], xxxix, 566. — Du plaisir au bonheur, pensées sérieuses de deux jeunes filles, *C. Sommervogel.* 1879[1], xl, 453.

BELLYNCK (A.), S. J. Résumé du cours de zoologie professé au collège de Notre-Dame de la Paix à Namur, *N. L.* 1865[2], xiii, 559. — Cours élémentaire de botanique, *T. Pepin.* 1875[1], xxxii, 293.

BÉNARD (abbé). Les Epitres et les Évangiles, *C. Sommervogel.* 1873[1], xxviii, 788.

BÉNARD (abbé V.). Frédéric II et Voltaire, *H. Martin.* 1878[2], xxxix, 574.

BÉNARD (C.). De la philosophie dans l'enseignement classique. 1862, vii, 426.

BENDER (J.). Geschichte der philosophischen und theologischen Studien in Ermland, *V. D. B.* 1869[2], xxiii, 974.

BENEY (abbé J.). L'immortalité de l'âme des bêtes, jugée par saint Thomas, *L. Senepin.* 1877[1]. xxxvi, 144.

BENGY (A. de), S. J. Mémoires, *C. S.* 1870-71, xxv, 469.

BENOIST (E.). Œuvres de Virgile, *F. D.* 1872[2], xxvii, 783.

BENOIT (abbé A.), Saint Grégoire de Nazianze, *H. Colombier.* 1877[1], xxxvi, 134.

BENSA (chan.). Summarium philosophiæ, *J. Pra.* 1879[1], lx, 296.

BÉRENGIER (dom Th.), O. S. B. Vie de saint Turibe, *C. Sommervogel.* 1872[2], xxvii, 776. — Vie du cardinal Odescalchi, *C. Sommervogel.* 1877[1], xxxvi, 454. — La Nouvelle-Nursie, histoire d'une colonie bénédictine dans l'Australie occidentale, *J. Brucker.* 1879[2], xli, 613.

BERGER (A.). Histoire de l'éloquence latine jusqu'à Cicéron, *J. de Bonniot.* 1872[2], xxvii, 624.

Bergounioux (E.). Le roman d'un chrétien au dix-neuvième siècle;
    G. André. 1863, viii, 816.

Bernadille. Esquisses et croquis parisiens. 1877[1], xxxvi, 623,
    1879[1], xl, 467,

Bernard (abbé E.). Les voyages de saint Jérôme, sa vie, ses œuvres,
    son influence, *P. Toulemont*. 1864[3], xi, 412.

Bernard (abbé M.). L'Église de Lyon et l'Immaculée Conception.
    1877[2], xxxvii, 907.

Bernardi (G. de). La Révolution, *J. Dugas*. 1875[2], xxxiii, 463.

Bernis (cardinal de). Mémoires et Lettres (F. Masson), *C. Sommervogel*.
    1879[1], xl, 104.

Bersot (E.). Essais de philosophie et de morale, *P. Toulemont*. 1864[2],
    x, 109.

Berteaud (Mgr). Œuvres pastorales, *H. Ramière*. 1872[2], xxvii, 913.

Berthier (F.). L'abbé Sicard, *C. Sommervogel*. 1873[2], xxix, 463.

Berthier (J.). Des états de la vie chrétienne et de la vocation, *C. Sommervogel*. 1875[2], xxxiii, 470.

Berthold-Ignace (le P.), carme. Vie de la Mère Anne de Jésus,
    H. Colombier. 1877[1], xxxvi, 456.

Berthoud (H.). Le monde des insectes, *A. H.* 1865, xii, 656.

Bertou (comte de). Le mont Hor, le tombeau d'Aaron, Cadès; étude sur
    l'itinéraire des Israélites dans le désert, *A. Dutau*. 1861, vi, 124.

Bertrand (abbé J.). Le pontificat de Pie IX et l'athéisme révolution-
    naire, *C. Sommervogel*. 1879[1], xl, 635.

Bertrand (J.), S. J. Mémoires historiques sur les Missions des Ordres
    religieux (2ᵉ éd.), *C. Daniel*. 1862, vii, 564, 667. — Lettres
    édifiantes et curieuses de la nouvelle Mission du Maduré,
    J. T. 1865[3], xiv, 272.

Bertrand (L.). Vie, écrits et correspondance littéraire de Laurent
    Josse Le Clerc, *C. Sommervogel*. 1878[1], xxxviii, 137.

Bertrand (L. A.). Mémoires d'un Mormon, *J. Noury*. 1865[2], xiii, 341.

Besson (abbé). L'Homme-Dieu, conférences, *P. Toulemont*. 1864[3], xi,
    237. — Panégyrique du B. Berchmans, *E. Marquigny*. 1866[2],
    xvi, 277. — L'Église, œuvre de l'Homme-Dieu, *P. Toulemont*.
    1862[2], xvi, 424. — Le Décalogue, ou la loi de l'Homme-Dieu,
    L. Rabussier. 1870[1], xxiv, 640. — Panégyriques et oraisons
    funèbres, *C. de Laage*. 1872[1], xxvi, 139. — Conférences de
    Besançon, *L. Cochard*. 1874[2], xxxi, 595. — (Mgr Besson).
    Panégyriques, oraisons funèbres, éloge académique. 1877[1],
    xxxvi, 762.

Bickell (Dr G.). Sancti Ephræmi Syri carmina Nisibina, *abbé Le
    Hir*. 1868[1], xx, 391.

Biéchy (A.). L'induction, *J. de Bonniot.* 1879[1], xl, 943.

Bielowski (A.). Monumenta Poloniæ historica, *J. Martinov.* 1865[3], xiv, 556.

Bigelow (J.). Les États-Unis d'Amérique en 1863, *F. Dumas.* 1864[3], xi, 562.

Binet (E.), S. J. De l'état heureux et malheureux des âmes du purgatoire. 1863, viii, 153.

Bion (abbé). Le monde de l'Eucharistie ou symbolisme de la sainte hostie, *J. Noury.* 1876[2], xxxv, 608.

Biré (E.). Victor Hugo et la Restauration, *G. Longhaye.* 1869[2], xxiii, 494.

Biré (É.) et Grimaud (E.). Les poètes lauréats de l'Académie française, *C. C.* 1865[2], xiii, 409.

Bizouard (abbé Th.). Couvent de l'*Ave Maria;* sainte Colette à Auxonne, *C. Sommervogel.* 1879[2], xli, 470.

Blampignon (abbé). Correspondance inédite de Massillon, *C. Sommervogel.* 1869[2], xxiii, 491.

Blanc (abbé E.). Exposé de la synthèse des sciences, *C. Sommervogel.* 1877[2], xxxvii, 450.

Blanc de Saint-Bonnet (A.). La légitimité; — la Restauration française, *H. Ramière.* 1874[1], xxx, 5. — Préliminaires du Livre de la chute, *J. Pra.* 1879[1], xl, 135. — La douleur, *J. Pra.* 1879[2], xli, 131.

Blanchon (J.). Études de mœurs contemporaines, *C. Sommervogel.* 1868[2], xxi, 500. — Les offices paroissiaux, *C. Sommervogel.* 1879[1], xl, 451.

Blavignac (D.). La cloche ; études sur son histoire et ses rapports avec la société, *C. Sommervogel.* 1877[2], xxxvii, 448.

Bleser (abbé de). Rome et ses monuments, *V. Mercier.* 1870[1], xxiv, 150.

Blier (P.). Jeanne d'Arc, poème dramatique, *H. Martin.* 1878[2], xxxix, 853.

Blignières (C. de). Lettre sur la morale, *J. Félix.* 1863, viii, 669.

Blois (G. de). Louis de Blois, un bénédictin au seizième siècle, *C. Sommervogel.* 1876[1], xxxiv, 612.

Blot (le P.). Le Cœur eucharistique. 1872[2], xxvii, 785. — Notre-Dame du Mont-Carmel, *C. S.* 1879[1], xl, 452.

Blume (W.). Feldzug 1870-71, *E. N.* 1872[2], xxvii, 778.

Bluteau (abbé). Catéchisme catholique d'après saint Thomas, *A. M.* 1867[1], xviii, 582.

Boero (J.), S. J. Vita del B. Pietro Canisio, *V. Alet.* 1865[1], xii, 251. — Les 205 martyrs du Japon (trad. par le P. Aubert). 1868[1], xx, 158.

Bottalla (P.), S. J. Pope Honorius before the tribunal of reason and
    history, *J. Brucker.* 1869[1], xxii, 469.

Boucher (A.). Le prince de Joinville pendant la campagne de France,
    F. D. 1873[2], xxix, 786.

Bouchet (A.). Les coups de foudre, *G. André.* 1864[2], x, 271.

Boué (F.), S. J. Nouveau Manuel du chrétien. 1877[2], xxxvii, 303.

Bouffier (G.), S. J. La vénérable servante de Dieu, Anna-Maria Taïgi,
    L. L. 1865[2], xiii, 561; — *P. Toulemont.* 1866[1], xv, 45. — Vie
    du vénérable serviteur de Dieu, le P. Joseph-Marie Pignatelli,
    H. de V. 1869[1], xxii, 317. — De l'amour et du cœur de Notre-
    Seigneur Jésus-Christ, *C. Sommervogel.* 1879[1], xl, 453.

Bougaud (abbé E.). Histoire de sainte Monique, *P. Toulemont.* 1866[2],
    xvi, 574. — Le christianisme et les temps présents, *E. Se-
    guin.* 1874[2], xxxi, 780 ; — *J. Pra.* 1878[2], xxxix, 204.

Bougeant (H.), S. J. Exposition de la doctrine chrétienne, *C. C.* 1875[1],
    xxxii, 303.

Bougeault (A.). Précis de la littérature française, *F. Desjacques.* 1878[1],
    xxxviii, 455; — 1880, xlii, 795.

Bouillier (F.). Histoire critique de la révolution cartésienne, *C. Da-
    niel.* 1859, iv, 411. — Du plaisir et de la douleur, *J. de Bou-
    niot.* 1876[1], xxxiv, 91. — La collation des grades, les Congré-
    gations religieuses et M. Ferry, *F. Desjacques.* 1879[2],
    xli, 140.

Bouix (abbé D.). Histoire des vingt-six martyrs du Japon. 1862, vii,
    422. — Le solitaire des Rochers. 1863, viii, 834. — Tracta-
    tus de judiciis ecclesiasticis, *A. des G.* 1867[2], xix, 153.

Bouix (M.), S. J. Lettres de sainte Térèse, *C. Ledoux.* 1861, vi, 480. —
    Œuvres spirituelles de saint Pierre d'Alcantara (trad. de l'es-
    pagnol). 1862, vii, 575. — Saint Joseph d'après les saints et
    les maîtres de la vie spirituelle. 1863, viii, 836. — Lettres de
    saint Ignace de Loyola, *C. Clair.* 1870[1], xxiv, 971. — Vie de
    Marcelline Pauper. 1872[2], xxvii, 142. — Mémorial du B.
    Pierre Le Fèvre. 1875[1], xxxii, 144. — Apparitions de Notre-
    Dame de Lourdes, *F. Desjacques.* 1880, xlii, 624.

Boulgakof (Mgr Macaire). Théologie dogmatique (russe), *J. Gagarin.*
    1856, i, 1.

Boullée (A.). Histoire de Démosthène, *C. Sommervogel.* 1867[2], xix,
    157.

Bouniol (B.). La femme, ses vertus et ses défauts (Œuvres du Père
    Caussin), *C. D.* 1864[3], xi, 244. — La France héroïque, *C. D.*
    1866[1], xv, 575. — Les vaillants cœurs. 1868[1], xx, 607. — Les
    marins français, *P. Doret.* 1868[2], xxi, 503.

BRADY (Mlle). De l'idéal du bonheur dans la vie religieuse, *C. Sommervogel.* 1868², xxi, 668.

BRANCHEREAU (abbé L.). Vie de M. Hamon, *C. S.* 1877², xxxvii, 295.

BRAUN (A.), S. J. Une fleur du Carmel, H. Frémont, *C. Sommervogel.* 1878², xxxix, 427.

BRÉDA (comte de). Considérations sur le mariage au point de vue des lois, *C. Sommervogel.* 1877¹, xxxvi, 753; — *H. Ramière.* 1877², xxxvii, 196.

BRENTANO (C.). Vie de Notre-Seigneur Jésus-Christ d'après les révélations d'Anne-Catherine Emmerich, *P. Toulemont.* 1866¹, xv, 45.

BRETON. L'univers sans Dieu, *T. Pepin.* 1876², xxxv, 139.

BRIDGETT (T. E.), réd. The discipline of drink. 1877¹, xxxvi, 760.

BRIN (P. M.). De intellectualismo, *J. de Bonniot.* 1875², xxxiii, 613.

BROCHARD (Dʳ). La vérité sur les enfants trouvés, *C. S.* 1876¹, xxxiv, 463.

BROGLIE (A. de). L'Église et l'empire romain au quatrième siècle, *A. Matignon.* 1859, iv, 447, 622; 1866¹, xv, 563.

BROUGHAM (lord). Éducation universitaire, discours, *C. Daniel.* 1860, v, 653.

BROWN (J.), S. J. Bibliothèque des écrivains de la Compagnie de Jésus en Pologne, *J. Martinov.* 1864², x, 103.

BROWNSON (Sarah). Life of D. A. Galitzin, prince and priest, *F. Desjacques.* 1873¹, xxviii, 852.

BRUCKER (Jacq.), S. J. La doctrine spirituelle de l'Imitation de Jésus-Christ (le P. Heser), *A. H.* 1880, xlii, 772.

BRUGÈRE (L. F.). De vera religione; — de Ecclesia, *L. C.* 1873², xxix, 939.

BRUGSCH-BEY (Dʳ). Neue Bruchstücke des Codex Sinaïticus, *J. Martinov.* 1875², xxxiii, 945.

BRUMOY (P.), S. J. Lettres au marquis de Caumont (1730-40), *J.-M. Prat.* 1857, ii, 413.

BRUN (L.). Conférences préparatoires à l'étude du droit, *E. Marquigny.* 1877¹, xxxvi, 244. — Introduction à l'étude du droit, *F. Desjacques.* 1879¹, xl, 943.

BRUNTON (Th.). Chronologie universelle jusqu'à l'ère vulgaire, 1873², xxix, 131. — Thomas a Kempis, *F. D.* 1874¹, xxx, 306.

BUCK (V. de), S. J. De sancta Ursula et undecim millibus sociarum virginum et martyrum, *C. Daniel.* 1859, iv, 249. — Notice sur la mission belge de Calcutta, — sur le siège archiépiscopal d'Amida, *J. G.* 1864³, xi, 706.

BURT (C.). Qu'est-ce qu'un jésuite ? *F. Desjacques.* 1879², xli, 141.

C

CARLES (le P. A.). Histoire du saint Suaire de Cadouin, *C. S.* 1875[2], XXXIII, 312.

CARLIER (A.). L'esclavage dans ses rapports avec l'Union américaine, *F. Dumas.* 1864[1], IX, 506. — Histoire du peuple américain (États-Unis) et de ses rapports avec les Indiens, *F. Dumas.* 1864[2], X, 118. — Le mariage aux États-Unis, *F. Dumas.* 1864[3] XI, 88.

CARNÉ (comte de). Les États de Bretagne et l'administration de cette province jusqu'en 1789, *V. Mercier.* 1868[2], XXI, 472.

CARNEY (abbé). Jésus-Christ, la question religieuse des temps présents. 1862, VII, 430.

CARO (E.). L'idée de Dieu et ses nouveaux critiques, *P. Toulemont.* 1864[2], X, 259.

CAROU (E.). Le paupérisme, ses causes, moyens de le prévenir, de le soulager ou de le réduire, *F. Desjacques.* 1879[1], XLI, 306.

CARPENTIER (C.). Le droit païen et le droit chrétien, *C. Daniel.* 1869[2], XXIII, 159.

CARPENTIER (E.), S. J. Acta S. Arethæ et Rumæ et sociorum martyrum, *A. Dutau.* 1862, VII, 91.

CARTIER (E.). Le P. Hyacinthe Besson, sa vie et ses lettres, *C. Cahier.* 1865[2], XIII, 385.

CASABIANCA (abbé). Écrin de Notre-Dame de Lourdes. 1877[1], XXXVI, 622.

CASINI (A.), S. J. Qu'est-ce que l'homme? Controverse sur l'état de nature pure (trad. par l'abbé Cros), *A. Matignon.* 1864[2], X, 553.

CASTAN (abbé). De l'idée de Dieu ; — De l'union de la religion et de la morale, *C. de Laage.* 1872[1], XXVI, 452.

CATHELINEAU (général). Le corps Cathelineau pendant la guerre (1870-71), *H. de Sesmaisons.* 1870-71, XXV, 943.

CAUSSADE (J. P. de), S. J. L'abandon à la Providence divine (P. Ramière). 1861, VII, 127 ; — *F. Desjacques.* 1880, XLII, 625.

CAUSSETTE (le P.). Le bon sens de la foi, *F. Desjacques,* 1873[1], XXVIII, 582. — Mélanges oratoires. 1877[2], XXXVII, 459. — Manrèze du prêtre, *J. Burnichon.* 1879[2], XLI, 620.

CAUSSIN (N.), S. J. Lettre inédite (à Mlle de la Fayette), *C. Daniel.* 1861, VI, 353. — La femme, ses vertus et ses défauts (B. Bouniol), *C. D.* 1864[3], XI, 244.

CAUVAIN (H.). Le grand vaincu, *C. Sommervogel.* 1878[2], XXXIX, 134.

CAVANIOL (H.). Les monuments en Chaldée, en Assyrie, à Babylone, *C. Sommervogel.* 1870-71, XXV, 303.

collège de Dormans-Beauvais et la chapelle de saint Jean l'Évangéliste, *M. Lauras*. 1870-71, xxv, 786.

CHARAUX (A.). Corneille ; la critique idéale et catholique, *E. Marquigny*. 1877[2], xxxvii, 876 ; — *H. Martin*. 1879[1], xl, 466.

CHARAUX (C.). De la méthode morale ; — De l'art d'enseigner ; — Simple exposé des principes de la philosophie morale ; — La métaphysique simplifiée et agrandie, *C. Sommervogel*. 1868[2], xxi, 336. — La pensée et l'amour, *C. de Laage*. 1870-71, xxv, 464. — Philosophes et savants, dialogues, *P. Fristot*. 1870-71, xxv, 936. — La crise de cent ans ; — L'exilé lorrain ; — Le sommet de la Cité chrétienne, *C. Sommervogel*. 1875[1], xxxii, 940. — Terrentius Ferreolus, Galliæ præfectus ; — S. Avit, évêque de Vienne, *H. Colombier*. 1877[1], xxxvi, 453. — De l'esprit philosophique, *J. de Bonniot*. 1877[1], xxxvi, 919. — L'ombre de Socrate, dialogues, *J. de Bonniot*. 1878[1], xxxviii, 878.

CHARPIGNON (J.). Étude sur la médecine animique et vitaliste. 1864[2], x, 132.

CHARTIER (J.), S. J. Études de philosophie chrétienne, *J. Pra*. 1879[2], xli, 130.

CHARVÉRIAT (M.). Histoire de la guerre de Trente ans, *C. S.* 1878[2], xxxix, 571.

CHAUGY (Mad. de). Sainte Chantal, sa vie et ses œuvres, *E. S.* 1875[1], xxxii, 136.

CHAUSSE (J.-M.). De la réforme du travail manufacturier par l'établissement des usines à la campagne, *P. T.* 1875[2], xxxiii, 792.

CHAUVEAU (E.), S. J. Souvenirs de l'école Sainte-Geneviève, *C. Sommervogel*. 1872[2], xxvii, 289.

CHAUVIERRE (abbé P.). Homélies de saint Léon le Grand, *E. Chauveau*. 1866[3], xvii, 430. — L'Italie, voyage, *C. S.* 1872[2], xxxix, 288.

CHAUVIGNÉ (A. de). Recueil dramatique à l'usage des réunions de jeunes gens, *J. Forbes*. 1876[2], xxxv, 763.

CHAZOURNES (L. de), S. J. Vie du P. Barrelle, *F. Desjacques*. 1868[2], xxi, 931. — Albéric de Foresta, fondateur des Écoles apostoliques. *J. Burnichon*. 1830, xlii, 934.

CHÉRY (M.), O. P. Notre-Dame des Eaux, manuel de piété pour la saison des eaux ; — Manuel de la Confrérie du Très-Saint-Nom de Dieu et de Jésus ; — Le Rosaire et les Congrégations romaines ; — Mois du saint Rosaire, extrait de Bossuet ; — Histoire générale du Rosaire et de sa Confrérie ; — Notre-Dame du Chêne, *C. S.* 1869[2], xxiii, 813.

CHESNEL (abbé F.). Les droits de Dieu et les idées modernes, *F. Desjacques*. 1877[2], xxxvii, 691.

CHEVALIER (abbé U.). Inventaire des archives des dauphins de Viennois ; — Visites pastorales et ordinations des évêques de Grenoble de la maison de Chissé, *C. Sommervogel*, 1875[1], XXXII, 787. — Répertoire des sources historiques du moyen âge, *C. S.* 1877[2], XXXVI, 618. — Lettres inédites de Hugues de Lionne, *C. S.* 1879[1], XL, 637.

CHOCARNE (le P.), O. P. Le Père H. D. Lacordaire, sa vie intime et religieuse, *A. Duvivier*, 1866[2], XVI, 416.

CHODZKO (A.). Contes des paysans et des pâtres slaves, *J. Martinov.* 1864[3], XI, 228. — Grammaire paléo-slave, *J. Gagarin.* 1869[2], XXIII, 817.

CHOSSAT (E. de). Répertoire assyrien, *J. Brucker.* 1879[2], XLI, 934.

CHOYER (abbé R. F.). La théorie géogénique et la science des anciens, *J. de Bonniot.* 1872[1], XXVI, 624. — La genèse du globe terrestre, *A. Haté.* 1875[2], XXXIII, 295.

CISNEROS (G.), O. S. B. A book of spiritual exercizes. 1877[1], XXXVI, 626.

CLÆSSENS (P.). Vie du Vén. Clément-Marie Hofbauer, *C. Sommervogel*, 1876[1], XXXIV, 934.

CLAIR (C.), S. J. Le vrai portrait de Notre-Dame, tracé par saint François de Sales, *L. de Régnon.* 1864[3], XI, 695. — Un poète réformateur de l'éducation (V. de Laprade), *C. Sommervogel.* 1873[1], XXVIII, 301. — La Congrégation de la Très-Sainte-Vierge à Saint-Acheul. 1877[2], XXXVII, 130. — Pierre Olivaint. 1878[1], XXXVIII, 873. — Lettres à MM. Jules Ferry et Paul Bert. 1879[2], XLI, 160. — Les hymnes de l'Église, traduits en vers français, *G. Longhaye.* 1879[2], XLI, 773. — Le livre d'heures des jeunes gens. 1880, XLII, 788.

CLÉMENT (P.). Une abbesse de Fontevrault au dix-septième siècle, Gabrielle de Rochechouart, *C. Sommervogel.* 1870[1], XXIV, 155. — Histoire de Colbert et de son administration, *C. Verdière.* 1876[1], XXXIV, 123.

CLERC (A.). Psaumes, traduction nouvelle, *F. Desjacques.* 1878[2], XXXIX, 142.

CLOYSEAULT (C. E.), orat. Vies de quelques prêtres de l'Oratoire (le P. Ingold), *C. Sommervogel.* 1880, XLII, 783.

COCHARD (abbé Th.). Origine apostolique de l'Église d'Orléans ; saint Altin, *C. Sommervogel.* 1872[2], XXVII, 937. — Micy, son histoire, son influence sociale au sixième siècle, *C. S.* 1876[1], XXXIV, 776. — Les saints de l'Église d'Orléans, *J. Burnichon.* 1879[2], XLI, 176.

COCHERIS (H.). Table méthodique et analytique des articles du *Journal des Savants* (1816-58). 1860, V, 335.

Cochin (A.). L'abolition de l'esclavage, *C. Daniel*. 1861, vi, 648.

Cognat (abbé). Polémique religieuse. 1861, vi, 176. — Vie de Mgr Devie, *C. Clair*. 1866², xvi, 137.

Coleridge, (H. J.) S. J. The life of our life, *J. Forbes*. 1875³, xxxiii, 628; — 1877¹, xxxvi, 624.

Colombel-Gabourd (N.). Vie de saint Charles Borromée, *P. Mazoyer*. 1869², xxiii, 650.

Colombo (le P.), barn. Notizie biografiche e lettere di Papa Innocenzo XI, *J. Brucker*. 1880, xlii, 780.

Combefis (P.). Bibliothèque oratoire des Pères de l'Église (Gonel et Père), *C. Daniel*. 1859, iv, 461.

Compayré (G.). Histoire critique des doctrines de l'éducation en France depuis le quatorzième siècle, *C. Sommervogel*. 1879¹, xl, 791; — *C. Daniel*. 1879¹, xl, 801; — *R. de Scorraille*. 1879², xli, 273.

Compiègne (marquis de). L'Afrique équatoriale, *C. S.* 1875², xxxiii, 787.

Condamin (abbé J.). Étude sur les lettres de sainte Térèse, *C. S.* 1879¹, xl, 954.

Congnet (abbé H.). Mme de Bussières, *E. Chauveau*. 1867², xix, 293.

Constance (le prêtre). Vie de saint Germain d'Auxerre, *A. Gouilloud*. 1873¹, xxviii, 691; — *F. D.* 1874¹, xxx, 452.

Constant (abbé). L'histoire et l'infaillibilité des Papes. 1861, vi, 507.

Coquerel (A.). Les forçats pour la foi; — Pourquoi la France n'est-elle pas protestante? 1866³, xvii, 584.

Coquille (J.-B. V.). Le césarisme dans l'antiquité et dans les temps modernes, *C. de Laage*. 1872¹, xxvi, 621.

Corblet (abbé J.). Hagiographie du diocèse d'Amiens, *J. Martinov*. 1869², xxiii, 151; — *C. Sommervogel*. 1873², xxix, 123; 1874², xxxi, 620. — Manuel élémentaire d'archéologie nationale, *C. S.* 1873², xxix, 468.

Cordara (A.), S. J. Les grandeurs de l'archange saint Michel, *C. Sommervogel*. 1874², xxxi, 466.

Cordier (H.). Bibliotheca sinica, *C. Sommervogel*. 1879², xli, 477.

Cornoldi (J. M.), S. J. Leçons italiennes de philosophie scolastique, *J. Pra*. 1878¹, xxxviii, 851.

Corriol (abbé). Éléments de la philosophie chrétienne (trad. de Sanseverino), *J. Pra*. 1879², xli, 771.

Cossoles (H. de). Du doute. 1867¹, xviii, 731; — *J. Noury*. 1867², xix, 144.

Costa de Beauregard (marquis). Un homme d'autrefois, souvenirs recueillis par son arrière-petit-fils, *F. Desjacques*. 1877², xxxvii, 897.

Curnier (L.). Le cardinal de Retz et son temps, *L. L.* 1864[2], x, 269.

Curtius (D.). Essai de grammaire japonaise (trad. par L. Pagès). 1861, vi, 174.

D

Dabert (Mgr). Histoire de saint François de Paule et de l'Ordre des Minimes, *E. Régnault.* 1876[1], xxxiv, 148.

Dacheux (abbé L.). Un réformateur catholique de la fin du quinzième siècle : Jean Geiler de Kaysersberg, *H. Colombier.* 1877[2], xxxvii, 290.

Dagorne (abbé). Cours de philosophie, *J. Noury.* 1878[1], xxxviii, 298.

Damanet (A.), S. J. Manuel pour le choix d'un état de vie, *C. Daniel.* 1862, vii, 404; — *P. Mazoyer.* 1878[2], xxxix, 874.

Damas (A. de), S. J. En Orient, voyage au Sinaï, *G. André.* 1864[2], x, 388.

Damas-Hinard (M.). Théâtre de Lope de Vega, traduit en français, *L. Langlois.* 1862, vii, 795.

Damien (A.). Étude sur La Bruyère et Malebranche, *X. L.* 1868[1], xx, 300.

Dandolo (comte T.). Rome et les Papes (trad. par le vicomte de Richemont), *O. de G.* 1869[1], xxii, 640.

Daniel (C.), S. J. Le devoir du chrétien dans les jours d'épreuve et de combat. 1861, vi, 352. — Histoire de la B. Marguerite-Marie Alacoque, *P. T.* 1865[1], xii, 656. — Le P. Alexis Clerc. 1875[2], xxxiii, 221.

Danko (J.). Historia revelationis divinæ Veteris Testamenti, *J. Martinov.* 1862, vii, 710. — L'abbaye de Mont-Saint-Martin (Sabaria) ; le lieu de naissance de saint Martin de Tours, *C. Clair.* 1868[1], xx, 419. — Historia revelationis divinæ Novi Testamenti ; — De sacra Scriptura ejusque interpretatione, *N. Bouchot.* 1869[1], xxii, 306.

Dantier (A.). Les monastères bénédictins d'Italie, *E. Chauveau.* 1863[3], xvii, 433; 1867[1], xviii, 304. — Les femmes dans la société chrétienne. 1878[2], xxxix, 876 ; — *H. Martin.* 1879[1], xl, 298.

Danzas (A.), O. P. Études sur les temps primitifs de l'Ordre de Saint-Dominique, *H. Colombier.* 1877[1], xxxvi, 135.

Daras (abbé E.). Les chrétiens à la cour de Dioclétien, *P. M.* 1868[1], xx, 441.

Darbins (abbé P.). La vie et les œuvres de Marie Lataste, *P. Touclmont.* 1863, viii, 66; 1866[1], xv, 45; — *C. D.* 1866[2], xvi, 430.

DELALEAU DE BAILLIENCOURT et SANIS (J.-L.). Cours normal d'histoire grecque. 1863, VIII, 500.

DELARC (abbé O.). Un Pape alsacien, essai historique sur saint Léon IX et son temps, *P. Pierling*. 1876², XXXV, 754.

DELARUE (H.). Le Monténégro. 1862, VII, 126.

DELAUNAY (F.). Moines et sibylles dans l'antiquité judéo-chrétienne, *J. Brucker*. 1876¹, XXXIV, 600.

DELGOVE (abbé). Histoire de Mgr d'Orléans de La Motte, *L. S.* 1873¹, XXVIII, 144.

DELIÈRE (abbé). Tableau d'une Église nationale d'après un pope russe (Belustin), *J. Gagarin*. 1862, VII, 685.

DELLOYE (E.). Rome pendant la captivité sous le pontificat de Pie IX, *C. Sommervogel*. 1878², XXXIX, 137.

DELPIT (E.). Constantin, drame, *C. S.* 1877², XXXVII, 120.

DELSAULX (J.), S. J. Éléments d'optique physique. 1868¹, XX, 606. — Les derniers écrits philosophiques de M. Tyndall, *J. de Bonniot*. 1876², XXXV, 933.

DEMANTE (H.), S. J. Conférences sur le Livre de Job, *F. Desjacques*. 1879¹, XL, 767.

DEMARET (J. F.). De origine Evangeliorum deque eorum historica auctoritate, *J. Tailhan*. 1865³, XIV, 257.

DEMOLINS (E.). Le mouvement communal et municipal au moyen âge, *C. Sommervogel*. 1875¹, XXXII, 779. — Histoire de France, *C. S.* 1879¹, XL, 633.

DEMOLOMBE (F.). Traité des donations entre-vifs et testamentaires, *H. Demante*. 1865¹, XII, 246.

DENZINGER (H.). Enchiridion symbolorum et definitionum de rebus fidei et morum, *L. de Régnon*. 1864³, XI, 407 ; — *H. Mertian*. 1865¹, XII, 657.

DESBASSAYNS DE RICHEMONT (comte). Les nouvelles études sur les Catacombes romaines, *V. Mercier*. 1870-71, XXV, 153 ; — *P. Toulemont*. 1873¹, XXVIII, 135.

DESCHAMPS (abbé A.). La nouvelle école antibiblique et l'origine du monothéisme, *F. D.* 1873², XXIX, 143. — Sur la stèle de Mésa peut-on, au lieu de Chamos, mettre Jéhovah ? Données nouvelles sur la religion moabite, *J. B.* 1876¹, XXXIV, 305. — La lacune du 4° livre d'Esdras et la découverte de M. Bensly, *J. Corluy*. 1877¹, XXXVI, 609. — La découverte du Livre de la loi et la théorie du coup d'État, *F. Desjacques*, 1878², XXXIX, 143.

DESCHAMPS (N.), S. J. Les sociétés secrètes et la société. 1876², XXXV, 762.

Deschamps (P.). Supplément au Manuel du libraire de Brunet, *C. Sommervogel*. 1878[2], xxxix, 112; 1880, xlii, 450.

Descieux (D[r]). Manuel d'hygiène, *F. Poirré*. 1868[1], xx, 763.

Des Écherolles (A.). Une famille noble sous la Terreur, *C. S.* 1879[2], xli, 473.

Déservillers (comte P. de). Un évêque au douzième siècle : Hildebert et son temps, *H. Colombier*. 1877[1], xxxvi, 615.

Desgeorge (abbé). Vie de Mgr Mioland, *C. de Laage*. 1872[1], xxvi, 135. — Du demi-christianisme, *J. Dugas*. 1875[2], xxxiii, 623.

Desgrand (L.). L'alliance du sentiment chrétien et du travail, *F. Desjacques*. 1880, xlii, 464.

Desjardins (E. G.). Le chrétien au pied des autels. 1863, viii, 981.

Des Moutis (H.). Les Psaumes, traduits en vers, *G. André*. 1864[2], x, 556.

Desonnaz (A.). Questions du jour, *J. Babaz*. 1874[1], xxx, 349.

Dessailly (abbé). Authenticité du grand Testament de saint Remi, *C. Sommervogel*. 1879[2], xli, 782.

Destombes (abbé C. J.). La persécution religieuse en Angleterre sous le règne d'Élisabeth, *J. Jenner*. 1863, viii, 965. — La persécution religieuse en Angleterre sous les successeurs d'Élisabeth, *J. Jenner*. 1864[3], xi, 687. — Histoire de saint Amand. 1868[1], xx, 154.

Devaux (P.). Études politiques sur l'histoire romaine, *F. Desjacques*. 1880, xlii, 939.

Deville (abbé). Le droit canon et le droit naturel, *J. Pra*. 1880, xlii, 279.

Deynoodt (F.), S. J. Esquisse biographique du vénérable serviteur de Dieu, Pierre Canisius (traduit du P. Jouvancy), *V. Alet*. 1865[1], xii, 251.

Didiot (abbé J.). L'état religieux, *H. R.* 1873[1], xxviii, 785.

Didon (le P.), O. P. L'homme selon la science et la foi, *L. Cochard*. 1875[2], xxxiii, 289.

Didot (A. F.). Observations sur l'orthographe, *C. C.* 1869[1], xxii, 158.

Didot (F.) frères. Encyclopédie des familles, *C. Sommervogel*. 1869[2], xxiii, 333.

Dietrichstein (princesse A. de). Conversion de la —, racontée par elle-même, *J. Gagarin*. 1879[2], xli, 151.

Digot (A.). Histoire de Lorraine, *E. Marquigny*. 1866[2], xvi, 572.

Disraeli (B.). Lothair, *A. Escalle*. 1870[1], xxiv, 902.

Dlugosz (J.). Opera omnia (A. Frzezdziecki), *J. M.* 1866[1], xv, 128.

Dochez (L.). Nouveau dictionnaire de la langue française. 1864[2], x, 272.

Docq (abbé A. J.). Le B. Jean Berchmans, *J. D.* 1876[1], xxxiv, 456.

Dœllinger (J. J.). Christenthum und Kirche in der Zeit der Grundlegung. 1861, vi, 164.

Domet de Vorges (E.). La métaphysique en présence des sciences, *J. de Bonniot.* 1875[2], xxxiii, 789.

Dométien. Vie de saint Siméon et de saint Sabas, patrons de la Serbie, *J. Martinov.* 1865[3], xiv, 554.

Dominicus (A.). Baldwin von Lützelburg, Erzbischof und Kurfürst von Trier. 1863, viii, 158.

Donadiu y Puignau (Dr D.). Curso de metafisica. 1877[2], xxxvii, 122.

Dorigny (J.), S. J. La vie du R. P. Pierre Canisius, *V. Alet.* 1865[1], xii, 251.

Dormagen (abbé). La souffrance au point de vue chrétien, *J. de Bonniot.* 1880, xlii, 468.

Dosithée (le patriarche). Confession de foi ou épitre des patriarches d'Orient sur la foi orthodoxe, *V. de Buck.* 1857, ii, 307.

Douais (abbé C.). Les Albigeois, leurs origines, action de l'Église au douzième siècle, *H. Martin.* 1879[1], xli, 938.

Doublet (abbé). Saint Paul étudié en vue de la prédication, *L. Cochard.* 1874[2], xxxi, 941.

Douglas (comte). Vie de Souffrey de Calignon et ses poésies, *C. S.* 1875[1], xxxii, 764. — L'instruction primaire laïque, gratuite, obligatoire, *F. Desjacques.* 1879[1], xl, 951.

Douillet (abbé). Sainte Colette, *C. Sommervogel.* 1870[1], xxiv, 159.

Dozy (R.). Histoire des musulmans d'Espagne, *J. Tailhan.* 1870[1], xxiv, 741.

Drapeau (S.). Études sur le développement de la colonisation du Bas-Canada (1851-1861), *J. Tailhan.* 1865[2], xiii, 268. — Histoire des institutions de charité, de bienfaisance et d'éducation du Canada, *C. Sommervogel.* 1878[2], xxxix, 430.

Drecker (U.), S. J. Præcepta eloquentiæ, *F. Desjacques.* 1878[2], xxxix, 570.

Dressel (M.). Patrum apostolicorum opera, *C. Daniel.* 1859, iv, 127.

Drioux (abbé). La sainte Bible, *C. S.* 1873[1], xxviii, 935 ; — *J. Brucker.* 1873[2], xxix, 778.

Drohojowska (comtesse). Les chrétiennes de la cour, *V. A.* 1865[1], xii, 129.

Droz (G.). Autour d'une source, *G. Longhaye.* 1870[1], xxiv, 345.

Druon (H.). Œuvres de Synésius, traduction, *C. Sommervogel.* 1879[1], xl, 461.

Dubard (M.). Le Japon pittoresque, *C. S.* 1879[1], xl, 798.

ses œuvres. 1863, viii, 1125. — Avertissement à la jeunesse et aux pères de famille sur les attaques dirigées contre la religion par quelques écrivains, *J. Félix*. 1863 [3], viii, 505. — Lettre sur les études qui peuvent convenir aux loisirs d'un homme du monde, *G. André*. 1864 [1], ix, 142. — Le catéchisme chrétien, offert aux hommes du monde, *C. C.* 1865 [2], xiii, 417. — Oraison funèbre du général de La Moricière, *P. Toulemont*. 1865 [3], xiv, 411. — L'athéisme et le péril social. xvii, 1866 [3], 590 ; 1867 [1], xviii, 158. — La femme chrétienne et française, *E. C.* 1868 [1], xx, 303. — Lettre sur le futur concile œcuménique, *C. Daniel*. 1868 [2], xxi, 980. — L'œuvre par excellence, ou entretiens sur le catéchisme. 1869 [2], xxiii, 803.

Dupont (L.), S.J. La Passion de Notre-Seigneur Jésus-Christ (trad. par le P. Jennesseaux), *C. de Laage*. 1870 [1], xxiv, 969.

Duran (don A.). Romancero general, o coleccion de romances castellanos anteriores al siglo xviii, *J. Tailhan*. 1865 [3], xiv, 27, 421.

Durand (abbé A.). Le culte catholique dans ses cérémonies et ses symboles, *H. de V.* 1869 [1], xxii, 639.

Durand (abbé E. J.). Les missions catholiques françaises, *C. Sommervogel*. 1874 [1], xxx, 771.

Durand (P.). De l'etimacia, symbole du jugement dernier dans l'iconographie grecque chrétienne. 1867 [1], xviii, 731.

Duret (V.). Un portrait russe, l'œuvre et le « Livre d'une femme » (Mme Bagréef-Speranski), *J. Gagarin*. 1868 [2], xxi, 136.

Duruy (V.). Histoire romaine, *J. de Bonniot*. 1876 [2], xxxv, 687 ; 1879 [1], xl, 439.

Du Sein (A.). Histoire de la marine de tous les peuples. 1863, viii, 831.

Dussieux (L.). Géographie générale, *A. Jean*. 1866 [2], xvi, 569. — Le Canada sous la domination française, *C. Sommervogel*. 1870 [1], xxiv, 723. — Les grands faits de l'histoire de France racontés par les contemporains, *C. Sommervogel*. 1879 [1], xl, 633 ; 1879 [2], xli, 779.

Du Tressay (abbé). Vie de Marie-Rose Brossard ; — Vie de Mathieu de Gruchy ; — Histoire des moines et des évêques de Luçon, *C. Sommervogel*. 1869 [2], xxiii, 156 ; 1872 [2], xxvii, 620.

E

Egger (E.). Mémoires de littérature ancienne, *L. Langlois*. 1863, viii, 120.

Egger (F.). Propædeutica philosophico-theologica. 1879², xli, 147.

Eicher (abbé J.). La servante de Jésus (d'après le P. Waldner, S. J.). 1877², xxxvii, 129.

Eloy (H.). M. Pardessus, sa vie et ses œuvres, *C. S.* 1868², xxi, 333.

Ephrem (Saint). Carmina Nisibina (Dʳ Bickell), *abbé Le Hir.* 1868¹, xx, 391. — Evangelii concordantis expositio (J.-B. Aucher), *J. B.* 1876², xxxv, 307.

Eschius (N.). Exercices spirituels (abbé J. Gapp), *C. S.* 1879¹, xl, 954.

Espanet (docteur A.). Une famille d'ouvriers. 1877², xxxvii, 129 ; 1879¹, xl, 465. — Blanche, études. 1878², xxxix, 139. — Les récits du chalet, 1880. xlii, 794.

Etcheverry (J.), S. J. Nouvelles méditations, *C. S.* 1878², xxxix, 718.

Ewald (E.). Abhandlung über Entstehung, Inhalt und Werth der sibyllischen Bücher, *J. Brucker.* 1876¹, xxxiv, 600.

Exupère (le P.), cap. La pauvreté, sa mission dans l'Église et dans le monde, *X. Duval.* 1867², xix, 151.

F

Fabre (abbé). Catéchisme de la vie religieuse. 1872², xxvii, 141.

Fabre d'Envieu (abbé J.). Les origines de la terre et de l'homme, *A. Jean.* 1873², xxix, 607. — Méthode pour apprendre le dictionnaire de la langue grecque ; — Onomatologie de la géographie grecque, *J. Brucker.* 1876¹, xxxiv, 137.

Fabre (F.). Les Courbezon, *G. Longhaye.* 1870¹, xxiv, 368.

Faber (M.), S. J. Conciones in Evangelia et festa, *F. Desjacques.* 1879¹, xl, 769.

Falcimagne (abbé). Examen d'une question canonique : « Quel est le propre curé par rapport au mariage ? » *L. de Régnon.* 1861, vi, 488.

Falconi (abbé L.). Le Syllabus pontifical, ou réfutation des erreurs qui y sont condamnées (trad. par E. J. Materne), *F. Desjacques.* 1877², xxxvii, 691.

Falloux (comte de). Correspondance de Mme Swetchine. 1861, vi, 676. — Mme Swetchine, journal de sa conversion. 1863, viii, 502. — Mme Swetchine, sa vie et ses œuvres, *C. Daniel.* 1864², x, 213.

Falzon (J.). Annotazioni alle leggi criminali per l'isola di Malta, *J. B.* 1875¹, xxxii, 146.

Fanna (F. a), franc. Ratio novæ collationis operum S. Bonaventuræ, *C. Sommervogel.* 1874², xxxi, 302.

Faugère (P.). Défense de Pascal, *L. T.* 1869², xxiii, 336.

Fauvel (A.). The wild silk-worms of the province of Shan-Tung, *C. Rathouis.* 1878 ¹, xxxviii, 559.

Favé (général). L'ancienne Rome, sa grandeur et sa décadence, *F. Des-jacques.* 1880, xlii, 938.

Fédou (abbé H.). Les fabriques d'église en péril, *D. P.* 1880, xlii, 310.

Félix (J.), S. J. La Carmélite, *C. d'A.* 1864³, xi, 564. — Devoirs des catholiques envers l'Église, retraite, *P. Toulemont.* 1872¹, xxvi, 134. — Le socialisme devant la société, *F. Desjacques.* 1878², xxxix, 56. — Christianisme et socialisme, *F. Desjacques.* 1879², xli, 629.

Fénelon. Réfutation du système du P. Malebranche, *C. Daniel.* 1859, iv, 400. — Lettre au duc de Beauvilliers (sur l'Université de Douai), *C. Sommervogel.* 1863, viii, 791.

Féret (abbé F.). Dieu et l'esprit humain, conférences, *J. de Bonniot.* 1872¹, xxvi, 147. — Le cardinal Du Perron, *H. Colombier.* 1877¹, xxxvi, 616.

Fergusson (J.). Les monuments mégalithiques de tous pays (trad. par l'abbé Hamard), *A. Haté.* 1878¹, xxxviii, 837.

Fernandez Gonzales (Dr F.). Historias de Al-Andalas, por Aben Adhari de Marruecos (trad. de l'arabe), *H. Mertian.* 1861, vi, 350.

Ferrari (St.), S. J. Meteorologia romana, *T. Pepin.* 1878², xxxix, 708.

Ferraz (M.). Psychologie de saint Augustin. 1863, viii, 496.

Ferri (L.). Essai sur l'histoire de la philosophie en Italie au dix-neuvième siècle, *C. de Laage.* 1869², xxiii, 657.

Ferrière (C.). Le darwinisme, *J. de Bonniot.* 1872¹, xxvi, 423.

Ferrigno (abbé), I sette Angeli assistenti dinanzi al trono di Dio, *J. Pra.* 1879², xli, 128.

Fessler (Mgr). De la vraie et de la fausse infaillibilité des Papes, *H. Dumas.* 1875², xxxiii, 442; 1876¹, xxxiv, 384.

Feuillet (O.). Histoire de Sibylle, *C. André.* 1863, viii, 40.

Féval (P.). Jésuites! *J. Noury.* 1877², xxxvii, 772.

Fialox (E.). Étude historique et littéraire sur saint Basile, *C. Gagniard.* 1867¹, xviii, 286.

Figuier (L.). L'homme primitif, *A. Jean.* 1870¹, xxiv, 493. — Le lendemain de la mort, ou la vie future selon la science, *N. Larcher.* 1870-71, xxv, 859.

FILLION (abbé). Évangile selon saint Mathieu, *F. Desjacques.* 1878[2], xxxix, 415.

FILLION et BAYLE (abbés). Évangile selon saint Marc, *F. Desjacques.* 1879[2], xli, 619.

FLAMMARION (C.). L'atmosphère, *N. Larcher.* 1870-71, xxv, 963.

FLAVIGNY (vicomtesse de). Le B. Pierre Fourrier, *C. S.* 1873[1], xxviii, 924.

FLEURANCE (comte de). Les campagnards. 1877[2], xxxvii, 621.

FLEURIOT (Mlle Z.). Les pieds d'argile, *S. H.* 1874[1], xxx, 307.

FLEURY et MARTIN (abbés). Histoire de M. Vuarin et du rétablissement du catholicisme à Genève, *C. Daniel.* 1862, vii, 719, 747.

FLICHAUX (abbé). Précis de philosophie chrétienne, *J. de Bonniot.* 1875[2], xxxiii, 613.

FLICHE (Mgr P.). Année de l'Enfant Jésus, *J. Noury.* 1866[3], xvii, 572. — Mémoires sur la vie de Marie-Félice des Ursins, *O. B.* 1877[1], xxxvi, 363.

FLOQUET (A.). Études sur la vie de Bossuet, jusqu'à son entrée en fonctions en qualité de précepteur du Dauphin (1627-70); — Bossuet précepteur du Dauphin fils de Louis XIV, et évêque à la cour (1670-82), *C. Daniel.* 1866[1], xv, 145,

FLOTTES (abbé). Études sur saint Augustin, son génie, son âme, sa philosophie, *P. Toulemont.* 1862, vii, 767.

FLOURENS (J. M.). Ontologie naturelle, *A. Matignon.* 1864[1], ix, 70.

FODOR (F.). Le conseiller de l'âme, choix de lectures, *H. M.* 1864[3], xi, 566.

FOLLIOLEY (abbé). Histoire de la littérature française au dix-septième siècle, *F. Grandidier* 1866[2], xvi, 418; — *J. E.* 1876[2], xxxv, 620.

FONSSAGRIVES (Dr). L'éducation physique des jeunes filles, *C. Rathouis.* 1870[1], xxiv, 153. — Dictionnaire de la santé, *C. Rathouis.* 1875[2], xxxiii, 626.

FONTARÈCHES (baron de). Souveraineté du peuple et décentralisation, *F. Dumas.* 1865[2], xiii, 402.

FORCELLA (V.) Iscrizioni delle chiese e d'altri edificii di Roma, *H. Narducci.* 1867[1], xviii, 888.

FORCELLINI (E.). Totius latinitatis lexicum (abbé V. de Vit), *V. de Buck.* 1862, vii, 634.

FORGEAIS (A.). Plombs historiés trouvés dans la Seine, *C. Cahier.* 1863, viii, 117; — *C. Sommervogel.* 1865[1], xii, 117. — Numismatique des corporations parisiennes, *C. S.* 1874[1], xxx, 615.

FORTINI (abbé P.). Grave question à résoudre : « Ne faut-il pas que le prêtre se marie? » *F. Dumas.* 1864[2], x, 251.

Fouard (abbé). La Passion de Notre-Seigneur Jésus-Christ, *A. Delattre*. 1877 [1], xxxvi, 448.

Fougeray (J.-B.), S. J. Fra Angelico, poésie. 1879 [1], xl, 937.

Fourgez (abbé). Le Symbole des Apôtres défendu et vengé, *E. Paton*. 1869 [1], xxii, 145.

Fournel (V.) La littérature indépendante et les écrivains oubliés. 1863, viii, 150. — Promenades d'un touriste. 1877 [1], xxxvi, 920.

Fournié (E.). Physiologie de la voix et de la parole; — Physiologie et instruction du sourd-muet, *A. Haté*. 1869 [2], xxiii, 405.

Fournière (abbé). Évangiles pour les dimanches et fêtes. 1877 [2], xxxvii, 459.

Frain (E.). Fleurs de Bretagne. 1877 [2], xxxvii, 621. — Une terre, ses possesseurs catholiques et protestants, de 1200 à 1600, *F. Desjacques*. 1879 [2], xli, 783.

Franciscis (dom P. de). Discours de Pie IX depuis le commencement de sa captivité, *E. Marquigny*. 1874 [1], xxx, 801.

Franck (A.) Les publicistes du dix-septième siècle. 1860, v, 489. — Philosophie et religion, *F. Desjacques*. 1867 [2], xix, 453. — Philosophie du droit pénal, *D. Bellocq*. 1868 [1], xx, 800. — Dictionnaire des sciences philosophiques, *A. D.* 1875 [1], xxxii, 761.

Franclieu (Mlle A.-M. de). Vie de la Mère Giraud, *C. D.* 1877 [1], xxxvi, 748. — Pie VI dans les prisons du Dauphiné, *C. S.* 1878 [2], xxxix, 426.

Franco (S.), S. J. Catéchisme raisonné, *C. C.* 1870 [1], xxiv, 147.

François de Sales (Saint). Introduction à la vie dévote, *P. T.* 1864 [3], xi, 423. — Lettres à des religieuses (F. Servonnet), *A. Matignon*. 1864 [3], xi, 236. — Lettres inédites. 1866 [1], xv, 412, 540; 1868 [1], xx, 354; 1874 [2], xxxi, 770; 1877 [2], xxxvii, 283; 1878 [2], xxxix, 106. — Le chemin de la perfection chrétienne. 1877 [2], xxxvii, 130.

Francoz (Mlle L.). Histoire de dom Gabet, *C. S.* 1879 [1], xl, 771.

Franzelin (J.-B.), S. J. Tractatus de Sacramentis, de Eucharistia, de Deo trino, de Verbo incarnato, de Deo uno, de Traditione et Scriptura, *L. C.* 1873 [1], xxviii, 749. — Examen doctrinæ Macarii Bulgakow et Josephi Langen de processione Spiritus Sancti, *P. Pierling*. 1877 [1], xxxvi, 289.

Frédault (Dr). Traité d'anthropologie physiologique et philosophique, *A. Matignon*. 1864 [1], ix, 70.

Frégier (J. C.). Portalis philosophe chrétien. 1861, vi, 510.

Freppel (abbé). Les Pères apostoliques et leur époque; — Les Apologistes chrétiens au deuxième siècle, *H. Mertian*. 1861, vi, 326. — Conférences sur la divinité de Jésus-Christ, *P. Toulemont*.

1864 [1], ix, 145. — Tertullien, cours d'éloquence sacrée. 1864 [2], x, 254. — Clément d'Alexandrie, *J. Tailhan.* 1866 [1], xv, 430; 1866 [2], xvi, 366. — Origène, cours d'éloquence sacrée, *H. Colombier.* 1868 [1], xx, 440. — Discours et panégyriques, *C. Clair.* 1870 [1], xxiv, 141.

FROMENT (Th.). Essai sur l'histoire de l'éloquence judiciaire en France avant le dix-septième siècle, *C. Verdière.* 1875 [1], xxxii, 411.

FRONTAULT (abbé). Lettre sur le massacre des Carmes, *C. S.* 1867 [2], xix, 848.

FROUDE (J. A.). History of England, *E. Marquigny.* 1864 [3], xi, 660.

FULLERTON (lady G.). Dona Luisa de Carvajal (trad. par Mme Valmont), *J. Forbes.* 1876 [2], xxxv, 762.

FUNCK-BRENTANO (Th.). Les sophistes grecs et les sophistes contemporains, *J. de Bonniot.* 1879 [2], xli, 144.

FUSTEL DE COULANGES (D.). La cité antique, *H. Mertian.* 1864 [3], xi, 551. — Histoire des institutions politiques de l'ancienne France, *J. Brucker.* 1875 [1], xxxii, 771.

FUZET (abbé). Les jansénistes du dix-septième siècle, *H. Colombier.* 1877 [1], xxxvi, 295.

G

GABBA (C. F.). Essai sur la véritable origine du droit de succession, *J. Gagarin.* 1862, vii, 405.

GABORIT (abbé P.). Le beau dans la nature et dans les arts, *J. de Bonniot.* 1872 [2], xxvii, 117.

GABRIAC (A. de), S. J. François de Guise, drame. 1866 [2], xvi, 403. — Saint Denys l'Aréopagite, premier évêque de Paris, *G. Longhaye.* 1868 [2], xxi, 102. — Le R. P. de Ponlevoy, *C. Sommervogel.* 1877 [2], xxxvii, 300; 1878 [1], xxxviii, 446.

GADUEL (abbé). Vie du serviteur de Dieu, Jean-Joseph Allemand. 1867 [1], xviii, 586.

GAGARIN (J.), S. J. Réponse d'un Russe à un Russe. 1860, v, 329. — Conversion d'une dame russe à la foi catholique, *J. Noury.* 1862, vii, 854. — L'Église russe et l'Immaculée Conception, *P. Pierling.* 1876 [1], xxxiv, 772. — Religion et mœurs des Russes, anecdotes (J. de Maistre et le P. Grivel), *C. Sommervogel.* 1879 [1], xl, 636.

GAILLARDIN (C.). Histoire de Louis XIV, *C. Clair.* 1870-71, xxv, 966; — *H. Colombier.* 1877 [1], xxxvi, 131.

GAINET (abbé). Histoire de l'Ancien et du Nouveau Testament par les seuls témoignages profanes, ou la Bible sans la Bible, *H. Mertian.* 1866 [3], xvii, 570; — *J. de Bonniot.* 1872 [1], xxvi,

626. — Accord de la Bible et de la géologie, *A. Haté.* 1879[1], XL, 111.

GALITZIN (prince A.). Legationes Alexandrina et Ruthenica ad Clementem VIII. 1860, V, 493. — L'Église russe est-elle libre? 1861, VI, 674. —La Russie au dix-huitième siècle, mémoires inédits. 1863, VIII, 156. — Vie de la Mère Jeanne de Matel, *L. Langlois.* 1864[3], XI, 682. — La vie et légende de Monsieur Sainct-Françoys, *C. S.* 1865[2], XIII, 408. — Vie d'une religieuse du Sacré-Cœur (Elis. Galitzin), *J. Gagarin.* 1869[1], XXII, 157.]

GALLARDO (B. J.). Ensayo de una biblioteca espanola de libros raros y curiosos, *J. Tailhan.* 1865[1], XII, 226.

GALLO (A.), S. J. Suppetiæ Evangelii præconibus qui Madurensem missionem excolunt, *G. Desjardins.* 1876[2], XXXV, 923.

GAMS (B.), O. S. B. Series episcoporum Ecclesiæ catholicæ, *J. Martinov.* 1874[1], XXX, 446.

GANDY (G.). La Saint-Barthélemy. 1877[2], XXXVII, 304.

GAPP (abbé J.). Les Exercices spirituels de N. Eschius, *C. S.* 1879[1], XL, 954.

GASSIAT (Mgr B.). Rome vengée. 1863, VIII, 154.

GAUDRY (A.). Les enchaînements du monde animal dans les temps géologiques, *A. Haté.* 1878[2], XXXIX, 239.

GAULLE (J.-M. de). Fastes et légendes du Saint Sacrement, *P. T.* 1865[2], XIII, 272. — Le cortège de saint Joseph ; — Les sanctuaires de saint Joseph à Paris et aux environs, *E. M.* 1867[1], XVIII, 441.

GAUME (Mgr). Où en sommes-nous? Etude sur les événements actuels, *H. Ramière.* 1872[1], XXVI, 609, 781.

GAUSSENS (abbé). Cinquante-deux homélies, *F. Desjacques.* 1879[2], XLI, 939.

GAUTIER (L.). Les épopées françaises, *A. Levallois.* 1867[1], XVIII, 279 ; — *P. Doret.* 1868[2], XXI, 502 ; — *A. L.* 1878[1], XXXVIII, 746. — Le livre de tous ceux qui souffrent, *C. S.* 1870[1], XXIV, 147.

GAUTRELET (F.-X), S. J. La vérité catholique brièvement exposée et victorieusement démontrée, *A. D.* 1865[1], XII, 428. — Lettres d'un théologien à une dame du monde sur l'infaillibilité, *C. S.* 1870[1], XXIV, 639. — Lettres d'un théologien à un homme du monde sur l'infaillibilité, *C. S.* 1870[1], XXIV, 963. — La francmaçonnerie et la Révolution, *C. S.* 1872[2], XXVII, 134.

GAVARD (M.). Le petit jardin de Marie (trad. du P. de La Croix, S. J.). 1867[1], XVIII, 892.

Giguet (P.). La sainte Bible, *F. Desjacques*. 1874², xxxi, 142.

Gilbert (abbé). Histoire de la vie et du culte du bienheureux Thomas Hélye, *A. M.* 1868¹, xx, 765.

Gilbert (P.). Le procès de Galilée, *I. Carbonnelle*. 1870¹, xxiv, 652,

Gille (abbé E.). Cours de philosophie, *A. Dechevrens*. 1877¹, xxxvi, 749.

Gilly (A.). L'Ecclésiaste de Salomon, traduit de l'hébreu. 1863, viii, 1126. — La science du langage, *J. Martinov*. 1865¹, xii, 549.

Gilmary-Shea (J.). Geschichte der katholischen Missionen unter den Indianerstæmmen der Vereinigten Staaten (trad. par J. Roth). 1863, viii, 978.

Ginoulhiac (Mgr). Histoire du dogme catholique pendant les trois premiers siècles, *A. M.* 1866¹, xv, 126. — Les Épîtres pastorales, *A. Matignon*, 1866², xvi, 427. — Le sermon sur la montagne, *C. de Laage*, 1872², xxvii, 774.

Girard (abbé O.). France et Chine, *C. Chambon*. 1869², xxiii, 971.

Girard-Vezenobre (baronne de). Environs de Saint-Germain-en-Laye. 1877², xxxvii, 131.

Giraud (le P. S. M.). De l'esprit de la vie de sacrifice dans l'état religieux, *F. D.* 1874¹, xxx, 460. — Petit traité de l'oraison mentale, *C. Sommervogel*. 1879², xli, 603. — Immolation et charité dans le gouvernement des âmes, *F. Desjacques*. 1880, xlii, 625.

Girod (L.). Connaissance pratique de la facture des grandes orgues, *F.-L. Comire*. 1878², xxxviii, 585.

Gisbert (le P.). Éloquence chrétienne. 1860, v, 493.

Gjertz (Mme). L'enthousiasme; — Gabrielle, *G. André*. 1863, viii. 816.

Gladstone (W.-E.). The Vatican decrees and their bearing on civil allegance, *H. Ramière*. 1875¹, xxxii, 23, 247.

Glaire (abbé J.-B.). Principes de grammaire arabe; — La sainte Bible selon la Vulgate. 1861, vi, 506. — Le Nouveau Testament selon la Vulgate, *E. Paton*. 1867², xix, 909. — Dictionnaire universel des sciences ecclésiastiques, *C. S.* 1869¹, xxii, 153. — Les Livres saints vengés, *F. D.* 1875¹, xxxii, 139.

Glückselig (Dʳ). Christusarchæologie, das Buch von Jesus Christus und seinem wahren Ebenbilde. 1862, vii, 715.

Godefroy (F.). Histoire de la littérature française depuis le seizième siècle, *H. Mertian*. 1859, iv, 613. — Lexique comparé de la langue de Corneille et de la langue du dix-septième siècle en général, *G. André*. 1862, vii, 844.

xxiv, 400 ; — *C. Daniel.* 1870¹, xxiv, 630 ; — *H. Colombier.* 1870¹, xxiv, 956.

GRAVINA (D.), O. P. Totius Summæ theologicæ S. Thomæ Aquinatis compendium rythmicum, *J. Pra.* 1879², xli, 771.

GRÉGOIRE (Mgr). L'Église de Jésus-Christ vraiment ancienne et vraiment orthodoxe, *J. Gagarin.* 1857, ii, 3.

GRIDEL (abbé). Soirées chrétiennes, *J. Pra.* 1880, xlii, 289.

GRIMM (J.). De l'origine du langage (trad. par F. de Wegmann), *C. Ledoux.* 1860, v, 287.

GRIMOUARD DE SAINT-LAURENT (comte de). Guide de l'art chrétien, *V. Alet.* 1877¹, xxxvi, 299. — Manuel de l'art chrétien, *P. F.* 1878², xxxix, 273. — Les images du Sacré Cœur, *XXX.* 1880, xlii, 773.

GROU (J.-N.), S. J. L'intérieur de Jésus et de Marie, *C. Sommervogel.* 1862, vii, 260. — La science pratique du crucifix (le P. A. Cadrès), *C. C.* 1865¹, xii, 427.

GRUNDEMANN (Dr). Allgemeiner Missions-Atlas, *V. D. B.* 1868², xxi, 986.

GUÉNEBAULT (A.). Une solution de la question ouvrière, *A. D.* 1877¹, xxxvi, 302.

GUÉPIN (dom A.), O. S. B. Saint Josaphat et l'Église grecque-unie en Pologne, *J. Martinov.* 1874², xxxi, 612 ; 1875¹, xxxii, 342.

GUÉRANGER (dom P.), O. S. B. La monarchie pontificale, *C. Daniel.* 1870¹, xxiv, 630 ; — *A. Matignon.* 1870¹, xxiv, 796. — Sainte Cécile et la société romaine aux deux premiers siècles, *J. Dugas.* 1874², xxxi, 716. — Année liturgique, *J. Pra.* 1878², xxxix, 562.

GUÉRIN (F. M.), S. J. De la composition oratoire, *C. Daniel.* 1861, vi, 119.

GUÉRIN (L. F.). Notice abrégée sur la sainte Tunique, *J. Noury.* 1864², x, 268.

GUÉRIN (Mgr P.). Les Petits Bollandistes, *C. S.* 1876², xxxv, 610.

GUÉRIN (V.). Description de la Palestine, *J. Martinov.* 1880, xlii, 474.

GUERRIER DE DUMAST (baron). Ce que fut jadis la Lorraine et ce qu'elle est encore, *E. Marquigny.* 1866², xvi, 571.

GUIBÉ (T.), S. J. Conférences sur l'Église. 1878², xxxix, 144.

GUIGNARD (P.). Analecta divionensia. Les monuments primitifs de la règle cistercienne, *C. Sommervogel.* 1878², xxxix, 717.

GUILBERT (Mgr). La divine synthèse, ou l'exposé de la religion révélée, *C. Daniel.* 1864², x, 129 ; — *J. de Bonniot,* 1879¹, xl, 133. — Monde et Dieu, *F. Desjacques.* 1879¹. xl, 766.

GUILLEMIN (A.). Les cieux, réponses aux astronomes sceptiques, *E. Paton*. 1867[1], XVIII, 432.

GUILLEMON (abbé J.-M.). Clef des Épîtres de saint Paul, *J. Brucker*. 1874[1], XXX, 137; — *F. Desjacques*. 1879[1], XL, 144.

GUILLERMIN (abbé). Vie de Mgr Louis Rendu, *V. Alet*. 1867[1], XVIII, 580.

GUILLIBERT (F.). Le collège royal Bourbon d'Aix, *J. Burnichon*. 1879[2], XLI, 623.

GUILLOIS (abbé A.). Sermons, discours, prônes et instructions, *E. M.* 1867[1], XVIII, 439.

GUINAUMONT (H. de). La Terre Sainte, Constantinople, l'Égypte. 1867[1], XVIII, 730.

GUIOL (abbé L.). De l'incrédulité contemporaine et de la foi religieuse; — Démonstration philosophique de la divinité de Jésus-Christ; — Dieu; — La création dans ses rapports avec Dieu, *F. Desjacques*, 1877[2], XXXVII, 890.

GUITTON (abbé). L'homme relevé de sa chute. 1860, V, 174.

GUIZOT (F.). L'Église et la société chrétienne, *P. Toulemont*. 1861, VI, 656. — Méditations sur l'essence de la religion chrétienne, *A. Matignon*. 1864[3], XI, 102. — Mémoires, t. VII, *C. Daniel*. 1866[2], XVI, 335. — Méditations sur la religion chrétienne dans ses rapports avec l'état actuel des sociétés et des esprits, *C. Daniel*. 1868[2], XXI, 37.

GURY (J.-P.), S. J. Casus conscientiæ in præcipuas quæstiones theologiæ moralis, *P. Toulemont*. 1863, VIII, 1122. — Compendium theologiæ moralis (A. Ballerini), *V. D. B.* 1868[1], XX, 749; — *G. Desjardins*. 1876[2], XXXV, 923.

GÜTHLIN (abbé A.). Les doctrines positivistes en France. 1865[3], XIV, 408; — *J. de Bonniot*. 1873[1], XXVIII, 605.

GUYAU (M.). La morale d'Épicure, *J. de Bonniot*, 1879[1], XI, 178.

GUYOT (abbé A.). La raison conduisant l'homme à la foi, *J. Pra*. 1878[1], XXXVIII, 580.

H

HÆCKEL (E.). Histoire de la création des êtres organisés, *J. de Bonniot*. 1877[1], XXXVI, 31; — *V. Becker*. 1877[1], XXXVI, 672.

HÆGELI (abbé A.). Garcia Moreno, drame, *J. B.* 1878[1], XXXVIII, 597.

HÆMMERLIN (pasteur). A bas les protestants! *P. Fristot*. 1873[1], XXVIII, 773.

HAHN (D' H.). Geschichte der katholischen Missionen seit Jesus Christus, *H. M.* 1864[3], XI, 708.

HALLER (C.-L. de). Restauration de la science politique, *J. de B.* 1876[1], xxxiv, 623.

HALLEGUEN (E.). L'Armorique bretonne, celtique, romaine et chrétienne, *H. M.* 1864[3], xi, 707.

HAMARD (abbé). Les monuments mégalithiques de tous pays (trad. de J. Fergusson); — Le gisement préhistorique du mont Dol, *A. Haté.* 1878[1], xxxviii, 837.

HAMEL (C.). Histoire de l'abbaye et du collège de Juilly, *C. S.* 1868[1], xx, 432.

HAMON (abbé). Notre-Dame de France, ou histoire du culte de la très sainte Vierge en France, *E. Letierce.* 1863, viii, 414. — Méditations à l'usage du clergé et des fidèles, *A. Maurel.* 1872[1], xxvi, 296.

HAMY (A.), S. J. Essai sur l'iconographie de la Compagnie de Jésus, *C. S.* 1876[1], xxxiv, 153.

HANNEBERG (D'). Histoire de la révélation biblique (trad. par Goschler), *S. Fréchon.* 1860, v, 139.

HANOTEAU (C.) et LETOURNEUR. La Kabylie et les coutumes kabyles, *J. Dugas.* 1876[1], xxxiv, 502.

HARASIEWICZ DE NEUSTERN (M.). Annales Ecclesiæ ruthenæ. 1864[1], ix, 270; — *J. Martinov.* 1864[2], x, 538.

HARLEZ (chanoine de). Avesta, livre sacré des sectateurs de Zoroastre, traduction, *J. Brucker.* 1876[2], xxxv, 475; 1877[2], xxxvii, 452. — Grammaire pratique de la langue sanscrite, *J. Van den Gheyn.* 1878[1], xxxviii, 874.

HARMEL (L.). Manuel d'une corporation chrétienne, *E. Marquigny.* 1877[1], xxxvi, 906; — *F. D.* 1880, xlii, 465.

HARPAIN (Marie E.). Recueil d'écrits. 1863, viii, 980.

HARPER (T.), S. J. Peace through the truth, or essays connected with Dr Pusey's « Eirenicon », *J. Forbes.* 1867[1], xviii, 115; 1875[1], xxxii, 788.

HARRY (G.). Le prêtre ennemi de Dieu, *J. de Bonniot.* 1879[1], xl, 481.

HARTMANN (E. de). La dissolution du christianisme et la religion de l'avenir, *J. de Bonniot.* 1878[1], xxxviii, 469.

HASSFORD (le P.), S. J. Opuscules spirituels. 1862, vii, 575.

HAUSSONVILLE (comte d'). Histoire de la réunion de la Lorraine à la France, *F. Marquigny.* 1866[2], xvi, 572.

HÉBRARD (abbé). Les articles organiques devant l'histoire, le droit et la discipline de l'Église, *C. de Laage.* 1870-71, xxv, 942.

HÉFELÉ (Dr C. J.). Beitræge zur Kirchengeschichte, Archæologie und Liturgik, *H. Mertian.* 1864[2], x, 546.

Hoffmann (abbé N.). L'Église jugée par ses œuvres, ou la France éclairée et civilisée par le clergé. 1863, viii, 977.

Homère. Odyssée (A. Pierron), *J. B.* 1875², xxxiii, 620.

Honorius. Notice (des évêchés de Gaule), *H. Colombier.* 1877², xxxvii, 216.

Horace. Odes, traduites en vers par A. et G. de Wailly, *A. P.* 1878¹, xxxviii, 587.

Hornstein (E.). Les sépultures devant l'histoire, l'archéologie, la liturgie, le droit. 1868¹, xx, 609 ; — *P. Mazoyer.* 1869², xxiii, 954.

Houssaye (abbé). M. de Bérulle et les Carmélites de France, *H. Colombier.* 1874¹, xxx, 759.

Howard Galton (C.). Gervase Sacheveril. 1877², xxxvii, 457.

Howard Staunton. The great schools of England, *H. de B.* 1866¹, xv, 129.

Huber (Dʳ A.). Geschichte der Einführung des Christenthums in Südostdeutschland, *J. Martinov.* 1876¹, xxxiv, 925.

Hübner (baron de). Promenade autour du monde, *C. S.* 1873¹, xxviii, 616.

Huchedé (abbé). Cours élémentaire de philosophie spéculative selon saint Thomas (chan. Prisco), *J. Pra.* 1877², xxxvii, 901.

Hue (Mme). Les Maternelles, poésies, *C. Clair.* 1870¹, xxiv, 155.

Hüffer (Dʳ). Forschungen auf dem Gebiete des französischen und des rheinischen Kirchenrechtes, *H. Mertian.* 1864², x, 546.

Hugo (V.). Les Misérables, *G. Longhaye.* 1870¹, xxiv, 22. — Religions et religion, *H. Martin.* 1880, xlii, 886.

Huguenin (L.). Expositio methodica juris canonici, *S. Adigard.* 1868¹, xx, 151.

Huillard-Bréholles. Historia diplomatica Friderici II imp., *C. Verdière.* 1876¹, xxxiv, 194.

Hulst (abbé d'). Vie de la Mère Marie-Thérèse. 1872², xxvii, 299.

Hultsch (F.). Griechische und rœmische Metrologie, *H. Mertian.* 1862, vii, 416.

Hummelauer (F. de). Der biblische Schœpfungsbericht, *J. Brucker.* 1878², xxxix, 129.

Hunter (T.), S. J. An english Carmelite (Cath. Burton). 1877¹, xxxvi, 760.

Hurard (S.). Des vérités fondamentales, *A. M.* 1864², x, 413.

Hurel (abbé A.). L'art religieux contemporain, *J. Marie.* 1869¹, xxii, 948.

Hurter (H.), S. J. Opuscula selecta SS. Patrum, *E. C.* 1868¹, xx, 303.

Hyver (abbé C.). Le doyen Pierre Grégoire de Toulouse et l'organisation de la faculté de droit à Pont-à-Mousson (1582-97), *C. Sommervogel*. 1874², xxxi, 305.

I

Ideville (H. d'). Journal d'un diplomate en Italie, *C. Sommervogel*. 1872², xxvii, 136; 1873¹, xxviii, 942.

Ignace de Loyola (Saint). Lettres (trad. par le P. Bouix), *C. Clair*. 1870¹, xxiv, 974.

Ingold (le P.), orat. Bibliothèque oratorienne : Vies de quelques prêtres de l'Oratoire (du P. Cloyseault), *C. S.* 1880, xlii, 783.

Irizar (J. de). Études d'un antiquaire, *C. Cahier*. 1866¹, xv, 417.

Isoard (abbé). Hier et aujourd'hui dans la société chrétienne, *P. Toulemont*. 1863, viii, 476. — Le clergé et la science moderne, *P. T.* 1865¹, xii, 427. — (Mgr Isoard) La prédication, *E. Seguin*. 1872¹, xxvi, 594. — Le mariage, conférences, *J. Pra*. 1880, xlii, 947.

J

Jacob de Saint-Charles (L.). Bibliotheca personata, *P. Clauer*. 1877², xxxvii, 74.

Jacqmin (F.). De l'exploitation des chemins de fer, *H. de Sesmaisons*. 1869¹, xxii, 296.

Jacquemet (A.). Le saint Rosaire expliqué par Bossuet, *V. B..n*. 1869², xxiii, 484.

Jacques d'Edesse. Epistola de orthographia syriaca, *H. Matagne*. 1869², xxiii, 148.

Jacques (J.), réd. Du Pape et du Concile, doctrine de saint Alphonse, *H. de V*. 1870-71, xxv, 145.

Jacques (V. D.). Le Mont-Saint-Michel en poche. 1877², xxxvii, 303.

Jacquier (C.). Des preuves et de la recherche de la paternité, *P. T.* 1875⁴, xxxii, 135.

Jaffé (P.). Bibliotheca rerum germanicarum, *H. Colombier*. 1868¹, xx, 918.

Jaffre (F. A.), S. J. Cours de philosophie, *J. Dorgues*. 1879¹, xi., 139.

Jager (abbé). Histoire de l'Église catholique en France, *J. Jenner*. 1864³, xi, 234.

Jamar (abbé). Marie mère de Jésus, *L. S.* 1873¹, xxviii, 919.

James (Dʳ C.). Souvenirs de voyage; les Hébreux dans l'isthme de Suez, *D. Pujol*. 1872², xxvii, 661.

Jamison (F.). Bertrand du Guesclin et son époque (trad. par J. Baissac), *J. Marie*. 1866², xvi, 419.

Janet (P.). La crise philosophique (MM. Taine, Renan, Littré, Vacherot). 1865³, xiv, 408. — Les problèmes du dix-neuvième siècle, *D. Lodiel*. 1873¹, xxviii, 204.

Janiszewski (Mgr). Histoire de la persécution de l'Église catholique en Prusse (1870-76), *C. Sommervogel*. 1870¹, xl, 636.

Jannet (C.). Les résultats du partage forcé en Provence, *V. Alet*. 1872², xxvii, 945. — Les États-Unis contemporains, *F. Desjacques*. 1876¹, xxxiv, 615.

Jansen. Prælectiones theologiæ fundamentalis, *G. Desjardins*. 1876², xxxv, 924.

Janssen (J.). Geschichte des deutschen Volkes, *J. Brucker*. 1879¹, xl, 781.

Janssens (J.), S. J. Grammaire grecque ; — Abrégé, *F. Vandesype*. 1876¹, xxxiv, 460.

Janvier (abbé). Histoire de saint Pierre, *C. Sommervogel*. 1875², xxxiii, 474. — Vie de M. Dupont, *J. Burnichon*. 1880, xlii, 301.

Jacquemet (abbé J.). L'Église de Saint-Denis, *A. Matignon*. 1867², xix, 297.

Javal (J.). Les raisons de croire et les prétextes de ne pas croire. 1870¹, xxiv, 143.

Jazdzewski (L. J. V.). Zeno, Veronensis episcopus. 1862, vii, 427.

Jean de la Croix (Saint). Œuvres (trad. par le P. Charles-Marie). 1877², xxxvii, 460.

Jeanjacquot (P.), S. J. Simples explications sur la coopération de la très sainte Vierge à l'œuvre de la Rédemption, *A. Nampon*. 1868², xxi, 488.

Jeantet (O.). Réflexions d'un montagnard parisien à propos de la désertion des campagnes, *V. Alet*. 1867², xix, 148.

Jehan (L. F.). La Bretagne, esquisses, *P. Toulemont*. 1863, viii, 969.

Jenna (Marie). Élévations poétiques, *E. P.* 1873¹, xxviii, 143. — Enfants et mères, *F. Desjacques*. 1873², xxix, 775. — Le premier livre de messe. 1877², xxxvii, 460.

Jennesseaux (P.), S. J. La Passion de Notre-Seigneur (du P. L. Dupont), *C. de Laage*. 1870¹, xxiv, 969.

Jeunet (abbé). Vie de saint Guillaume, chanoine de Neufchâtel, *V. de B.* 1868², xxi, 984.

Joanne (A.). Dictionnaire des communes de la France, *E. P.* 1866¹, xv, 130.

Joannis (L. de). Les tapisseries de l'Apocalypse à la cathédrale d'Angers, *C. Cahier.* 1863, viii, 481 ; 1864[3], ii, 413.

Jobin (abbé). Études sur les lampes du Saint Sacrement et le luminaire ecclésiastique, *H. de V.* 1870[1], xxiv, 316.

Johanny de Rochely (abbé O.). Saint Bernard, Abélard et le rationalisme moderne, *C. Sommervogel.* 1868[2], xxi, 331.

Joinville (J. de). Histoire de saint Louis (N. de Wailly), *E. P.* 1865[3], xiv, 416 ; — *F. Desjacques.* 1874[1], xxx, 142.

Joire (Dr A.). Introduction à l'étude de la physiologie. 1864[2], x, 132.

Jolly (J.). Philippe le Bel, ses desseins, ses actes, son influence, *P. Marie.* 1870-71, xxv, 159.

Joly (H.). De l'imagination, *J. de Bonniot.* 1878[1], xxxviii, 690.

Jonquières (E. de). Les Épîtres d'Horace, traduites en vers, *J. Burnichon.* 1880, xlii, 535.

Jordao (L. M.). Bullarium patronatus Portugalliæ, *C. C.* 1869[1], xxii, 633.

Jouham (E.). L'intérêt social dans les questions industrielles, agricoles et maritimes, *F. Desjacques.* 1880, xlii, 462.

Jourdain (C.). La philosophie de saint Thomas d'Aquin, *H. Taupin.* 1859, iv, 137. — Histoire de l'Université de Paris au dix-septième et au dix-huitième siècle, *C. Sommervogel.* 1867[1], xviii, 725.

Jourdy (E.). Darwin et Agassiz, *J. de Bonniot.* 1872[1], xxvi, 423.

Jouvancy (J. de), S. J. Esquisse biographique du vénérable serviteur de Dieu, Pierre Canisius (trad. par le P. Deynoodt), *V. Alet.* 1865[1], xii, 251. — Trois lettres inédites, *V. A.* 1872[2], xxvii, 758.

Jovene (C. M), S. J. Discours d'ouverture de la Faculté de théologie, à l'Université catholique de Paris, *J. Pra.* 1879[1], xl, 298.

Jovino (F.), S. J. Critico-biblical disquisition on the time during which Christ lay in the tomb, *F. D.* 1875[2], xxxiii, 946.

Julien (F.). Courants et révolutions de l'atmosphère et de la mer. 1860, v, 334, 471. — Les Commentaires d'un marin, *C. Rathouis.* 1870[1], xxiv, 814. — Voyage au pays de Babel, *J. B.* 1876[1], xxxiv, 622. — Papes et sultans, *C. S.* 1879[2], xli, 778.

Jung (T.). La vérité sur le Masque de fer, *C. Sommervogel.* 1873[1], xxviii, 306. — La France et Rome, *E. Régnault.* 1875[1], xxxii, 449.

Jungmann (Dr B.). Institutiones theologiæ dogmaticæ, *L. Cochard.* 1873[1], xxviii, 593 ; 1875[1], xxxii, 142.

Jungmann (J.), S. J. Die Schœnheit und die schœne Kunst, *C. Lahr.* 1868[1], xx, 425. — Fünf Sætze zur Erklærung und zur wissen-

schaftlichen Begründung der Andacht zum hl. Herzen Jesu ;
— Das Gemüth und das Gefühlsvermœgen der neueren Psychologie, *H. de Bigault.* 1870[1], xxiv, 233.

Juvénal (le P.), franc. Solis intelligentiæ lumen indeficiens, seu
immediatum Dei ut Entis summi internum magisterium (abbé
Fabre), *J. Pra.* 1879[1], xl, 30.

K

Kang-hi. Réflexions politiques sur les Européens. 1857, ii, 489.

Kanitz (F.). Donau-Bulgarien und der Balkan, *J. Brucker.* 1877[2],
xxxvii, 650.

Kaudt (J. D.). Pie VI, Pie VII, Pie IX et la persécution. 1863, viii,
153.

Kaulen (F.). Die Sprachverwirrung zu Babel, *J. Martinov.* 1865[1],
xii, 549.

Keil (K. F.). Biblischer Commentar über das Alte Testament. 1863,
viii, 155.

Keller (E.). La Moricière, sa vie militaire, politique et religieuse,
J. Dugas. 1874[1], xxx, 838.

Kerviler (R.). Le Maine à l'Académie française ; Abel Servien, *C. S.*
1878[2], xxxix, 279. — Jean Desmaretz, sieur de Saint-Sorlin ;
— François de La Motte Le Vayer ; — La Bretagne à l'Académie française, *C. S.* 1880, xlii, 318.

Ketteler (Mgr de). Freiheit, Autoritæt und Kirche, *H. Mertian.*
1862, vii, 230. — Un catholique peut-il être franc-maçon ?
A. M. 1865[3], xiv, 561. — L'Allemagne après la guerre de
1866. 1867[2], xix, 158. — Die wahren Grundlagen des religiœsen Friedens, *J. Sattler.* 1868[2], xxi, 328.

Kleutgen (J.), S. J. La philosophie scolastique exposée et défendue
(trad. par le P. C. Sierp), *C. de Laage.* 1872[2], xxvii, 124.

Klinckowstrom (baron M. de). Le comte Fersen et la cour de
France, *C. Sommervogel.* 1878[2], xxxix, 121.

Knoll de Bulsano (A.). Institutiones theoreticæ seu dogmatico-polemicæ ; — Institutiones theologiæ dogmaticæ generalis, *J. Pra.*
1878[2], xxxix, 558.

Kœnig (abbé). Saint-Eustache, histoire et vérité de l'église, *C. S.*
1878[2], xxxix, 720.

Koïalowitch ( ). Documents pour expliquer l'histoire du sud-ouest
de la Russie, *J. Martinov.* 1865[3], xiv, 556.

Konings (le P.), réd. Theologia moralis S. Alphonsi in compendium
redacta, *A. Sigé.* 1878[2], xxxix, 76.

Kossowicz (Dr C.). Decem Zendavestæ excerpta, *J. Martinov*. 1866³,
   xvii, 129.
Kreuser (J). Le saint sacrifice de la messe exposé historiquement.
   1861, vi, 511.
Kulczynski (J.). Specimen Ecclesiæ rhutenicæ, *D. B*. 1859, iv, 457.

L

La Barrera y Leyrado (A. de). Catalogo bibliografico y biografico
   del teatro antiguo español, *J. Tailhan*. 1864³, xi, 416.
La Bouillerie (Mgr de). Études sur le symbolisme de la nature,
   V. Mercier. 1869¹, xxii, 953. — L'Eucharistie et la vie chrétienne, *H. de V*. 1870¹, xxiv, 815.
Laboulaye (E.). La liberté religieuse; — L'État et ses limites; — Le
   parti libéral et son avenir, *H. Ramière*. 1879², xli, 220.
Labrune (abbé). Mystères de la campagne (controverse). 1862, vii,
   568.
Lacordaire (F.), O. P. Lettres à des jeunes gens (abbé Perreyve)
   1863, viii, 155. — Lettres à Mme la comtesse E. de La Tour
   du Pin, *A. Matignon*. 1863, viii, 1111.
Lacroix (L.). Dix ans d'enseignement historique, *E. Marquigny*. 1865³
   xiv, 405.
La Croix (Mgr P.). Mémoire sur les institutions de France à Rome,
   C. S. 1868², xxi, 828.
La Croix (le P. de), S. J. Le petit jardin de Marie. 1867¹, xviii,
   892.
Læmmer (H.). In decreta concilii Ruthenorum Zamosciensis animadversiones theologico-canonicæ, *J. Martinov*. 1866¹, xv, 568.
Lafond (E.). Lorette et Castelfidardo, lettres d'un pèlerin. 1862, vii,
   719. — Rome, *G. André*. 1864², x, 409.
Laforet (N. J.). Pourquoi l'on ne croit pas. 1864², x, 130. — His-
   toire de la philosophie (ancienne). 1867¹, xviii, 585.
Lagrange (abbé F.). Histoire de sainte Paule, *C. Clair*. 1867¹, xviii,
   429. — Histoire de saint Paulin de Nole, *G. Longhaye*. 1877²,
   xxxvii, 886.
La Jugie (F. de). Les Psaumes d'après l'hébreu, *C. Daniel*. 1863³, viii,
   126.
Lalanne (L.). Dictionnaire historique de la France, *C. S*. 1873¹, xxviii,
   619.
Lallemand (L.). Histoire de la charité à Rome, *C. S*. 1878², xxxix.
   277.
Lallié (A.). Le district de Machecoul, *L. Leçoq* 1869², xxiii, 493.

Lamartine (A. de). Jocelyn, *G. Longhaye.* 1870[1], xxiv, 13. — Correspondance, *A. de G.* 1874[2], xxxi, 462.

Lamennais (F. de). Œuvres posthumes (E. D. Forgues); — Œuvres inédites (A. Blaize), *V. Mercier.* 1867[1], xviii, 793.

Lamy (T. J.). Introductio in Sacram Scripturam. 1867[2], xix, 606. — Concilium Seleuciæ et Ctesiphonti habitum anno 410, *H. Matagne.* 1869[1], xxii, 149. — Voir *Abbeloos.*

Landau (abbé E.). Six mois en Bavière, *C. de Laage.* 1872[1], xxvi, 619.

Landi (A.). Le mie impressioni in Roma, *E. de Lachau.* 1862[1], vii, 851.

Landriot (Mgr). Discours et instructions pastorales (1858-59). 1860, v, 173. — Instruction pastorale sur le vrai sens de la folie de la croix; — Lettre à M. Laforêt sur la direction à donner à l'enseignement apologétique, *C. Daniel.* 1860, v, 177. — La femme forte. 1863, viii, 837. — La femme pieuse. 1863, viii, 1126. — Le Christ de la tradition, *C. D.* 1865[2], xiii, 409; 1866[1], xv, 571. — Conférences aux dames du monde, *C. D.* 1865[3], xiv, 415. — Le symbolisme, *C. D.* 1866[1], xv, 571. — L'Eucharistie; — Les béatitudes évangéliques, *C. Daniel.* 1866[2], xvi, 275. — Les péchés de la langue et la jalousie dans la vie des femmes, *C. S.* 1869[2], xxiii, 973.

Landsperg (Herrade de). Hortus deliciarum (A. Straub), *J. Ehrmann.* 1880, xlii, 942.

Lanfrey (P.). Histoire de Napoléon Ier, *J. Guennégan*, 1875[2], xxxiii, 782.

Langlois (V.). Géographie de Ptolémée, *J. Martinov.* 1867[1], xviii, 882. — Le trésor des chartes d'Arménie; cartulaire de la chancellerie royale des Roupéniens, *J. Martinov.* 1867[2], xix, 292.

Lantages (de). Vie de la vénérable Mère Agnès de Jésus (abbé Lucot), *P. Toulemont.* 1863[2], viii, 1120.

La Pilorgerie (J. de). Campagne et bulletins de la grande armée d'Italie, *F. Mével.* 1866[3], xvii, 126.

La Ponneraye (Zoé de). Histoire de sainte Françoise Romaine, *C. S.* 1879[1], xl, 773.

Lapôtre (J. L.). Sermons de S. Em. le cardinal Wiseman, *F. Dumas.* 1866[2], xvi, 264.

Laprade (V. de). L'éducation homicide, plaidoyer pour l'enfance, *C. Clair.* 1867[1], xviii, 737. — Pernette, poème, *P. C.* 1869[2], xxiii, 387.

Larfeuil (abbé). Le quart d'heure pour Dieu; — Les dimanches et fêtes, *C. S.* 1870-71, xxv, 470.

LLCONTE (P.). L'art de converser et d'écrire chez la femme. 1863, viii, 157.

LECOY DE LA MARCHE (A.). Œuvres de Suger, *M. Godet.* 1869², xxiii, 486.

LE DANTEC (abbé L. M.). Clotilde, poème tragique, *L. Senepin.* 1877¹, xxxvi, 620.

LEDOUX (S). Les sept bienheureux fondateurs de l'Ordre des Servites, *C. S.* 1878¹, xxxviii, 891.

LEFEBVRE (Dr F.). Louise Lateau de Bois-d'Haine, *I. Carbonnelle.* 1870¹, xxiv, 924.

LEFÈVRE (A.). La philosophie, *J. de Bonniot.* 1879¹, lx, 824.

LE FÈVRE (le B. Pierre), S. J. Mémorial (P. Bouix). 1875¹, xxxii, 144.

LEFORTIER (abbé). La Saint-Barthélemy, *V. Alet.* 1880, lxii, 312.

LEGEAY (U.). Histoire de Louis XI, *F. Gazeau.* 1874¹, xxx, 620.

LÉGER (L.). Histoire de l'Autriche-Hongrie, *C. S.* 1879², xli, 780.

LEGOUVÉ (E.). Les pères et les enfants au dix-neuvième siècle, *J. Noury,* 1869², xxiii, 35.

LE GOUVELLO (II.). Le pénitent breton Pierre de Kériolet, *C. S.* 1878¹, xxxviii, 877.

LEGRAND (L.). Le mariage et les mœurs en France, *F. Desjacques.* 1879², xli, 308.

LEGRIS-DUVAL (abbé). Lettres spirituelles à des dames du monde, *P. Toulemont.* 1864², x, 554.

LEGUEST (abbé). Études sur la formation des racines sémitiques, *A. Dutau.* 1860, v, 334, 634.

LÉMANN (abbé A.). Le sceptre de la tribu de Juda entre les mains de Jésus-Christ, *F. Desjacques.* 1880, xlii, 467.

LÉMANN (abbé J.). Les nations frémissantes contre Jésus-Christ et son Église, *C. S.* 1879¹, xl, 777.

LÉMANN (abbés). La question du Messie et le concile du Vatican, *C. S.* 1869², xxiii, 816. — Valeur de l'assemblée qui prononça la peine de mort contre Jésus-Christ, *E. Marquigny.* 1876², xxxv, 736.

LE MAOUT (E.) et DECAISNE (J.). Traité général de botanique descriptive et analytique, *A. Bellynck.* 1869¹, xxii, 528.

LENIENT (C.). La satire en France, *C. S.* 1867¹, xviii, 569.

LENNIG (A. F.). Méditations sur le *Pater* et l'*Ave* (trad. par l'abbé Mabire), *C. S.* 1879, xl, 951.

LENORMANT (C.). De la divinité du christianisme dans ses rapports avec l'histoire, *C. Daniel.* 1869², xxiii, 808.

LENORMANT (F.). Recherches archéologiques à Éleusis (1860). 1862, vii, 432. — Essai sur l'organisation politique et économique de la monnaie dans l'antiquité. 1863, viii, 976. — Monographie de la voie sacrée éleusinienne, *C. Clair.* 1865[2], xiii, 389. — Turcs et Monténégrins, *V. Mercier.* 1866[3], xvii, 282. — Manuel d'histoire ancienne de l'Orient jusqu'aux guerres médiques, *C. D.* 1869[2], xxiii, 336.

LENTHÉRIC (C.). La Grèce et l'Orient en Provence, *J. Brucker.* 1870[1], xxxviii, 889. — La Provence maritime, ancienne et moderne, *J. Brucker.* 1880, xlii, 315.

LÉOTARD (E.). Saint Bernard; — Essai sur la condition des barbares dans l'empire romain au quatrième siècle, *J. B.* 1876[1], xxxiv, 779.

LÉOUZON-LE DUC (L.). Le Kalevala, épopée nationale de la Finlande, *C. C.* 1868[1], xx, 758.

LEPAGE (F.). Relation des fêtes qui ont lieu à Nancy (juillet 1866), *E. Marquigny.* 1866[3], xvii, 130.

L'ÉPINOIS (H. de). Le gouvernement des Papes et les révolutions dans les États de l'Église, *J. Marie.* 1866[2], xvi, 255. — Galilée, son procès, sa condamnation, *P. Doret.* 1868[2], xxi, 147. — Henri Martin et son Histoire de France, *C. de Laage.* 1872[2], xxvii, 119. — Les Catacombes de Rome, *C. S.* 1875[1], xxxii, 762.

LE PLAY (F.) La réforme sociale en France, *P. Toulemont.* 1864[3], xi, 109. — La réforme sociale; — L'organisation du travail; — L'organisation de la famille, *C. Clair.* 1870[1], xxiv, 311; — *V. Alet.* 1872[1], xxvi, 321; — *II. Ramière.* 1873[1], xxviii, 710, 801. — L'Union de la paix sociale; — La question sociale et l'Assemblée, *H. Ramière.* 1873[1], xxviii, 321.

LEQUIEN (F.). Les bienfaits de la Révolution, *J. B.* 1874[1], xxx, 457.

LEROY (abbé L.). Le règne de Dieu dans la grandeur, la mission et la chute des empires. 1862, vii, 125.

LESCŒUR (L.), orat. Le règne temporel de Jésus-Christ; étude sur le millénarisme, *C. Daniel.* 1868[1], xx, 443. — L'État maître de pension, *J. D.* 1870-71, xxv, 632. — La vie future, *J. de Bonniot.* 1872[2], xxvii, 302. — La science du bonheur, *C. Verdière.* 1874[1], xxx, 448. — L'Église catholique en Pologne sous le gouvernement russe, *J. Martinov.* 1877[2], xxxvii, 759. — Histoire d'une vocation, Mme Nicanora Izarié, *C. S.* 1879[1], xl, 456. — La foi catholique et la réforme sociale, *F. Desjacques.* 1879[1], xl, 766.

LESCURE (de). La princesse de Lamballe, *F. Gazeau.* 1865[2], xiii, 122.

LESMAYOUX (abbé). L'infaillibilité pontificale. 1873[2], xxix, 450.

LESSIUS (L.), S. J. Le choix d'un état de vie. 1874[1], xxx, 619.

Letocart (L.). Les temps modernes, selon l'Écriture interprétée, *E. de Lachau*. 1872[1], xxvi, 303.

Levasnier (G.). Les jésuites au tribunal de la vérité, *C. S.* 1879[2], xli, 473.

Lévêque (abbé). Précis de l'histoire du moyen âge, *F. G.* 1874[1], xxx, 450.

Lévêque (C.). Études de philosophie grecque et latine, *P. Toulemont.* 1864[2], x, 109. — Les harmonies providentielles. 1872[2], xxvii, 943.

Levinstein (Dr E.). La morphiomanie. 1878[1], xxxviii, 742.

L'Hermite (L. de). Les saintes causes, poésies, *J. de Bonniot.* 1876[2], xxxv, 618.

Liberati (marquis). Les discusssions des catholiques suivant les règles de l'Église, *D. R.* 1873[1], xxviii, 140.

Liberatore (M.), S. J. L'Église et l'État dans leurs rapports mutuels, traduction, *F. Desjacques.* 1877[2], xxxvii, 691.

Lingen (C.) et Reuss (P.). Causæ selectæ in Congregatione Concilii Tridentini, *C. de Laage.* 1872[1], xxvi, 148.

Lionne (H. de). Lettres inédites (U. Chevalier), *C. S.* 1879[1], xl, 637.

Lirac (A.). Les jésuites et la liberté religieuse sous la Restauration, *C. S.* 1879[1], xl, 946.

Littré (E.). Paroles de philosophie positive, *C. Daniel.* 1860, v, 1. — Études sur les barbares et le moyen âge, *E. Marquigny.* 1868[1], xx, 76. — Auguste Comte et la philosophie positive, *J. de Bonniot.* 1870[1], xxiv, 497. — Des origines organiques de la morale, *J. de Bonniot.* 1870-71, xxv, 512.

Littré (E.) et Wyrouboff (G.). La philosophie positive, *E. Marquigny.* 1867[2], xix, 586; — *J. de Bonniot.* 1870[1], xxiv, 497.

Livonnière (M. de). Petits et grands; — Otto Gartner; — La dynastie des Fouchard; — Un philosophe, *A. de Gabriac.* 1865[1], xii, 254.

Lœher (F.). Jacobæa von Bayern und ihre Zeit. 1862, vii, 718.

Lohan (abbé). Le fond du cœur, *H. P.* 1874[2], xxxi, 943. — L'âme et Jésus dans l'Eucharistie, *C. S.* 1879[1], xl, 450.

Loiseaux (abbé). Traité canonique et pratique du jubilé; — Petit manuel du jubilé, *H. de V.* 1870[1], xxiv, 314.

Loménie (L. de). Les Mirabeau, *J. Brucker.* 1879[1], xl, 783.

Longevialle (M. de). Souvenir de la Terreur, *H. de Rochemure.* 1872[2], xxvi, 923.

Longeville (G. de.) Le libre penseur solidaire. 1873[2], xxix, 135.

Longhaye (G.), S. J. Théâtre chrétien d'éducation. 1878[2], xxxix, 712. — Suis-je Français ? Examen de conscience d'un jésuite, *C. S.* 1879[1], xl, 950.

M

MAHON DE MONAGHAN (E.). L'Église, la Réforme, la philosophie et le socialisme au point de vue de la civilisation moderne, *H. M.* 1864³, xi, 565.

MAILLARD (le P.), S. J. Les œuvres spirituelles de saint Jean de la Croix, 1864¹, ix, 269.

MAISONNEUVE (J. G.). Clinique chirurgicale, *L. L.* 1864², x, 270.

MAISTRE (J. de). Anecdotes recueillies à Saint-Pétersbourg, *J. Gagarin.* 1868², xxi, 553. — Œuvres inédites (Ch. de Maistre), *C. de Laage.* 1872², xxvii, 120. — Pensées, *V. Alet.* 1873¹, xxviii, 611. — Lettres inédites, *F. Desjacques.* 1873², xxix, 746. — Pensées philosophiques et religieuses (H. de Valroger), *J. Burnichon.* 1879², xli, 315.

MAISTRE (X. de). Œuvres inédites (E. Réaume), *J. Gagarin.* 1880, xlii, 427.

MAITRE (L.). Les écoles épiscopales et monastiques de l'Occident, *C. Cahier.* 1866², xvi, 118.

MALDONAT (J.), S. J. Commentarii in quatuor Evangelistas (Dᵣ Raich), *R. Champon,* 1874², xxxi, 937.

MALEBRANCHE (N.), De la nature et de la grâce, *C. Daniel.* 1859, iv, 389.

MALLESON (lieut.-col.). Histoire des Français dans l'Inde, *F. D.* 1874¹, xxx, 453.

MALOUET (baron). Mémoires de Malouet, *C. Sommervogel.* 1869¹, xxii, 474.

MANDELGREN. Monuments scandinaves du moyen âge, *C. Cahier.* 1862, vii, 558.

MANNIER (E.). Études sur les noms des villes, bourgs et villages du département du Nord, *H. Mertian.* 1862, vii, 259.

MANNING (cardinal). The temporal mission of the Holy Ghost, or reason and revelation, *J. Martinov.* 1865³, xiv, 551 ; 1867², xix, 159. — De la réunion des diverses parties de la chrétienté, *P. Toulemont.* 1866³, xvi, 145. — Lettre pastorale sur le concile du Vatican, *G. Desjardins.* 1872², xxvii, 365. — Césarisme et ultramontanisme, *H. Ramière.* 1875¹, xxxii, 515. — The glories of the Sacred Heart. 1877¹, xxxvi, 624. — L'histoire vraie du concile du Vatican (trad. par C. Nothomb, *F. Desjacques.* 1878¹, xxxviii, 301.

MANTZ (P.). Les chefs-d'œuvre de la peinture italienne, *M. Lauras.* 1870¹, xxiv, 615.

MARCEY (Mme de). De l'observance des lois de l'Église dans le monde, *C. Daniel.* 1863, viii, 812.

MARCHAL (abbé). Vie de M. Moye, *P. Toulemont.* 1872², xxvii, 129.

Martigny (abbé). Dictionnaire des antiquités chrétiennes, *C. S.* 1865[3], xiv, 276; — *J. Martinov.* 1878[1], xxxviii, 132.

Martin (abbé C.). Le collège, discours. 1867[2], xix, 608.

Martin (abbé F.). Histoire de M. Vuarin et du rétablissement du catholicisme à Genève, *C. Daniel.* 1862, vii, 719, 747. — Vie de Mme de Bonnault d'Houet. 1862, vii, 865. — Vie de l'abbé Gorini, *C. Daniel.* 1863, viii, 1114. — Les moines et leur influence sociale, *V. Alet.* 1866[3], xvii, 117. — De l'avenir du protestantisme et du catholicisme, *J. Jenner.* 1870[1], xxiv, 145. — Les vierges martyres, *F. D.* 1874[1], xxx, 463. — Les mères chrétiennes, *F. Desjacques.* 1879[1], xl, 770.

Martin (F.), S. J. Le P. Isaac Jogues, *C. S.* 1873[1], xxviii, 934. — Hurons et Iroquois; le P. Jean de Brébeuf. 1877[2], xxxvii, 301.

Martin (abbé J.-P.). Jacobi Edesseni epistola de orthographia syriaca, *H. Matagne.* 1869[2], xxiii, 148.

Martin (Mgr C.). Theophilus, oder Unterweisungen über die sonn- und festtæglichen Evangelien, *A. Bourquenoud.* 1863, viii, 806. — Ein bischœfliches Wort an die Protestanten Deutschlands, *J. Jenner.* 1865[1], xii, 262. — Cours supérieur d'instruction religieuse (trad. par l'abbé Eicher), *J. Brucker.* 1875[2], xxxiii, 617. — Catéchisme de la famille chrétienne, *C. S.* 1878[2], xxxix, 135.

Martin (M.), S. J. Notes historiques sur cinq jésuites massacrés au mont Liban (en 1860), *J. Gagarin.* 1865[3], xiv, 123.

Martin (Th.-H.). Examen d'un problème de théodicée (optimisme). 1860, v, 175; — *E. Desjardins.* 1861, vi, 208. — Des superstitions dangereuses pour la science. 1863, viii, 1127. — La vie future (abrégé, par C. Gourju). 1864[1], ix, 515. — Les sciences et la philosophie, *H. de Valroger.* 1869[1], xxii, 790. — Le mal social et ses remèdes prétendus, *V. Alet.* 1872[2], xxvii, 223, 321.

Martin de Moussy (V.). Mémoire sur la décadence et la ruine des missions de jésuites dans le bassin de la Plata, *J. Jouan.* 1866[1], xv, 245.

Martinet (L.). *Verba Verbi*, les paroles de Notre-Seigneur. 1877[2], xxxvii, 895.

Martinov (J.). Les manuscrits slaves de la Bibliothèque impériale de Paris, *J. Gagarin.* 1858, iii, 467. — Cursus vitæ et certamen martyrii B. Josaphat Kuncevicii (Mgr J. Susza), *H. M.* 1864[3], xi, 423. — Annus ecclesiasticus græco-slavicus, *H. Mertian.* 1865[1], xii, 641. — Recueil des saints Cyrille et Méthode,

J. Gagarin. 1868[1], xx, 443. — Collectanea Lanciciana. 1877[1], xxxvi, 763.

MARTINS (C.). La création du monde organisé, *J. de Bonniot.* 1872[1]. xxvi, 423.

MARTY. Vie des chrétiens illustres, *J. Noury.* 1860, v, 481.

MASSAJA (Mgr). Lectiones grammaticales pro missionariis qui addiscere volunt linguam Amaricam et Oronicam, *M. Le Gall.* 1868[2], xxi, 73.

MASSARELLO (A.). Acta genuina SS. œcumenici concilii Tridentini (A. Theiner), *J. Martinov.* 1875[1], xxxii, 442.

MASSILLON. Correspondance inédite (abbé Blampignon), *C. Sommer-vogel.* 1869[2], xxiii, 491.

MASSON (F.) Le département des affaires étrangères pendant la Révolution. 1877[2], xxxvii, 461. — Mémoires et lettres de F. J. de Pierre, cardinal de Bernis, *C. S.* 1879[1], xl, 104.

MASTAÏ-FERRETTI (Mgr A.). Les Évangélistes unis (trad. par l'abbé de Lézéleuc), *J. Tailhan.* 1866[2], xvi, 130 ; — *G. de Montfort.* 1877[2], xxxvii, 352.

MATHIEU (abbé B). L'ancien régime dans la province de Lorraine et Barrois. 1879[2], xli, 157.

MATHIEU (cardinal). Le pouvoir temporel des papes justifié par l'histoire. 1863, viii, 976.

MATIGNON (A.), S. J. La question du surnaturel au dix-neuvième siècle. 1861, vi, 505 ; 1863, viii, 978. — Les morts et les vivants, entretiens sur les communications d'outre-tombe, *H. M.* 1862, vii, 41. — La liberté de l'esprit humain dans la foi catholique. 1864[1], ix, 516. — La paternité chrétienne, *C. Daniel.* 1870-71, xxv, 948. — Jésus-Christ et la France, *C. S.* 1873[1], xxviii, 614. — Jésus-Christ et les unités sociales, *C. Sommervogel.* 1874[1], xxx, 767 ; — *A. Dechevrens.* 1875[1], xxxii, 781.

MATTER (J.). Essai sur l'école d'Alexandrie, *E. Desjardins.* 1861, vi, 537.

MAUNOURY (abbé A.). Soirées d'automne, ou la religion prouvée aux gens du monde, *H. de B.* 1865[2], xiii, 407.

MAUPIED (Mgr). Le *Syllabus* et l'Encyclique *Quanta cura*, commentaire, *G. Desjardins.* 1876[2], xxxv, 928.

MAUPOINT (Mgr). Madagascar et ses deux premiers évêques, *A. M.* 1864[3], xi, 421.

MAUREL (A.), S. J. Guide pratique de liturgie romaine. 1873[1], xxviii, 149. — La vie du B. Pierre Lefèvre. 1873[1], xxviii, 305.

Mauro (S.), S. J. Quæstiones philosophicæ, *J. Brucker*. 1876[2], xxxv, 141.

Mayer (M. de). Die Papstwahl Innocenz XIII, *J. Martinov*. 1875[1], xxxii, 759.

Maynard (abbé U.). Saint Vincent de Paul. 1860, v, 662; 1861, vi, 162. — Voltaire, sa vie et ses œuvres, *G. Longhaye*. 1867[2], xix, 785.

Mazure (A.). Les poètes antiques, études morales et littéraires. 1862, vii, 123 ; 1863, viii, 500. — Dictionnaire étymologique de la langue française, *H. M.* 1864[3], xi, 123.

Mazzella (C.), S. J. De Deo creante, *J. Pra.* 1878[1], xxxviii, 413. — De gratia Christi, *J. Pra.* 1879[1], xl, 287. — De virtutibus infusis, *J. Pra.* 1879[2], xli, 765.

Meaux (vicomte de). La Révolution et l'Empire, *A. Matignon*. 1867[1], xviii, 887.

Méchin (abbé). Conseils aux jeunes filles, *F. Desjacques*. 1879[1], xl, 769.

Medhurst (W. H.). The foreigner in far Cathay, *M. Desjacques*. 1874[1], xxx, 284.

Mehler (L.). Catéchisme pratique, d'après le P. Deharbe (trad. par L. Schoofs). 1862, vii, 571.

Meignan (abbé G.). M. Renan et le Cantique des cantiques. 1860, v, 496. — Un prêtre déporté en 1792, *P. Loysel*. 1862, vii, 265 ; — *C. S.* 1878[2], xxxix, 573. — Les Évangiles et la critique au dix-neuvième siècle, *L. Langlois*. 1864[3], xi, 107. — (Mgr Meignan). Instructions et conseils aux familles chrétiennes. 1876[2], xxxv, 308. — Prophéties messianiques, *F. Desjacques*. 1878[2], xxxix, 414.

Meissas (abbé de). Histoire sainte, *J. Noury*. 1869[2], xxiii, 967.

Melun (vicomte de). La marquise de Barol, *O. L. M.* 1870-71, xxv, 305.

Ménault (E.) et Boillot (A.). Le mouvement scientifique pendant l'année 1864, *N. L.* 1865[2], xiii, 558.

Menuge (abbé C.). Cours élémentaire d'algèbre et de cosmographie, *A. Becker*. 1867[2], xix, 299.

Mérit (abbé). Lettres sur le beau en littérature, *H. Martin*. 1880, xlii, 637. — La foi, sa nature, ses principaux caractères, *J. Pra.* 1880, xlii, 931.

Merlin (R.). Origine des cartes à jouer, *C. Cahier*. 1870-71, xxv, 304.

Mermillod (L.), S. J. Le culte et le patronage de sainte Anne, *F. M.* 1866[2], xvi, 428.

MESTRE (P.), S. J. Analyses des auteurs français, latins et grecs. 1877[1], xxxvi, 623.

METZ-NOBLAT (A. de). Mémoire sur la chute des jésuites, *F. de Montézon.* 1861, vi, 134.

MEY (G.). Cours complet de catéchèses (trad. par l'abbé Gapp), *C. S.* 1877[2], xxxvii, 451.

MEYNARD (A. M.), O. P. Réponses canoniques et pratiques sur le gouvernement et les principaux devoirs des religieuses à vœux simples, *F. Desjacques.* 1879[1], xl, 790.

MICHAUD (abbé E.). Guillaume de Champeaux, ou les écoles de Paris au douzième siècle, *A. Matignon.* 1867[2], xix, 437 ; 1868[1], xx, 610, 766, 925. — L'esprit et la lettre dans la piété, *C. Sommervogel.* 1869[1], xxii, 472. — L'esprit et la lettre dans la morale religieuse, *C. Clair.* 1870-71, xxv, 150.

MICHEL (F.). Recherches sur la matière colorante des nerpruns indigènes. 1858, iii, 485. — Dix-huit ans chez les sauvages, voyages et missions de Mgr Faraud, *J. H.* 1866[1], xv, 572.

MICHIEWICZ (L.). Œuvres complètes du poète anonyme de la Pologne, *P. Mazoyer.* 1870[1], xxiv, 549.

MIÉGEVILLE (le P.). Système politique de Fénelon. 1874[2], xxxi, 789.

MIEZCOWSKI (D.). Vie du bienheureux Josaphat, *J. M.* 1866[1], xv, 127.

MIGNE (abbé). Dictionnaire des preuves de la divinité de Jésus-Christ, *H. Mertian.* 1864[1], ix, 149.

MIGNET (A.). Histoire de Marie Stuart, *E. Marquigny.* 1864[3], xi, 371.

MIKLOSICH (F.) et MÜLLER (J.). Acta patriarchatus Constantinopolitani (1315-1402), *J. Martinov.* 1862, vii, 407 ; 1863, viii, 113. — Acta et diplomata græca medii ævi sacra et profana. 1865[3], xiv, 554.

MIKLOSICH (F.). Lexicon palæoslovenico-græco-latinum, *J. Martinov.* 1865[3], xiv, 559.

MILCENT (A.). Jean-Paul Tessier, esquisse. 1863, viii, 497.

MILL (Stuart). Auguste Comte et le positivisme ; — La philosophie d'Hamilton, *J. de Bonniot.* 1870[1], xxiv, 497.

MILNE-EDWARDS (H.). Rapport sur les progrès récents de la zoologie en France, *A. Bellynck.* 1870[1], xxiv, 765.

MINARD (L.). Bossuet inconnu ; notice sur les Satires de Juvénal et de Perse, traduites et commentées pour le Dauphin. 1877[2], xxxvii, 302.

MIRVILLE (J. E. de). Des esprits et de leurs manifestations diverses, *F. Desjacques.* 1863, viii, 953 ; 1866[2], xvi, 106. — Des esprits ; de l'Esprit-Saint et du miracle, *E. H.* 1868[2], xxi, 824.

Mislin (Mgr). Les saints Lieux, *J. Gagarin*. 1859, iv, 146 ; — *E. Seguin*. 1876², xxxv, 137.

Mock (Dᴿ Th. D.). De donatione a Carolo Magno Sedi Apostolicæ anno 774 oblata, *H. Colombier*. 1864³, xi, 409.

Mogila (P.). Confession orthodoxe de la foi de l'Église catholique et apostolique d'Orient, *V. de Buck*. 1857, ii, 307.

Mohr (J.), S. J. Manuel de chant. 1877², xxxvii, 302.

Moigno (abbé). Résumé oral du progrès scientifique et industriel, *N. L.* 1865², xiii, 559. — Religion et patrie, *J. de Bonniot.* 1872², xxvii, 138. — Actualités scientifiques : l'univers sans Dieu (M. Breton) ; le monde sens dessus dessous, *T. Pepin.* 1876², xxxv, 139 ; 1879¹, xl, 444, 758. — Le R. P. Secchi, *J. de Bonniot.* 1879¹, xl, 795. — Les splendeurs de la foi, *J. de Bonniot.* 1879², xli, 310.

Mollière (A.). De la destinée humaine, *J. de Bonniot.* 1873², xxix, 121.

Monfat (A.), mar. Les vrais principes de l'éducation chrétienne, *E. Régnault.* 1876¹, xxxiv, 147. — La pratique de l'éducation chrétienne, *F. Desjacques.* 1878², xxxix, 419.

Moniquet (abbé P.). Autopsie de l'homme et de la femme. 1872², xxvii, 944.

Monnin (abbé A.). La vie du curé d'Ars. 1861, vi, 678. — *Mater admirabilis*, ou les quinze premières années de Marie Immaculée. 1864², x, 133.

Monsabré (J. M. L.), O. P. Conférences du couvent de Saint-Thomas-d'Aquin : introduction au dogme catholique, *P. Fristot.* 1867¹, xviii, 266. — Or et alliage dans la vie dévote, *C. S.* 1869¹, xxii, 638. — Conférences de Notre-Dame : concile et jubilé, *C. S.* 1870¹, xxiv, 640. — Radicalisme contre radicalisme, *P. Toulemont.* 1872², xxvii, 455. — Exposition du dogme catholique, conférences (1873 et 1876), *L. Cochard.* 1874², xxxi, 105 ; — *H. Ramière.* 1876², xxxv, 229. — Petites méditations pour la récitation du saint rosaire, *C. S.* 1879¹, xl, 452.

Montagu (lord R.). Arbitration instead of war, *H. Ramière.* 1873¹, xxviii, 5. — Appel au Pape en faveur du droit des gens, lettre, *H. R.* 1873¹, xxviii, 285.

Montalembert (comte de). Les moines d'Occident. 1860, v, 660 ; — *C. Daniel.* 1867¹, xviii, 305 ; — *E. Marquigny.* 1877¹, xxxvi, 389. — Le Père Lacordaire. 1862, vii, 270. — Le Pape et la Pologne, *A. M.* 1864², x, 412. — Lettres à un ami de collège (1827-30), *C. S.* 1873², xxix, 291. — L'Espagne et la liberté, *E. Marquigny.* 1877¹, xxxvi, 389.

Montée (P.). Le stoïcisme à Rome, *L. L.* 1865³, xiv, 419.

Montégut (E.). Où en est la Révolution française? — La démocratie et la Révolution ; — Les transformations de l'idée de patrie, *P. Toulemont.* 1872¹, xxvi, 249.

Monteil (E.). Catéchisme du libre penseur, *J. de Bonniot.* 1880, xlii, 102.

Monter (M. de). Louis Lambillotte et ses frères, *C. S.* 1870-71, xxv, 935.

Montpellier de Nédrin (Mgr de). Instruction pastorale sur l'éducation chrétienne. 1862, vii, 860. — Défense des droits de Dieu, de l'Église catholique et de ses membres, *A. Matignon.* 1865³, xiv, 118.

Mony (S.). Étude sur le travail, *F. Desjacques.* 1878¹, xxxviii, 692.

Moreau (abbé). Hermann au Saint-Désert de Tarasteix, *C. S.* 1879¹, xl, 774.

Moreau (L.). Joseph de Maistre, *J. Burnichon.* 1879², xli, 315.

Moreau d'Andoy (A. de). Le testament selon la pratique des familles stables et prospères, *H. R.* 1873², xxix, 785.

Morel (abbé J.). Du prêt à intérêt, ou des causes théologiques du socialisme, *T. Pepin.* 1873², xxix, 757. — Somme contre le libéralisme, *G. Desjardins.* 1876², xxxv, 930. — Controverses (apologétique pontificale), *J. Pra.* 1879¹, xl, 203.

Moret (E.). Fragment d'histoire sur les dernières persécutions des protestants sous Louis XIV, *A. Sarriot.* 1858, iii, 493.

Morin. Notice sur un ms. (Voyage à la Terre Sainte). 1862, vii, 423.

Morochkine. Esquisse historique sur la réunion de l'Union, *J. Martinov.* 1873¹, xxviii, 71.

Mortimer-Ternaux (L.). Histoire de la Terreur, *A. Rousselin.* 1870-71, xxv, 155.

Motais (abbé A.). Salomon et l'Ecclésiaste, *F. Desjacques.* 1875², xxxiii, 941. — L'Ecclésiaste. 1877¹, xxxvi, 621.

Moufang (Dʳ). Aktenstücke betreffend die Jesuiten in Deutschland. 1872¹, xxvi, 305.

Moulart (chan.). L'Église et l'État, *J. Pra.* 1879², xli, 124, 772.

Moulin (E.). Unité de législation civile en Europe, *H. Mertian.* 1865³, xiv, 130.

Mounier (L.) et Rubichon. L'action du clergé dans les sociétés modernes, *J. Chartier.* 1860, v, 276.

Mouré (abbé A.). Le guide des gens de travail pour être heureux en ce monde et en l'autre. 1877¹, xxxvi, 763.

Moussac (J. de). La Ligue de l'enseignement, *V. Alet.* 1880, xlii, 472.

Mozzoni (I.). Tableaux chronologiques-critiques de l'histoire de l'Église universelle (trad. par l'abbé J. Sattler), *H. Mertian.* 1865[1], xii, 424.

Mühlbauer (W). Decreta authentica S. R. Congregationis cum Notis Gardellini, et Instructio Clementina cum Commentariis. 1862, vii, 424; 1863, viii, 981.

Müller (Max.). Lectures on the science of language, *J. Martinov.* 1865[1], xii, 549. — La science de la religion (trad. par H. Dietz), *J. Brucker.* 1873[2], xxix, 945.

Murgue (abbé). Questions d'ontologie, *J. de Bonniot.* 1876[1], xxxiv, 144.

Murphy (J. N.). Terra incognita, or the convents of the United Kingdom. 1877[2], xxxvii, 457.

Mury (Ch.). L'Église, ses biens, ses immunités, de Constantin à Justinien. 1878[2], xxxix, 706.

Mury (abbé Pant.). Précis de l'histoire politique et religieuse de la France. 1861, vi, 173. — La bulle Unam Sanctam, *G. Desjardins*. 1880, xlii, 161.

Mury (Paul), S. J. Histoire de Gabriel Malagrida, S. J., l'apôtre du Brésil au dix-huitième siècle, *C. S.* 1865[1], xii, 269. — Histoire du moyen âge, *C. S.* 1879[1], xl, 634.

N

Nadal (abbé). Vie de Mgr d'Authier de Sisgaud, *J. Burnichon.* 1880, xlii, 632.

Nadault de Buffon (H.). L'éducation de la première enfance, ou la femme appelée à la régénération sociale par le progrès. 1862, vii, 570. — Les temps nouveaux, 1874[1], xxx, 460.

Namèche (Mgr A. J.). Discours d'ouverture des cours académiques de Louvain, *J. Brucker.* 1875[1], xxxii, 121.

Nampon (A.), S. J. Manuel du missionnaire. 1861, vi, 677. — Saint Joseph, ses grandeurs, ses vertus, ses bienfaits, *L. L.* 1865[2], xiii, 130. — Étude de la doctrine catholique dans le concile de Trente, *J. Noury.* 1868[1], xx, 149.

Narbey (abbé). Les hautes montagnes du Doubs, *A. Jean.* 1870[1], xxiv, 157.

Nardi (Mgr). Il Santo Padre (Pio IX) in Anagni. 1863, viii, 838.

Navery (R. de). Les religieuses, *V. A.* 1865[1], xii, 128.

Naville (E.). Le Père céleste. sept discours, *A. Matignon.* 1865[2], xiii, 552. — Le problème du mal, *J. Guennégan.* 1870[1], xxiv, 647.

Neale (J. M.). The liturgies of S. Mark, S. James, S. Clement, S. Chrysostom, S. Basil, *V. D. B.* 1868[1], xx, 601. — A commentary on the Psalms, *V. D. B.* 1868[2], xxi, 667.

Neher (E. J.). Altare privilegiatum. 1862, vii, 424.

Nepveu (F.), S. J. Retraite spirituelle pour les personnes religieuses, *C. S.* 1879[1], xl, 954.

Nettement (A.). Le roman contemporain (1848-64), *A. de Gabriac.* 1864[3], xi, 623. — Suger et son temps, *M. Godet.* 1869[2], xxiii, 486. — Quiberon ; souvenirs du Morbihan, *P. du Reau.* 1869[2], xxiii, 968. — Causeries sur l'histoire de France, *C. S.* 1879[2], xli, 779.

Neugart (T.). Episcopatus Constantiensis Alemannicus sub metropoli Moguntina, *A. Dutau.* 1862, vii, 420.

Nève (F.). L'Église d'Orient et son histoire d'après les monuments syriaques, *A. Dutau.* 1861, vi, 345.

Neveux (abbé T.). Vie de saint Paul, *M. Le Breton.* 1870-71, xxv, 473.

Neville (F. de). Un manuscrit inédit d'Isabelle de Parme (1763), *V. Mercier.* 1867[2], xix, 294.

Newman (J. H.). Perte et gain, histoire d'un converti, *J. Noury.* 1860, v, 301. — Histoire de mes opinions religieuses, *C. D.* 1866[2], xvi, 287. — A letter to the Rev. Pusey on his recent « Eirenicon », *C. Daniel.* 1866[3], xvii, 462. — Idea of a University, *J. Forbes.* 1874[1], xxx, 321. — A letter to H. G. the duke of Norfolk on occasion of M. Gladstone's recent expostulation, *H. Ramière.* 1875[1], xxxii, 247.

Niaudet (A.). Téléphones et phonographes, *T. Pepin.* 1879[1], xl, 916.

Nicolas (A.). La divinité de Jésus-Christ, *P. Toulemont.* 1864[1], ix, 145. — L'art de croire, *E. M.* 1867[1], xviii, 434. — L'État sans Dieu, *C. de Laage.* 1872[2], xxvii, 293. — La Révolution et l'ordre chrétien, *P. Lodiel.* 1873[2], xxix, 616.

Nieremberg (E.), S. J. Le prix de la grâce (trad. par M. Gaveau), *C. S.* 1879[2], xli, 941.

Nilles (N.), S. J. De rationibus festi SS. Cordis Jesu ; — De rationibus festorum mobilium utriusque Ecclesiæ orientalis et occidentalis, *J. Martinov.* 1879[2], xli, 153.

Nisard (C.). Correspondance du comte de Caylus et du P. Paciaudi ; — Le comte de Caylus d'après sa correspondance avec le P. Paciaudi, *H. Colombier.* 1877[2], xxxvii, 904.

Noailles (maréchal de). Correspondance (avec Louis XV), *F. Gazeau.* 1866[2], xvi, 115.

Noël (E.). Mémoires d'un imbécile, *J. de Bonniot.* 1875[2], xxxiii, 665.

Noget La Coudre (abbé). Mémoire sur le lieu du martyre et les actes de saint Floxel, *L. Langlois.* 1864[3], xi, 558.

Nouet (J.), S. J. Le chrétien à l'école du Cœur de Jésus; — Vie de Notre-Seigneur Jésus-Christ (méditations d'après le P. Nouet), *C. S.* 1870¹, xxiv, 965.

Nourrisson (F.). La philosophie de Leibnitz, *E. Desjardins.* 1861, vi, 208. — La philosophie de saint Augustin, *P. Toulemont.* 1866³, xvii, 273.

Noury (J.), S. J. Vie du P. Gautier, *A. M.* 1864³, xi, 242.

O

Olivaint (P.), S. J. Journal de retraites. 1877¹, xxxvi, 763. — Aux jeunes gens, conseils, *C. S.* 1880, xlii, 317.

Olivier (F.). Les Psaumes de David, traduits en **vers**, *C. S.* 1878¹, xxxviii, 891.

Olivier (le P.), S. J. Dictionnaire français-kabyle, *J. Brucker.* 1879², xli, 615.

Ollé-Laprune (L.). La philosophie de Malebranche, *P. Chabin.* 1873², xxix, 598.

Ollivier (E.). L'Église et l'État au concile du Vatican, *H. Martin.* 1879², xli, 247.

Ollivier (le P.), O. P. Le pape Alexandre VI et les Borgia, *C. S.* 1870¹, xxiv, 811. — Nos malheurs, leurs causes, leur remède, *E. Seguin.* 1872¹, xxvi, 461.

One (lord). Les vivants et les morts, portraits politiques. 1877², xxxvii, 130.

O'Nelya (Mary). Lettres d'une jeune Irlandaise à sa sœur, *C. S.* 1874¹, xxx, 769.

O'Reilly (E.). Les deux procès de condamnation, les enquêtes et la sentence de réhabilitation de Jeanne d'Arc, *C. Sommervogel.* 1868², xxi, 143.

Orin (J. M.). La foi vengée, ou explication populaire de la création, *J. de Bonniot.* 1873¹, xxviii, 921.

Orsier (J.). Vie et travaux de Zachariæ, *C. Daniel.* 1870-71, xxv, 953.

Outreman (Ph. d'). S. J. Le pédagogue chrétien (Instruction du chrétien, par le P. Nampon), *C. Daniel.* 1866³, xvii, 143.

Oswald (Dr J. H.). Die dogmatische Lehre von den hl. Sakramenten der kath. Kirche, *H. M.* 1864³, xi, 710.

Oyngt (Marg.). Œuvres (E. Philipon), *C. S.* 1877¹, xxxvi, 754.

Ozanam (abbé C. A.). Vie de Frédéric Ozanam, *J. Burnichon.* 1880, xlii, 304.

Ozanam (F.). Lettres, *F. Grandidier.* 1866¹, xv, 526.

P

Pachtler (M.), S. J. Das Christenthum in Tonkin und Cochinchina. 1862, vii, 272.

Pagès (L.). Bibliographie japonaise, *A. Dutau*. 1860, v, 153. — Essai de grammaire japonaise (trad. de Donker Curtius). 1861, vi, 174. — Dictionnaire japonais-français, *C. C.* 1869[1], xxii, 635. — Histoire de la religion chrétienne au Japon (1598-1651), *P. Mazoyer*. 1870[1], xxiv, 491.

Paillart (M.). Les franchises de l'historien ; de la diffamation envers les morts, *A. J.* 1866[3], xvii, 288.

Pailloux (X.), S. J. Le magnétisme, le spiritisme et la possession, *R. de Chazournes*. 1864[1], ix, 255.

Palacki (F.). Geschichte von Bœhmen, *J. Martinov*. 1868[2], xxi, 829.

Palatre (G.), S. J. Le pèlerinage de Notre-Dame Auxiliatrice à Zô-Sé, *C. S.* 1876[1], xxxiv, 777.

Paleotto (G.). Acta genuina SS. œcumenici concilii Tridentini (A. Theiner), *J. Martinov*. 1875[1], xxxii, 442.

Palmer (W.). The patriarch and the tsar ; the replies of the humble *Nicon* (trad.), *J. Martinov*. 1873[1], xxviii, 621.

Palmieri (D.), S. J. Tractatus de Pœnitentia, *J. Pra*. 1880, xlii, 285.

Palustre (L.). Adam, mystère du douzième siècle, *J. de Bonniot* 1877[1], xxxvi, 917.

Papp-Szilagyi (J.). Enchiridion juris Ecclesiæ orientalis catholicæ *J. Martinov*. 1862, vii, 857.

Paquelin (dom L.), O. S. B. Vie et souvenirs de Mme de Cossé-Brissac, *C. S.* 1876[2], xxxv, 750.

Paquier (J.-B.). Histoire de l'unité politique et territoriale de la France, *J. Brucker*. 1879[2], xli, 611.

Pariset (E.). Histoire de la soie, *C. Cahier*. 1867[2], xix, 443.

Parisis (Mgr). Cas de conscience sur les libertés publiques, *P. Toulemont*. 1865[2], xiii, 263.

Parisot (abbé). Esprit de saint Charles Borromée, *B. C.* 1880, xlii, 784.

Parville (H. de). Causeries scientifiques, *N. Larcher*. 1869[1], xxii, 480.

Parvilliers (A.), S. J. Les stations de Notre-Seigneur en sa passion à Jérusalem, *C. C.* 1874[1], xxx, 458.

Passard (F.-X.), S. J. Petit dictionnaire des locutions latines, *F. Desjacques*. 1878[2], xxxix, 571.

PATISS (G.), S. J. Das A B C der Scholastik, *J. Martinov*. 1865[3], xiv, 557.

PATKANIAN (K.). Essai d'une histoire de la dynastie des Sassanides (trad. par E. Prud'homme), *E. Paton*. 1866[3], xvii, 142.

PATRIZZI (F.-X.), S. J. De interpretatione sacrarum scripturarum ; — De scripturis divinis, de peccati originalis propagatione a Paulo descripta, de Christo pane vitæ ; — De interpretatione oraculorum ad Christum pertinentium, deque Christo Zachariæ et Malachiæ vaticiniis prænunciato ; — De Evangeliis ; — De immaculata Mariæ origine a Deo prædicta ; — De consensu utriusque libri Machabæorum ; — In Joannem commentarium ; — In Marcum commentarium. 1862, vii, 251.

PAUTHE (abbé L.). Mission d'Eugénie de Guérin, ou l'apostolat d'une sœur, *E. M.* 1873[1], xxviii, 922. — La vie religieuse chez les patriciennes de Rome au quatrième siècle ; sainte Marcelle, *H. Martin.* 1880, xlii, 777.

PAUTHIER (G.). Le livre de Marco Polo, *C. Cahier*. 1865[3], xiv, 394 ; 1886[1], xv, 125.

PAUVERT (abbé). La vie de Notre-Seigneur Jésus-Christ, *A. Dutau.* 1868[1], xx, 285. — La croix et l'autel, *J. de Bonniot.* 1873[1], xxviii, 939.

PAVY (abbé L. C.). Mgr Pavy, *C. de Laage*. 1872[2], xxvii, 295. — Les recluseries, *C. Sommervogel.* 1875[1], xxxii, 784. — Affranchissement des esclaves, *C. S.* 1875[2], xxxiii, 400.

PAYAN D'AUGERY (C.). Les prud'hommes pêcheurs de Marseille *F. D.* 1873[2], xxix, 630.

PEDICINI (Mgr). Saint Joseph modèle de la vie chrétienne (trad. par le P. de Boylesve), *C. S.* 1878[1], xxxviii, 579.

PELLETAN (E.). Profession de foi du dix-neuvième siècle, *D. Bellocq.* 1872[1], xxvi, 574.

PELLISSIER (A.). Principes de rhétorique française ; — Précis d'un cours complet de philosophie élémentaire, *A. de Geyer.* 1868[1], xx, 439.

PENAUD (abbé). Manuel d'instruction religieuse, *J. Pra.* 1880, xlii, 289.

PENNACHI (J.). De Honorii I causa in Concilio VI, *H. Colombier.* 1870-71, xxv, 148.

PÉRENNÈS (F.). Histoire de saint François de Sales, *C. Clair.* 1864[3], xi, 697.

PÉRIGAUD (abbé). Les gloires de saint Joseph, *C. S.* 1878[1], xxxviii, 291.

Périn (C.). De la richesse chez les nations chrétiennes. 1862, vii, 125.
— Les lois de la société chrétienne, *E. Marquigny*. 1874[2],
xxxi, 883. — Le socialisme chrétien, *F. Desjacques*. 1879[2],
xli, 586.

Perraud (A.), orat. Études sur l'Irlande contemporaine, *J. Noury*.
1862, vii, 711. — L'Oratoire de France au dix-septième et au
dix-neuvième siècle, *C. Daniel*. 1865[3], xiv, 545. — Le Père Gratry, *H. Ramière*. 1872[2], xxvii, 704.

Perreyve (abbé). Lettres du R. P. Lacordaire à des jeunes gens.
1863, viii, 155. — Entretiens sur l'Église catholique, *A. Rousselin*. 1865[1], xii, 235. — Biographies et panégyriques, *A. Gaillard*. 1867[1], xix, 603.

Perrone (J.), S. J. De Domini Nostri Jesu Christi divinitate, *V. Mercier*. 1870-71, xxv, 143.

Perrot (G.). Essais sur le droit public et privé de la République
athénienne. 1868[2], xx, 299. — L'éloquence à Athènes, *F. Desjacques*. 1873[1], xxviii, 928.

Perrot (N.), Mémoire sur les mœurs, coutumes et religion des sauvages de l'Amérique septentrionale (J. Tailhan), *H. Mertian*.
1864[3], xi, 556.

Persoz (J.). Étude sur les propriétés chimiques et tinctoriales du
lo-kao. 1858, iii, 485.

Pététot (L.), orat. Post-scriptum sur Honorius, *C. Daniel*. 1870-71,
xxv, 150.

Petit (abbé L.). Les principes du droit naturel dans la question
de l'instruction obligatoire, gratuite et laïque, *D. L.* 1873[2],
xxix, 137.

Petitalot (abbé). Coronula Mariana, *S. M.* 1867[1], xviii, 575. — La
Vierge Mère, d'après la théologie, *H. de V.* 1869[1], xxii, 319.
— Aux pieds de Jésus, méditations, *C. S.* 1873[1], xxviii, 787.
— Le Syllabus, base de l'union des catholiques, *F. Desjacques*.
1877[2], xxxvii, 691.

Peysson (abbé). Les parfums du *Pater*, *C. de Laage*. 1872[1],
xxvi, 618.

Philarète (Mgr). Catéchisme détaillé de l'Église catholique orthodoxe
d'Orient, *V. de Buck*. 1857, ii, 307.

Pianciani (J.), S. J. Cosmogonia naturale comparata col Genesi. 1863,
viii, 831.

Piazzi-Smyth. La grande pyramide (trad. par l'abbé Moigno), *T. Pepin*. 1873[2], xxxiii, 465.

Pichard. Catéchisme positiviste, *J. de Bonniot*. 1875[2], xxxiii, 656.

Pichler (Dr A.). Geschichte des Protestantismus in der oriental-ischen Kirche im 17. Jh., oder der Patriarch Cyrillus Lucaris und seine Zeit, *J. Martinov*. 1862, vii, 407. — Histoire de la séparation des Églises d'Orient et d'Occident ; — A mes critiques, *J. Gagarin*. 1865², xiii, 112.

Pie (Mgr). Instruction synodale sur les principales erreurs du temps, *P. Toulemont*. 1864³, xi, 240. — Œuvres, *E. Chauveau*. 1866¹, xv, 549 ; — *J. Brucker*. 1874², xxxi, 121 ; — *G. Longhaye*. 1877¹, xxxvi, 641 ; — *F. Desjacques*. 1880, xlii, 150. — Le naturalisme, *G. Desjardins*. 1873¹, xxviii, 261.

Pierling (P.), S. J. Rome et Démétrius, *C. Sommervogel*. 1878², xxxix, 135.

Pierre d'Alcantara (Saint). Œuvres spirituelles (trad. par le P-Bouix). 1862, vii, 575.

Pierre (V.). Histoire de la République de 1848, *C. S.* 1879¹, xl, 794.

Pierret (abbé T.). Manuel d'archéologie pratique, *H. M.* 1864³, xi, 567. — De l'amovibilité des curés desservants selon le droit, *L. de R.* 1865², xiii, 414. — Conférences aux mères chrétiennes, *H. de V.* 1870¹, xxiv, 968.

Pierron (A.). Voltaire et ses maîtres, *C. Clair*. 1866², xvi, 556. — L'Odyssée, *J. B.* 1875², xxxiii, 620.

Pignot (J. H.). Histoire de l'Ordre de Cluny jusqu'à la mort de Pierre le Vénérable, *C. S.* 1870-71, xxv, 933.

Pilgram (F.). Physiologie de l'Église (trad. par l'abbé Reinhard), *P. Toulemont*. 1864², x, 130.

Pimont (abbé S. G.). Les hymnes du bréviaire romain, *J. Brucker*, 1875², xxxiii, 601.

Pin (abbé L. M.). Jésus-Christ dans le plan de la Rédemption, *F. D.* 1873², xxix, 145.

Pioger (abbé). Station de mai, ou Mois de Marie du clergé. 1864², x, 134.

Piolin (dom P.), O. S. B. Le saint pèlerinage de Notre-Dame d'Avénières, *E. M.* 1864³, xi, 122. — L'Église du Mans durant la Révolution, *F. Le Lasseur*. 1868², xxi, 491.

Pistoye (A. de). La sœur de charité, épître, *H. M.* 1864³, xi, 708.

Pitra (dom J.-B.), O. S. B. Juris ecclesiastici Græcorum historia et monumenta, *J. M.* 1864³, xi, 422. — Hymnographie de l'Église grecque, *J. Gagarin*. 1868¹, xx, 337.

Place (abbé C. de). Jésus-Christ, conférences, *E. Régnault*. 1875², xxxiii, 458.

Plantier (Mgr). La vraie Vie de Jésus, *P. Toulemont*. 1864¹, ix, 145. — Études littéraires sur les poètes bibliques, *F. Grandidier*.

1865[3], xiv, 536. — Instructions, lettres pastorales et mandements, *C. Clair.* 1867[2], xix, 599. — Lettre pastorale sur la définition dogmatique de l'infaillibilité, *G. Desjardins.* 1872[2], xxvii, 365. — Enseignements et consolations attachés à nos derniers désastres, *E. Marquigny.* 1872[2], xxvii, 615. — Lettre aux protestants du Gard sur le synode général des églises réformées de France, *H. Dumas.* 1873[1], xxviii, 134.

PLANUS (abbé). Saint Jean-Baptiste, étude, *F. Desjacques.* 1878[2], xxxix, 703.

POËY (A.). Le positivisme, *J. de Bonniot.* 1876[1], xxxv, 518.

POISSON-GRANDVAL (abbé). Dieu et son Christ, *C. Verdière.* 1877[2], xxxvii, 780.

PONCET (G.). Pie VI à Valence, *V. Mercier.* 1868[2], xxi, 670.

PONSARD (F.). Galilée, drame, *A. de Gabriac.* 1867[1], xviii, 528.

PONTAL (E.). L'Université et les Jésuites. 1877[1], xxxvi, 758.

PONTMARTIN (A. de). Les jeudis de Mme Charbonneau. 1862, vii, 571. — Nouveaux samedis, *A. Théry.* 1868[1], xx, 135. — Lettres d'un intercepté, *M. T.* 1872[1], xxvi, 463.

POSSOZ (A.), S. J. Mgr Jean Vendeville. 1862, vii, 864.

POTTHAST (A.). Regesta Pontificum romanorum (1198-1304). 1874[2], xxxi, 307. — Voir *Pressuti.*

POUGEOIS (abbé A.). Histoire de Pie IX, *C. S.* 1879[2], xli, 618.

POUJADE (E.). La diplomatie du second Empire et du 4 septembre, *J. F.* 1873[2], xxix, 466.

POULIN (F.). Étude sur Bourdaloue. 1877[2], xxxvii, 456.

POULLET (E.). Histoire du droit pénal dans le duché de Brabant, *C. de Smedt.* 1870-71, xxv, 794.

PRADIÉ (P.). Notes sur les propositions soumises à l'Assemblée nationale et relatives à la religion. 1872[2], xxvii, 275.

PRAT (J. M.), S. J. Histoire de l'éclectisme alexandrin, *E. Desjardins.* 1861, vi, 537. — Histoire du P. Ribadeneyra, *C. Daniel.* 1862, vii, 267. — Adèle de Murinais, *C. S.* 1872[2], xxvii, 458. — Le P. Claude Le Jay, *C. S.* 1874[1], xxx, 618.

PRELLER (L.). Les dieux de l'ancienne Rome (trad. par L. Dietz), *R. Cornely.* 1866[1], xv, 558.

PRÉMARE (J. de), S. J. Vestiges des principaux dogmes chrétiens, tirés des anciens livres chinois (trad. par MM. Bonnetty et Perny), *J. Brucker.* 1879[1], xl, 425.

PRESSENSÉ (E. de). Le concile du Vatican, son histoire et ses conséquences politiques et religieuses, *G. Desjardins.* 1872[2], xxvii, 365.

Pressuti (P.). Regesti dei romani Pontefici (1198-1304), osservazioni storico-critiche. 1874², xxxi, 307.

Préveraud (E.). L'Église et le peuple, *J. de Bonniot.* 1872², xxvii, 139.

Prinzivalli (A.). Decreta authentica S. Congregationis Indulgentiis sacrisque Reliquiis præpositæ, *J. Gagarin.* 1862, vii, 689.

Prisco (chan.). Cours élémentaire de philosophie spéculative selon saint Thomas (trad. par l'abbé Huchedé), *J. Pra.* 1877², xxxvii, 901.

Pruvost (A.), S. J. Vie du P. Philippe de Scouville, *F. Marie.* 1867¹, xviii, 155.

Pulcian (abbé E.). Thèse sur le saint sacrifice, *J. Pra.* 1878², xxxix, 561.

Pusey (Dr E. B.). The church of England a portion of Christ's one holy catholic Church, and a means of restoring visible unity ; An Eirenicon, *P. Toulemont.* 1866², xvi, 145.

Puyol (abbé E.). Edmond Richer, *H. Colombier.* 1877¹, xxxvi, 910.

Puy-Pény (abbé). Vie de la Révérende Mère Pauline de Faillonnet, *J. H.* 1866¹, xv, 431.

Q

Quatrefages (A. de). Histoire naturelle de l'homme, *A. Matignon.* 1864¹, ix, 70. — Rapport sur les progrès de l'anthropologie en France, *A. Bellynck.* 1868¹, xx, 572. — Les Polynésiens et leurs migrations, *A. Jean.* 1867², xix, 25. — L'espèce humaine, *J. de Bonniot.* 1877¹, xxxvi, 611.

Quérard (S. M.). La France littéraire, dictionnaire bibliographique, *C. S.* 1864², x, 98.

Quicherat (J.). Aperçus nouveaux sur l'histoire de Jeanne d'Arc, *F. Gazeau.* 1866¹, xv, 64.

Quicherat (M.). Addenda lexicis latinis. 1863, viii, 499.

Quinton (A.). Aurelia, ou les juifs de la Porte Capène, *C. Clair.* 1867¹, xviii, 154.

R

Raboisson (abbé). Du pouvoir ; ses origines, ses formes, *J. Brucker.* 1874², xxxi, 458.

Racine (J.). Œuvres (P. Mesnard), *F. D.* 1872², xxvii, 939 ; 1873², xxix, 462.

Radies (P.). Herbard VIII, Freiherr zu Auersperg. 1862, vii, 718.

Ræss (Dr A.). Die Convertiten seit der Reformation, *H. Mertian.* 1866¹, xv, 241.

RAFÉLIS DE BROVES (abbé de). Les douleurs humaines, *J. de Bonniot.*
1876[4], xxxiv, 920.

RAGEY (le P.), mar. Vie intime de saint Anselme au Bec, *C. S.* 1878[1],
xxxviii, 886.

RAICH (Dr J. M.). Maldonati Commentarii in IV Evangelistas, *R. Champpon.* 1874[2], xxxi, 937.

RAM (F.-X. de). Les nouveaux Bollandistes. 1861, vi, 166.

RAMBAUD (abbé C.). Six mois de captivité à Kœnigsberg, *C. de Laage.*
1872[2], xxvii, 112.

RAMBAUD (P.). Précis élémentaire d'économie politique, *F. Desjacques.*
1860, xlii, 461.

RAMBOSSON (N. J.). Les astres, *N. L.* 1866[3], xvii, 144. — Histoire et
légendes des plantes utiles et curieuses, *E. Paton.* 1867[2], xix,
912. — Les pierres précieuses et les principaux ornements,
P. Clauer. 1869[2], xxiii, 817. — Histoire des météores, *C. S.*
1870[1], xxiv, 495. — Les lois de la vie et l'art de prolonger
ses jours, *N. Larcher.* 1870-71, xxv, 915.

RAMBOUILLET (abbé). L'Ecclésiaste de Salomon, *F. Desjacques.* 1879[2],
xli, 158.

RAMIÈRE (H.), S. J. L'Apostolat de la prière. 1861, vi, 508. — L'Église
et la civilisation moderne. 1861, vi, 675. — Les espérances
de l'Église, *P. Toulemont.* 1862, vii, 693. — Les contradictions
de Mgr Maret, *C. Daniel.* 1869[2], xxiii, 973. — Les doctrines
romaines sur le libéralisme. 1870[1], xxiv, 637. — L'accord de
la philosophie de saint Thomas et de la science moderne au
sujet de la composition des corps, *P. Bottalla.* 1877[2], xxxvii,
110. — De la théologie scolastique, *J. Pra.* 1880, xlii, 289.

RAMUS (M.), S. J. Le sermon de Notre-Seigneur sur la montagne,
C. de Laage. 1872[1], xxvi, 466.

RANDON (maréchal). Mémoires, *C. Clair.* 1876[1], xxxiv, 464; — *E. de
Lachau.* 1877[2], xxxvii, 602.

RANOLDER (Mgr J.). Hermeneuticæ biblicæ generalis principia, *J. Martinov.* 1862, vii, 707.

RAPIN (R.), S. J. Mémoires (L. Aubineau), *C. Clair.* 1866[1], xv, 462.

RARA (abbé). Raison et révélation, *C. Verdière.* 1877[2], xxxvii, 445.

RASTOUL (A.). Histoire populaire de la Révolution. 1877[1], xxxvi, 622.

RATCHKI (F.). Évangéliaire glagolitique d'Assemani ou du Vatican,
J. Martinov. 1865[3], xiv, 559.

RAULT (abbé H.). Cours élémentaire d'Écriture Sainte, *A. J.* 1874[1],
xxx, 145.

RAVELET (A.). Histoire du Vén. J.-B. de la Salle, *F. G.* 1874[1],
xxx, 908.

Ravignan (X. de). La vie d'une dame chrétienne dans le monde ; — Conférences sur l'éloquence de la chaire. 1861, vi, 175.

Razzi (dom S.), cam. Vie de la Vierge Marie (trad. par E. Razy), C. S. 1875[1], xxxii, 941. — Le livre de la charité (trad. par E. Razy), C. S. 1878[2], xxxix, 718.

Reclus (E.). Nouvelle Géographie universelle : la terre et les hommes, J. Brucker. 1875[2], xxxiii, 304.

Redon (E.). Boutades et raisons ; échos de l'enseignement laïque : les harangueurs. 1877[2], xxxvii, 301. — Causeries électorales : de l'action du clergé dans les élections. 1877[2], xxxvii, 622.

Redon (chan.). Huit jours au purgatoire, lectures et pratiques, C. S. 1879[1], xl, 454.

Régnon (L. de), S. J. Vie de la bienheureuse Marianne de Jésus, C. Verdière. 1859, iv, 295 ; 1860, v, 662.

Reichert (R.). Kimsko-katolitcheski katekhisis. 1876[1], xxxiv, 613.

Reinke (L.). Beitræge zur Erklærung des alten Testamentes. 1864[1], ix, 271.

Reinkens (Dr J. H.). Hilarius von Poitiers, H. M. 1864[3], xi, 709.

Reithmayr, Hug, Tholuck... Introduction aux livres du Nouveau Testament (trad. par le P. Valroger), A. Dutau. 1861, vi, 164, 241.

Rémusat (C. de). Théologie critique, P. Toulemont. 1862, vii, 115.

Renan (E.). Histoire générale et système comparé des langues sémitiques, E. Godefroy. 1856, i, 65. — Études d'histoire religieuse, S. Fréchon. 1859, iv, 161. — Essais de morale et de critique ; — De l'origine du langage... P. Toulemont. 1862, vii, 17. — La chaire d'hébreu au Collège de France, P. Toulemont. 1862, vii, 597. — Vie de Jésus. 1863, viii, 830, 1123 ; 1864[1], ix, 145, 512. — Les Apôtres, abbé Le Hir. 1866[2], xvi, 77.

Renard (A.). Les philosophes et la philosophie, J. de Bonniot. 1879[2], xli, 144.

Rendu (A.). L'économie politique à l'école primaire, F. Desjacques. 1880, xlii, 463.

Renée (A.). Mme de Montmorency, O. B. 1877[1], xxxvi, 363.

Renoux (abbé G.). Le P. Lejeune, C. S. 1875[2], xxxiii, 132.

Reusch (Dr H.). Observationes criticæ in Librum Sapientiæ. 1862, vii, 866. — Bibel und Natur. 1863, viii, 830 ; — A. Haté. 1868[2], xxi, 458.

Reusens (E. H. J.). Syntagma doctrinæ theologicæ Adriani VI, J. Gagarin. 1862, vii, 841. — Éléments d'archéologie chrétienne. 1874[1], xxx, 304.

REUSS (D' E.). Histoire de la théologie chrétienne, *H. Merttan.* 1862, VII, 66.

REVELIÈRE (L.). Les ruines de la monarchie française, *C. Sommervogel.* 1879[1], XL, 628.

RÉVILLE (A.). Les prophètes, *abbé Le Hir.* 1867[2], XIX, 522. — Le temple et les pharisiens. 1867[2], XIX, 753.

RIANCEY (H. de). Histoire du monde, *J. Jenner.* 1863, VIII, 1116; 1864[3], XI, 418.

RIANT (P.). Expéditions et pèlerinages des Scandinaves en Terre Sainte au temps des croisades; — De Haymaro monacho, *C. Cahier.* 1865[2], XIII, 504. — Innocent III, Philippe de Souabe et Boniface de Montferrat, *J. Martinov.* 1876[1], XXXIV, 134. — Exuviæ sacræ Constantinopolitanæ, *C. S.* 1878[1], XXXVIII, 595; 1879[1], XL, 306. — Alexii Comneni ad Robertum I Flandriæ comitem epistola, *C. S.* 1879[2], XLI, 469.

RIBBE (C. de). Une famille au seizième siècle. 1867[1], XVIII, 732. — Deux chrétiennes pendant la peste de 1720, *C. S.* 1874[1], XXX, 910. — La vie domestique, *F. Noury.* 1877[1], XXXVI, 449.

RIBERA (P.), O. P. Brevis enarratio historica de statu Ecclesiæ moscoviticæ (J. Martinov), *C. Sommervogel.* 1874[2], XXXI, 467.

RIBET (J.). La mystique divine, *A. Jean.* 1880, XLII, 761.

RIBOT (F.). Philosophie de la société, *E. Chauveau.* 1869[1], XXII, 799. — Du rôle social des idées chrétiennes, *F. Desjacques.* 1879[1], XL, 785.

RICARD (abbé). La parole de Pie IX, *E. Marquigny.* 1874[1], XXX, 801.

RICHARD (abbé). Vie de la B. Françoise d'Amboise, *F. Mével.* 1866[2], XVI, 134.

RICHE (abbé A.). Le catholicisme considéré dans ses rapports avec la société, *C. D.* 1866[2], XVI, 429; — *C. S.* 1875[1], XXXII, 459. — Les merveilles de l'œil. 1876[2], XXXV, 307. — Le cœur de l'homme et le Sacré Cœur de Jésus. 1878[2], XXXIX, 128.

RICHECOUR (A. de). Ce que doit être l'alliance des races latines, *C. de Laage,* 1872[1], XXVI, 465.

RICHELIEU (cardinal de). Mémoire, 1607-1610 (A. Baschet), *C. S.* 1880, XLII, 477.

RICHOU (abbé L.). Histoire de l'Église, *E. Seguin.* 1872[1], XXVI, 622.

RICHTER (E. L.). Corpus juris canonici (J. H. Bœhmer), *V. Alet.* 1860, V, 427.

RIGAUD (le P.), obl. Vie de la bonne sœur Élisabeth Bichier des Ages, *E. Chauveau.* 1867[2], XIX, 750. — Vie du Père H. A. Gaillard, *C. S.* 1877[1], XXXVI, 459. — Vie de M. Jules Richard, *C. S.* 1878[1], XXXVIII, 303.

Rio (A. F.). De l'art chrétien. 1862, vii, 431; — *P. Toulemont*. 1867[1],
    xviii, 593; 1867[2], xix, 54. — Shakespeare, *L. L.* 1864[2], x,
    409. — Épilogue à l'Art chrétien, *P. Toulemont*. 1872[2], xxvii,
    438.

Riquier et Combes (abbé). Histoire de l'Église, cours élémentaire.
    1877[2], xxxvii, 463.

Ritter (Dr J. J.). Handbuch der Kirchengeschichte. 1862, vii, 714.

Rivaux (abbé). Histoire de la R. Mère du Sacré-Cœur de Jésus, *C. S.*
    1878[2], xxxix, 140.

Rivières (abbé de). Manuel de la science pratique du prêtre; — Mé-
    morial des lois canoniques; — Instructions paroissiales,
    G. Desjardins. 1870[2], xxxv, 926.

Rivoire (abbé). Hymnes du Paroissien romain, en vers français,
    C. Daniel. 1870[1], xxiv, 317.

Robert (le P.), cap. Aurifodina universalis; mine d'or universelle des
    sciences divines et humaines (abbé Rouquette). 1865[3], xiv,
    275.

Robillard de Beaurepaire (E. de). Le tribunal criminel de l'Orne
    pendant la Terreur, *E. Paton*. 1866[3], xvii, 140. — Recherches
    sur l'instruction publique dans le diocèse de Rouen avant
    1879, *C. Sommervogel*. 1872[2], xxvii, 284.

Rochechouart (comte de). Pékin et l'intérieur de la Chine, *C. S.*
    1878[2], xxxix, 285. — Les Indes, la Birmanie, la Malaisie, le
    Japon et les États-Unis, *C. S.* 1879[1], xl, 798.

Rocquain (F.). Napoléon Ier et le roi Louis, *C. S.* 1876[1], xxxiv, 620.

Rocquigny de Fayel (comte de). Trois mois en Orient, *H. R.* 1872[1],
    xxvi, 407.

Roger (abbé). Histoire de Nicole de Vervins. 1863, viii, 834. — L'ami
    du jeune étudiant en vacances, *A. M.* 1864[2], x, 268.

Rogez (abbé). Ève et Marie, *S. M.* 1867[1], xviii, 575.

Rohault de Fleury (C.). Mémoire sur les instruments de la Passion,
    C. S. 1870-71, xxv, 146. — La sainte Vierge, études archéo-
    logiques et iconographiques, *C. Cahier*. 1880, xlii, 917.

Rohling (Dr A.). Das Buch des Propheten Daniel, *J. Corluy*. 1877[1],
    xxxvi, 903.

Rohrbacher (abbé). Storia universale della chiesa cattolica; — Le
    vite dei santi per ogni giorno dell' anno (trad. par G. Teglio).
    1863, viii, 979.

Rondelet (A.). Théorie logique des propositions modales. 1862, vii,
    123. — Londres pour ceux qui n'y vont pas, *A. M.* 1864[3], xi,
    242. — Le lendemain du mariage, *A. M.* 1867[1], xviii, 579. —
    Les réunions populaires et les congrès ouvriers, *C. Rathouis*.

1870[1], xxiv, 656. — L'emploi du loisir à l'école de droit,
C. de Laage. 1872[2], xxvii, 297. — L'éducation de la vingtième
année, *C. S.* 1873[2], xxix, 129. — L'art d'écrire, *F. Desjacques*.
1878[1], xxxviii, 140.

Rondot (N.). Notice du vert de Chine et de la teinture en vert chez
les Chinois. 1858[3], iii, 485.

Ropartz (S.). La vie et les œuvres de M. Jean Marie Robert de
La Mennais, *C. S.* 1874[2], xxxi, 772.

Roscovany (Mgr A. de). Cœlibatus et breviarium. 1863, viii, 152.

Rosset (Mgr M.). De SS. Eucharistiæ sacramento, *H. Dumas*. 1876[2],
xxxv, 306.

Rossi (J.-B. de). Inscriptiones christianæ urbis Romæ; — Les
images de la très sainte Vierge, *V. de Buck*. 1865[1], xii, 133,
333. — La Roma sotterranea cristiana, *V. de Buck*. 1865[1], xii,
133, 333; 1868[2], xxi, 280. — Bullettino di archeologia cristiana, *V. de Buck*. 1865[1], xii, 133, 333; — *W. Forbes*. 1866[1],
xv, 423; — *C. Sommervogel*. 1870[1], xxiv, 967; — *C. Daniel*.
1870-71, xxv, 954. — Aperçu général sur les Catacombes.
1867[2], xix, 159.

Rougé (E. de). Notes sur les principaux résultats des fouilles exécutées
en Égypte, *A. Dutau*. 1862, vii, 700.

Rouillot (abbé). Transformation surnaturelle de l'homme avant et
après la mort, *J. Pra*. 1878[2], xxxix, 563.

Rouquette (abbé). Sainte Clotilde et son siècle, *J. Noury*. 1868[2], xxi,
153, 504.

Rousse (J.). Au pays de Retz, poésies, *C. Clair*. 1867[1], xviii, 713.

Roussel (A.). Actes et paroles de Pie IX, captif au Vatican, *E. Marquigny*. 1874[1], xxx, 801.

Rousselot (P.). Les mystiques espagnols, *E. B.* 1869[1], xxii,
618.

Rouvier (F.). S. J. La Révolution maîtresse d'école, *F. Desjacques*.
1880, xlii, 458.

Roux (L.). Le droit en matière de sépulture, *C. S.* 1875[2], xxxiii, 128.
— M. Sauzet, discours de réception, *C. S.* 1878[1], xxxviii,
882.

Roux (X.). L'Autriche-Hongrie, *C. S.* 1879[2], xli, 781.

Rozaven (J. L. de), S. J. De la réunion de l'Église russe avec l'Église
catholique, *P. Toulemont*. 1864[2], x, 114. — L'Église russe et
l'Église catholique, lettres (J. Gagarin), *P. Pierling*. 1876[2],
xxxv, 613.

Rozier-Coze (J.-B.). Essai d'interprétation de l'Apocalypse. 1872[1],
xxvi, 627.

Rua (abbé A. F.). Cours de conférences sur la religion, *H. Mertian.* 1864², x, 386.

Rubichon (M.) et Mounier (L.). L'action du clergé dans les sociétés modernes, *J. Chartier.* 1860, v, 276.

Russell (G.). Vita del cardinale G. Mezzofanti, *L. Langlois.* 1864³, xi, 683.

Rustow (G.). Guerre des frontières du Rhin en 1870-71 (trad. par S. de Larclause), *A. Paradan.* 1872¹, xxvi, 286.

S

Sabathier (C.). Traité pratique de l'administration des paroisses. 1880, xlii, 779.

Sacchini (F.), S. J. De ratione libros cum profectu legendi, *E. C.* 1866³, xvii, 582.

Sacy (S. de), Féval (P.), Gautier (T.) et Thierry (E.). Rapport sur le progrès des lettres, *G. Longhaye.* 1868², xxi, 673; 1869¹, xxii, 56.

Saglier (abbé L.). Voyage d'un enfant à Paris, *C. Daniel.* 1870¹. xxiv, 489.

Sagnier (abbé). Nouveau catéchisme philosophique. 1864¹, ix, 515.

Saint-Aignan (abbé L. de). La Terre Sainte, *H. M.* 1864³, xi, 125.

Saint-Albin (A. de). Histoire de Pie IX et de son pontificat, *E. Chauveau.* 1870¹, xxiv, 491. — Le chemin de la croix de la sainte Vierge, *C. S.* 1875¹, xxxii, 938. — La maison de Nazareth, *C. S.* 1879¹, xl, 953.

Saint-Cyr (L.). Les nouveaux jésuites français dans l'Inde. 1865³, xiv, 274.

Saint-Espès-Lescot (E.). La liberté de l'enseignement vue à travers l'histoire, *F. Desjacques.* 1879², xli, 936.

Saint-Genest. La persécution religieuse, *F. Desjacques.* 1879², xli, 141.

Saint-Géran (H. J.). Les jésuites devant la loi et l'opinion publique, *L. L.* 1865², xiii, 411.

Saint-Juan (de). La lumière des jeunes âmes. 1864¹, ix, 268.

Saint-Marc Girardin. Du drame religieux en France, *A. Cahour.* 1862, vii, 460.

Saint-Mauris (V. de). Études historiques sur l'ancienne Lorraine, *E. Marquigny.* 1866², xvi, 572.

Saint-Paul (C. de). Géographie sacrée, *H. Colombier.* 1877², xxxvii, 5.

Saint-René Taillandier. Un prince allemand au dix-huitième siècle (le landgrave de Hesse), *C. Daniel.* 1866¹, xv, 342.

Saint-Simon (duc de). Mémoires (A. de Boislisle), *F. Desjacques.* 1880, xlii, 634.

Sainte-Marie (E. de). La Tunisie chrétienne, *J. Brucker.* 1878², xxxix, 431.

Saintyves (abbé). Vie de sainte Geneviève, patronne de Paris et du royaume de France, *C. Verdière.* 1878¹, xxxviii, 488.

Saisset (E.). Essai de philosophie religieuse, *E. Desjardins.* 1861, vi, 208.

Saivet (Mgr). Le colonel Paqueron, *C. S.* 1878², xxxix, 420.

Salazar (F. de), S. J. Les principes de la sagesse (trad. par le P. de Courbeville), *J. M.* 1874¹, xxxi, 149.

Sallony (J.). Du progrès de l'idée chrétienne dans la littérature, *L. Langlois.* 1864², x, 106.

Salmon (abbé). Les grands pèlerinages et leurs sanctuaires, *C. S.* 1873¹, xxviii, 926. — La sainte Bible (illustrée). 1877², xxxvii, 455.

Salmon (C.). Histoire de saint Firmin, *H. Mertian.* 1862, vii, 415. — Recherches sur la prédication de l'Évangile dans les Gaules et en Picardie, *H. Colombier.* 1877², xxxvii, 5.

Sambin (J.), S. J. Histoire du concile du Vatican, *G. Desjardins.* 1872², xxvii, 365.

Sand (George). Mademoiselle La Quintinie, *G. Longhaye.* 1870¹, xxiv, 161.

Sanguineti (S.), S. J. De sede romana B. Petri, *H. Colombier.* 1868¹, xx, 290.

Sanna Solaro (J. M.), S. J. Recherches sur les causes et les lois des mouvements de l'atmosphère, *E. Seguin.* 1872¹, xxvi, 913.

Sanseverino (C.). Éléments de la philosophie chrétienne (trad. par l'abbé Corriol), *J. Pra.* 1879², xli, 771.

Sanson (A.). L'instinct et l'intelligence, *J. de Bonniot.* 1872¹, xxvi, 89. — La notion philosophique de l'espèce, *J. de Bonniot.* 1872¹, xxvi, 423.

Sardou (V.). Séraphine, comédie, *G. Longhaye.* 1870¹, xxiv, 6.

Sattler (abbé J.). Tableaux chronologiques critiques de l'histoire de l'Église universelle (trad. de J. Mozzoni), *H. Mertian.* 1865¹, xii, 424.

Saumade (abbé). Saint Roch, l'admirable pèlerin. 1877², xxxvii, 304.

Saxe (prince F.-X. de). Correspondance inédite (A. Thévenot), *E. R.* 1875¹, xxxii, 300.

Sayn-Wittgenstein (princesse de). L'Église attaquée par la médisance, *A. Matignon.* 1869², xxiii, 63. — Entretiens pratiques à l'usage des femmes du monde, *P. Fristot.* 1876¹, xxxiv, 307.

Sazerac de Limagne (Jos^ne.). Journal, pensées, *C. S.* 1875[1], xxxii, 791.

Scavini (abbé P.). Novum manuale compendium juris canonici, *S. Adigard.* 1868[1], xx, 151.

Schæffer (pasteur). *Non sint,* ou sus à l'ennemi! *P. Fristot.* 1873[1], xxviii, 766.

Schafarick (P. J.). Geschichte des serbischen Schriftthums (J. Jirecek), *J. Martinov.* 1865[3], xiv, 558.

Scheler (A.). Dictionnaire d'étymologie française, *H. Mertian.* 1862, vii, 254.

Scherer (E.). Mélanges de critique religieuse, *C. Daniel.* 1862, vii, 510. — L'illusion métaphysique, *C. Daniel.* 1866[3], xvii, 54.

Schiern. Le comte de Bothwell, étude, *E. Marquigny.* 1864[3], xi, 660.

Schmude (Th.), S. J. La dévotion au Sacré Cœur de Jésus. 1878[1], xxxviii, 873.

Schneemann (G.), S. J. Die kirchliche Lehrgewalt, *C. Sommervogel.* 1868[1], xx, 917. — L'origine de la controverse thomistico-moliniste, *J. Pra.* 1879[2], xli, 123.

Schneider (J.). Manuale sacerdotum, *E. P.* 1866[3], xvii, 582. — Manuale clericorum, *J. Schneemann.* 1868[2], xxi, 986.

Schœnfelder (J. M.). Kirchengeschichte des Johannes von Ephesus (trad. du Syriaque). 1863, viii, 833.

Schouppe (F. H.), S. J. Elementa theologiæ dogmaticæ, e probatis auctoribus collecta et divini verbi ministerio accommodata. 1862, vii, 425. — Compendium perfectionis sacerdotalis, *H. M.* 1865[1], xii, 273. — Adjumenta oratoris sacri, *C. D.* 1865[2], xiii, 409; — *F. Desjacques.* 1867[2], xix, 738. — Evangelia dominicarum ac festorum, *F. Desjacques.* 1867[2], xix, 738. — Cours abrégé de religion, *A. Dechevrens.* 1874[2], xxxi, 905.

Schouvaloff (le P.), barn. Ma conversion et ma vocation, *J. Gagarin.* 1859, iv, 455.

Schrader (C.), S. J. De unitate romana, *J. Janni.* 1863, viii, 489; 1873[1], xxviii, 296. — Theses theologiæ. 1863, viii, 1127; 1867[1], xviii, 582. — De triplice ordine naturali, præternaturali et supernaturali, *A. M.* 1864[2], x, 267. — De theologico testium fonte, deque edito fidei testimonio, *J. Pra.* 1878[1], xxxviii, 847.

Schulte (Dr). Dr Joseph Fessler, Bischof von Sanct-Pœlten, *H. Dumas.* 1876[1], xxxiv, 384.

Schuster (Dr J.). Handbuch zur biblischen Geschichte. 1862, vii, 425; — (trad. par l'abbé Couissinier), *C. Sommervogel.* 1870-71, xxv, 476.

Schwane (Dr J.). Dogmengeschichte der vornicænischen Zeit. 1862, vii, 716.

Schwegler (A.). Das nachapostolische Zeitalter, *H. Mertian.* 1862, vii, 66.

Schweinfurth (Dr G.). Au cœur de l'Afrique (1868-71), *J. Brucker.* 1876[1], xxxiv, 780.

Sciout (L.). Histoire de la Constitution civile du clergé, *C. S.* 1873[2], xxix, 124.

Secchi (A.), S. J. L'unité des forces physiques, *I. Carbonnelle.* 1869[1], xxii, 942. — Le soleil, *N. Larcher.* 1870-71, xxv, 120 ; — *T. Pepin.* 1876[2], xxxv, 672. — Les étoiles, *J. de Bonniot.* 1879[1], xl, 795.

Segay (Dr). Des moyens de généraliser l'allaitement maternel, *J. de Bonniot.* 1879[1], xl, 779.

Segondy (abbé F.). Essai sur l'Église anglicane, *C. S.* 1879[1], xl., 625.

Seguin (E.), S. J. Vie du B. Pierre Canisius, *V. Alet.* 1865[1], xii, 251. — De l'action de grâces, *C. S.* 1879[1], xl., 451.

Ségur (A. de). Sainte Cécile, poème tragique, *F. Poirré.* 1868[2], xxi, 620. — Sabine de Ségur, *C. Daniel.* 1870-71, xxv, 311. — Vie du comte Rostopchine, *A. X. L.* 1872[1], xxvi, 408. — Fables complètes, *C. S.* 1878[2], xxxix, 714.

Ségur (Mgr G. de). Le bon combat de la foi ; — Le Sacré Cœur de Jésus, *H. R.* 1872[1], xxvi, 787 ; — Le dogme de l'infaillibilité, *H. R.* 1872[1], xxvi, 787 ; — *G. Desjardins.* 1872[2], xxvii, 365.

Sémichon (E.). La paix et la trêve de Dieu, *P. Loysel.* 1861, vi, 435.

Senestrey (Mgr J. de). La liberté de l'Église et la législation de la Bavière. 1867[2], xix, 286.

Sénigon (J. T.). Études sur le pouvoir dans la société et les formes sociales, *V. Alet.* 1874[2], xxxi, 137.

Sepp (Dr J. N.). Jésus-Christ, *E. Chauveau.* 1867[1], xviii, 425.

Séraphin (le P.), pass. Principes de théologie mystique, *A. Jean.* 1880, xlii, 761.

Sernin-Marie (le P.), carme. Voix qui prient, poésies, *J. Dugas.* 1876[1], xxxiv, 140.

Servonnet (F.). Lettres de saint François de Sales à des religieuses, *A. Matignon.* 1864[3], xi, 236.

Sévigné (Mme de). Lettres inédites à Mme de Grignan (C. Capmas), *L. Senepin.* 1876[2], xxxv, 894.

Sewastianoff (P.). Géographie de Ptolémée (introd. par V. Langlois), *J. Martinov.* 1867[1], xviii, 882.

Sibour (Mgr L.). Œuvres choisies (abbé Dedouc), *J. Noury.* 1868[1], xx, 430.

Siemaszko (J.). Plan d'abolition de l'Église grecque unie, *J. Martinov*. 1873[1], xxviii, 71.

Sièrebois (P.). Autopsie de l'âme, *J. de Bonniot*. 1873[2], xxix, 60.

Silbernagl (I.). Verfassung und gegenwærtiger Zustand sæmmtlicher Kirchen des Orients, *J. Gagarin*. 1865[2], xiii, 519.

Simon (Jules). Le devoir, *C. Daniel*. 1856, i, 187 ; — *D. Bellocq*. 1866[3], xvii, 25. — La religion naturelle, *C. Daniel*. 1856, i, 187. — La liberté, *A. Sarriot*. 1861, vi, 88. — Histoire de l'école d'Alexandrie, *E. Desjardins*. 1861, vi, 537. — La réforme de l'enseignement secondaire, *A. de Geyer*. 1874[1], xxx, 823. — Le livre du petit citoyen, *F. Desjacques*. 1880, xlii, 464.

Simon (le P.), cap. Les saintes élévations de l'âme à Dieu selon tous les degrés d'oraison (L. Bessières). 1863, viii, 838.

Sioc'han de Kersabiec (E.). La bienheureuse Françoise d'Amboise, *P. T.* 1865[2], xiii, 417.

Smedt (C. de), S. J. Introductio generalis ad historiam ecclesiasticam critice tractandam, *C. S.* 1876[1], xxxiv, 779. — Dissertationes selectæ in primam ætatem historiæ ecclesiasticæ, *H. Colombier*. 1876[2], xxxv, 747.

Smiles (S.). Self help, *J. Noury*. 1865[3], xiv, 131.

Smith (W.). The book of Moses or the Pentateuch in its autorship, *H. Matagne*. 1870[1], xxiv, 802. — The chaldæan account of the Genesis, *J. Brucker*. 1877[1], xxxvi, 481.

Sommervogel (C.), S. J. Table méthodique des mémoires de Trévoux, *P. T.* 1864[3], xi, 421 ; — *C. C.* 1865[3], xiv, 417. — Comme on servait autrefois : le marquis de Montcalm ; le maréchal de Bellefonds. 1878[2], xxxix, 161.

Sorel (A.). Histoire du couvent des Carmes et du séminaire de Saint-Sulpice pendant la Terreur. 1863, viii, 833.

Souchkof. Réponse au P. Gagarin sur la primauté de saint Pierre, *J. Gagarin*. 1863, viii, 525.

Souchon (abbé E.). Saint Joseph modèle du chrétien, *F. Desjacques*. 1880, xlii, 625.

Soullier (E.). Le dualisme moderne, ou Évangile et philosophie, *E. M.* 1867[1], xviii, 441.

Soury (J.). La Bible et l'archéologie, *R. Champon*. 1872[1], xxvi, 830.

Southwell (R.), S. J. Complete works ; — A hundred meditations on the love of God. 1877[1], xxxvi, 759.

Spencer Northcote (J.) et Brownlow (W. R.). Rome souterraine (trad. par P. Allard). *P. Toulemont*. 1873[1], xxviii, 135.

Spol (E.). Dictionnaire de la Bible. 1877[2], xxxvii, 906.

T

Taccone-Gallucci (N.). Saggio di estetica, *E. Chauveau*. 1869², xxiii, 320.

Taine (H). De l'intelligence, *J. de Bonniot*. 1870-71, xxv, 60. — Les origines de la France contemporaine, *H. Martin*. 1878², xxxix, 635.

Tamizey de Larroque (P.). Lettres inédites du cardinal d'Armagnac, *C. S.* 1874¹, xxx, 912. — Documents inédits sur Gassendi, *C. S.* 1872², xxxvii, 895. — Notes sur J. J. Boileau, *F. Le Lasseur.* 1878¹, xxxviii, 126. — Plaquettes gontaudaises, *C. S.* 1878², xxxix, 428; 1879², xli, 470. — Antoine de Noailles à Bordeaux, *C. S.* 1870¹, xl, 637. — Lettres de Jean Chapelain, *C. S.* 1880, xlii, 789.

Tarbé (P.). Recueil de poésies calvinistes (1550-66), *C. S.* 1867¹, xviii, 149.

Tardieu (A.). Grand dictionnaire biographique du Puy-de-Dôme, *C. S.* 1878², xxxix, 282.

Tarino (chan. P.). Institutiones logicæ, metaphysicæ, ethicæ, *F. Des-jacques.* 1877², xxxvii, 612; — Problema fondamentale della scienza, *J. Pra.* 1879¹, xl, 295.

Terrier de Lorais (marquis). Jean de Vienne, amiral de France, *C. S.* 1878², xxxix, 132.

Térèse (Sainte). Lettres (le P. Bouix), *A. Ledoux.* 1861, vi, 480.

Teyssonnier (abbé). Compendium theologiæ dogmaticæ, *G. Desjar-dins.* 1873², xxix, 770.

Theiner (A.), orat. Monuments historiques relatifs aux règnes de Michaëlovitch, Feodor III et Pierre le Grand, *J. Gagarin.* 1860, v, 291. — Vetera monumenta Poloniæ et Lithuaniæ, *J. M.* 1864³, xi, 422. — Acta genuina SS. œcumenici concilii Tridentini (par A. Massarello et G. Paleotto), *J. Martinov.* 1875¹, xxxii, 442.

Théophile, Sergius et Hygin. Vie du serviteur de Dieu saint Macaire de Rome, trouvé près du paradis, *H. Mertian.* 1862, vii, 372.

Théry (A.). Le génie philosophique et littéraire de saint Augustin, *P. Toulemont.* 1862, vii, 767.

Thévenot (A.). Correspondance du prince F.-X. de Saxe, *E. R.* 1875¹, xxxii, 300.

Thierry (Am.). Nouveaux récits de l'histoire romaine aux quatrième et cinquième siècles, *F. G.* 1865¹, xii, 272; — *C. Gagniard.* 1867², xix, 351. 611. — Saint Jérôme, la société chrétienne à

Rome et l'émigration romaine en Terre Sainte, *C. Gagniard.*
1867², xix, 351. — Saint Jean Chrysostome et l'impératrice
Eudoxie, *F. Desjacques.* 1872², xxvii, 848.

THIERRY (Aug.). Histoire de la conquête de l'Angleterre par les Normands, *V. Alet.* 1861, vi, 26, 575.

THOMAS (abbé A.). Panégyrique de Jeanne d'Arc, *H. M.* 1864³, xi, 124. — Études critiques sur les origines du christianisme, *C. de Laage.* 1870¹, xxiv, 799.

THOMAS D'AQUIN (Saint). Summæ de veritate fidei contra Gentiles quæ supersunt (P. A. Uccelli), *H. Ramière.* 1879¹, xl, 883.

THOMASSY (J.). Pensées sur la religion, *P. Toulemont.* 1866¹, xv, 256.

TISCHENDORF (C.). Notitia editionis codicis Bibliorum sinaitici, *A. Dutau.* 1861, vi, 660. — Aus dem Hl. Lande, *J. Gagarin.* 1862, vii, 683. — Novum Testamentum sinaiticum, *H. Mertian.* 1863, viii, 933; — *A. Corluy,* 1876², xxxv, 625. — Apocalypses apocryphæ, Mariæ dormitio, *abbé Le Hir.* 1866², xvi, 190.

TISSEUR (C.). Joseph Pagnon, lettres et fragments, *P. Mazoyer.* 1869², xxiii, 134.

TISSOT (J.). La vie dans l'homme. 1861, vi, 511.

TISSOT (le P.). L'art d'utiliser ses fautes, d'après saint François de Sales, *C. S.* 1879¹, xl, 454.

TOBLER (Dr T.). Theoderici libellus de locis sanctis (1172), *J. Gagarin.* 1865³, xiv, 121.

TOLSTOÏ (comte). Compte rendu présenté à S. M. l'empereur de Russie pour l'année 1875, *J. Gagarin.* 1878², xxxix, 100.

TONDINI (C.), barn. Études sur la question religieuse de Russie, *J. Gagarin.* 1867², xix, 602. — Règlement ecclésiastique de Pierre le Grand (trad.), *P. P.* 1874², xxxi, 616.

TONGIORGI (S.), S. J. Institutiones philosophicæ. 1863, viii, 679.

TONINI (G.), min. Concordantiæ Bibliorum sacrorum. 1876¹, xxxiv, 156.

TOPIN (M.). L'homme au masque de fer, *L. Turquand.* 1869², xxiii, 142, 242.

TORRAJA (E.). Axonometria (système général de représentation géométrique), *T. Pepin.* 1879², xli, 617.

TOSCANI (T.), bas. Ad typica Græcorum animadversiones; — De immaculata Deiparæ conceptione hymnologia Græcorum, *J. Martinov,* 1866¹, xv, 569.

TOSTI (dom L.), O. S. B. Le psautier de Marie; — Le psautier du pèlerin, *C. S.* 1879¹, xl, 454.

Toulemont (P.), S. J. La Providence et les châtiments de la France. 1880-71, xxv, 639 ; — *P. Cuennégan*. 1870-71, xxv, 813.

Toulza (P. de). La princesse de Salm-Salm au Mexique, *C. S.* 1874[1], xxx, 913.

Trébutien (G. S.). Eugénie de Guérin, journal et lettres, *L. Candeloup*. 1864[3], xi, 218.

Trémaux. Origine et transformation de l'homme et des autres êtres, *N. Larcher*. 1865[2], xiii, 393.

Trochon et Bayle (abbés). La Sainte Bible : Isaie, *F. Desjacques*. 1878[1], xxxviii, 583.

Trognon (A.). L'apôtre saint Paul, *A. de Bengy*. 1870[1], xxiv, 312.

Trouillat (abbé). Vie de Marie de Valence, *E. Régnault*. 1874[1], xxx, 301,

Turcan (abbé R.). Le directeur des catéchismes, *C. S.* 1878[2], xxxix, 120.

Turinaz (Mgr). Le grand péril de notre temps, ou la franc-maçonnerie, *F. Desjacques*. 1879[2], xli, 159. — Léon XIII et sa mission providentielle, *F. Desjacques*. 1880, xlii, 465.

Tyndall (J.). Le son (trad. par l'abbé Moigno), *N. Larcher*. 1869[1], xxii, 478 ; — *J. Delsaulx*. 1870-71, xxv, 241.

U

Ubald (le P.), cap. Les trois Frances, *F. Desjacques*. 1880, xlii, 635.

Uccelli (P. A.). Sancti Thomæ Aquinatis Summæ de veritate fidei contra Gentiles quæ supersunt, *H. Ramière*. 1879[1], xl, 883.

V

Vacant (abbé). De certitudine judicii quo assentitur existentiæ revelationis, *J. Pra*. 1878[2], xxxix, 560. — De nostra naturali Dei cognitione, *J. Pra*. 1879[2], xli, 769.

Vacherot (E.). Histoire critique de l'école d'Alexandrie, *E. Desjardins*. 1861, vi, 537. — La théologie catholique en France, *P. Toulemont*. 1868[2], xxi, 257.

Vallet de Viriville (A.). Histoire de Charles VII, roi de France. 1863, viii, 501.

Valroger (H. de), orat. Introduction aux livres du Nouveau Testament (trad. de Raithmayr), *A. Dutau*. 1861, vi, 164, 241. — L'âge du monde et de l'homme, d'après la Bible et l'Église, *A. Haté*. 1870[1], xxiv, 644. — La genèse des espèces, *J. de Bonniot*. 1873[2], xxix, 428. — Études historiques et critiques sur le

rationalisme contemporain, *J. de Bonniot.* 1878[1], xxxviii, 599.
— Pensées religieuses et philosophiques du comte J. de
Maistre, *J. Burnichon.* 1879[2], xli, 315.

Van den Berghe (Mgr). Anne-Madeleine de Rémusat, *C. S.* 1877[2],
xxxvii, 123.

Van der Mœre (J.), S. J. Récit de la persécution endurée par les
séminaristes du diocèse de Gand (1813-14). 1863, viii, 982.

Vandersperten (H. P.), S. J. Vie du B. Jean Berchmans, *E. M.* 1866[1],
xv, 429.

Van Gameren. De oratoriis publicis et privatis, *V. de Buck.* 1863,
viii, 1013.

Van Steenkiste (J. A.). Epistola S. Pauli ad Hebræos. 1868[1], xx,
298. — Commentarius in Evangelium secundum Matthæum,
J. Corluy. 1875[2], xxxiii, 934. — S. Pauli Epistolæ breviter
explicatæ, *J. Corluy.* 1877[1], xxxvi, 141.

Van Tricht (V.), S. J. La bibliothèque des écrivains de la Compagnie
de Jésus et le P. A. de Backer, *C. Sommervogel.* 1876[1], xxxiv,
142.

Varceno (le P.), cap. Compendium theologiæ moralis, *G. Desjardins.*
1876[2], xxxv, 924.

Variot (abbé J.). Les Évangiles apocryphes, *J. Corluy.* 1878[2], xxxix,
269.

Vautrey (abbé L.). Histoire du collège de Porrentruy, *C. S.* 1867[2],
xix, 156.

Venioukof. Rossia i Vostok (la Russie et l'Orient), *J. Gagarin.*
1878[2], xxxix, 813.

Ventura de Raulica (le P.). La philosophie chrétienne. 1863, viii,
156. — Homélies sur les paraboles de Notre-Seigneur (trad.
par l'abbé Falcimagne), *A. Matignon.* 1865[1], xii, 650.

Vercruysse (B.), S. J. Manuel de solide piété. 1872[1], xxvi, 627.

Verdalle (abbé de). Vie de Marie-Marguerite de Lézeau, *J. Noury.*
1869[2], xxiii, 653.

Verdereau (abbé). Exposition historique des propositions du Syllabus,
F. Desjacques. 1877[2], xxxvii, 691.

Verhaege (C.). Manuel de théologie mystique à l'usage des confesseurs,
A. Jean. 1880, xlii, 761.

Verne (H.). Les voies navigables de la France et le Rhône à Marseille,
C. S. 1878[2], xxxix, 127.

Verne (J.). Cinq semaines en ballon, 1863, viii, 151. — Voyage au
centre de la terre, *C. S.* 1864[3], xi, 705.

Verniolles (abbé J.). De l'éducation chrétienne des enfants. 1873[2],
xxix, 144. — Histoire abrégée de la littérature grecque, *C. S.*

1875[1], xxxii, 794. — La lecture et le choix des livres, conseils à un jeune homme. 1877[2], xxxvii, 894. — Histoire abrégée de la littérature latine, *J. Burnichon*. 1880, xlii, 155.

Véron-Réville. Histoire de la Révolution française dans le Haut-Rhin, *C. S.* 1865[2], xiii, 408.

Verseau (le P.), S. J. Lettres (de l'ancienne mission de Syrie, 1698-1700). 1859, iv, 308.

Veuillot (L.). Le parfum de Rome. 1862, vii, 272. — La vie de Notre-Seigneur Jésus-Christ, *L. Langlois*. 1864[2], x, 380. — Rome pendant le concile, *H. Ramière*. 1872[2], xxvii, 115; — *G. Desjardins*. 1872[2], xxvii, 365. — Molière et Bourdaloue, *G. Longhaye*. 1877[2], xxxvii, 715.

Vétault (A.). Charlemagne, *H. Colombier*. 1876[2], xxxv, 934.

Viaux Grand-Marais (Dr A.). Études médicales sur les serpents de la Vendée et de la Loire-Inférieure, *F. Celle*. 1869[2], xxiii, 958.

Vidal. Théologie de la religion naturelle. 1860, v, 175.

Vidal (abbé). Saint Paul, sa vie et ses œuvres, *L. Langlois*. 1865[1], xii, 417.

Vidieu (abbé). Histoire de la commune de Paris en 1871, *C. S.* 1876[2], xxxv, 935. — Famille et divorce, *F. Desjacques*. 1879[2], xli, 784.

Viennet. Histoire de la puissance pontificale depuis saint Pierre jusqu'à Innocent III. 1866[3], xvii, 588.

Viexmance (le P.). La doctrine chrétienne dans les prières quotidiennes (trad. par l'abbé Audouy), *C. S.* 1879[1], xl, 952.

Vieyra (A.), S. J. Sermons (trad. par l'abbé Poiret), *C. S.* 1870-71, xxv, 313.

Vigouroux (abbé F.). La Bible et les découvertes modernes en Égypte et en Assyrie. *A. Delattre*. 1877[2], xxxvii, 124; — *J. Brucker*. 1879[2], xli, 927. — Manuel biblique, *F. Desjacques*. 1880, xlii, 309.

Villari (P.). Jérôme Savonarole et son temps (trad. par G. Gruyer), *J. Brucker*. 1874[2], xxxi, 283.

Villefranche (J. M.). Cinéas, ou Rome sous Néron, *C. Verdière*. 1870-71, xxv, 478. — Pie IX, sa vie, son histoire, son siècle, *C. S.* 1876[1], xxxiv, 611.

Villegas (B. de), S. J. Entretiens affectueux de l'âme avec Dieu, *C. S.* 1879[1], xl, 451.

Villeneuve-Flayosc (H. de). Histoire de sainte Roseline de Villeneuve, *X. Duval*. 1867[1], xviii, 577. — L'unité dans la création et les limites actuelles dans la variabilité des espèces, *J. de Bonniot*. 1873[2], xxix, 428.

W

WALDNER (J.), S. J. La servante de Jésus (abbé J. Eicher). 1877[2], xxxvii, 129.

WALLON (H.). De la croyance due à l'Évangile, *A. Dutau.* 1859, iv, 268. — Jeanne d'Arc, *F. Gazeau.* 1860, v, 450; 1867[1], xviii, 729; — *J. de Bonniot.* 1877[2], xxxvii, 500. — La vie de Jésus et son nouvel historien, *P. Toulemont.* 1864[2], x, 555. — La Terreur, *E. Régnault.* 1873[2], xxix, 623. — Saint Louis et son temps, *C. Verdière.* 1875[1], xxxii, 806. — Histoire de l'esclavage dans l'antiquité, *F. Desjacques.* 1879[2], xli, 785.

WALTER (F.). Fontes juris ecclesiastici antiqui et hodierni, *A. Dutau.* 1862, vii, 419. — Histoire du droit criminel chez les Romains. 1863, viii, 832.

WASSILIEFF (J.). Office du mariage selon le rit de l'Église catholique orthodoxe d'Orient, *J. Gagarin.* 1858, iii, 479.

WATERWORTH (W.), S. J. The church of saint Patrick, *P. Mazoyer.* 1870-71, xxv, 476.

WATSON (Dr T.). Sermons on the Sacraments (T. Bridgett). 1877[1], xxxvi, 626.

WATTERICH (J. M.). Pontificum romanorum, qui fuerunt inde ab exeunte sæculo IX usque ad finem sæculi XIII, vitæ ab æqualibus conscriptæ. 1863, viii, 157.

WAUTERS (A. J.). L'Afrique centrale en 1522, le lac Sachaf, *J. Brucker.* 1880, xlii, 559.

WENIG (J.-B.), S. J. Schola syriaca, *J. Martinov.* 1866[2], xvi, 573; — *C. Clair.* 1868[1], xx, 415. — Caractéristique générale de la poésie arabe, *M. Le Gall.* 1870-71, xxv, 471.

WERNER (K.). Franz Suarez und die Scholastik der letzten Jahrhunderte, *H. Mertian.* 1861, vi, 351. — Geschichte der apologetischen und polemischen Literatur der christlichen Theologie, *H. Mertian.* 1862, vii, 418.

WEY (F.). Rome, description et souvenirs, *C. Daniel.* 1870-71, xxv, 956.

WIART. Du principe de la morale considérée comme science, *D. Bellocq.* 1865[1], xii, 596.

WIESENER (L.). Marie Stuart et le comte de Bothwell, *E. Marquigny.* 1864[3], xi, 371.

WIGAND (D[r]). Le darwinisme et l'investigation de la nature de Newton et de Cuvier, *V. Becker.* 1877[1], xxxvi, 672.

WILDEN (M.). Die Lehre des hl. Augustinus vom Opfer der Eucharistie, *H. M.* 1864[3], xi, 710.

WILL (C.). Acta et scripta quæ de controversiis Ecclesiæ græcæ et latinæ sæculo xi exstant, *J. Martinov.* 1862, vii, 407.

Z

APPENDICE

BÉNÉDICTINS DE SAINT-MAUR. Histoire littéraire de la France (P. Pâris), *C. Sommervogel.* 1867[2], XIX, 728.

BÉNÉDICTINS DE SOLESMES. Revelationes Gertrudianæ et Mechtildianæ, *F. Desjacques.* 1878[1], XXXVIII, 453.

BIBLIOPHILE (un). Notes et recherches sur les publications nouvelles des ouvrages de Suarez, *F. Gaydou.* 1861, VI, 333.

B. N. The jesuits, their foundation and history, *P. M.* 1880, XLII, 466.

BOLLANDISTES. Acta Sanctorum, *II. Mertian.* 1865[1], XII, 645.

CATHOLIQUE (un). La question entre les catholiques et les protestants jugée par le bon sens, la Bible et l'histoire ; — Lettres sur l'Église et le schisme. 1861, VI, 173.

CHARTREUX (un religieux). Manuel de direction dans les voies de la perfection, *P. T.* 1865[1], XII, 266.

C. H. G. Mélanges philosophiques et religieux, *F. Desjacques.* 1879[2], XLI, 315.

DOMINICAINE (une religieuse). Songs in the night. 1877[2], XXXVII, 464.

DU V. (P.). Le R. P. Julien Maunoir, *L. Turquand.* 1869[2], XXIII, 154.

E. P. Les « Vindiciæ Alphonsianæ », *F. Desjacques.* 1873[2], XXIX, 78.

F. (de). Les familles de Vitré, de 1400 à 1789, *C. S.* 1877[1], XXXVI, 755.

FEUILLANT (un religieux). Vie de la Mère Antoinette d'Orléans, *J. Le Génissel.* 1880, XLII, 469.

IGNOTUS. Encore quelques mots d'un chrétien orthodoxe sur les confessions occidentales, *J. Gagarin.* 1859, IV, 54.

J. M. J. T. De viris illustribus et de persecutoribus Ecclesiæ, ad usum tironum linguæ latinæ. 1862, VII, 720.

J. P. (abbé). Rome et le Pape-Roi, *O. de Gouttepagnon.* 1868[1], XX, 301.

L. Des sciences positives et du surnaturel, *J. de Bonniot.* 1878[1], XXXVIII, 447.

L. D. J. H. Chants sacrés du matin et du soir, *V. A.* 1872[2], XXVII, 110.

L. E. Compendium philosophiæ ad usum seminariorum, *F. Desjacques.* 1877[2], XXXVII, 612.

M. (abbé R. de). Esquisse d'une politique chrétienne, *C. de Laage.* 1872[2], XXVII, 163.

M***. Année pastorale de Bourdaloue, *M. Lauras.* 1869[1], XXII, 780.

MISSIONNAIRE (un ancien). De Montcalm en Canada, ou les dernières années de la colonie française, *C. S.* 1870[1], XXIV, 724.

MISSIONNAIRES. Le Kiang-Nan depuis octobre 1868 jusqu'à octobre 1869, *A. Jean.* 1870[1], XXIV, 950.

N. O. Jugement erroné de M. Renan sur les langues sauvages, *J. Tailhan*, 1865[2], XIII, 547. — Études philologiques sur quelques langues sauvages de l'Amérique, *abbé Le Hir*. 1867[2], XIX, 120.

OBSERVATEUR CONTEMPORAIN (un). Le dragon, la bête et l'agneau, *C. S*. 1879[2], XLI, 602.

PRÉLAT ROMAIN (un). Quelques observations soumises à NN. SS. les évêques concernant les études des séminaires en France, *H. Ramière*. 1873[2], XXIX, 925.

PRÊTRE (un). Commentarius in proœmium breviarii et missalis de computo ecclesiastico, *J. M*. 1865[1], XII, 268.

PRÊTRE DU DIOCÈSE DE BAYEUX (un). La divinité du Christ dans l'histoire des origines chrétiennes, *F. D*. 1873[2], XXIX, 788.

PRÊTRE DU DIOCÈSE DE LYON (un). Tong-King et martyre, ou vie du vénérable J. L. Bonnard, *C. S*. 1876[2], XXXV, 138.

PRÊTRE DU DIOCÈSE DE TOURNAI (un). Jubilé du concile, *H. de V*. 1870[1], XXIV, 314.

PROFESSEUR (un). Études sur la musique et les musiciens célèbres, *H. Dumas*. 1876[2], XXXV, 622.

PROFESSEUR DE GRAND SÉMINAIRE (un ancien). Réflexions sur l'Évangile tirées de Bossuet, Fénelon, Bourdaloue et Massillon, *C. Daniel*. 1864[2], X, 543.

PROFESSEUR DE THÉOLOGIE (un). Méthode pour découvrir sûrement tous les empêchements de parenté. 1878[2], XXXIX, 576.

RELIGIEUSE (une). Jésus n'est pas aimé, gémissements. 1879[2], XLI, 937.

SAINT-SULPICE (un directeur de). Du saint office au point de vue de la piété. 1867[1], XVIII, 298. — Paul Seigneret, séminariste, fusillé à Belleville, *C. de Laage*. 1872[1], XXVI, 444. — Questions sur l'Écriture Sainte, *F. Desjacques*. 1874[2], XXXI, 777.

SAINT-SULPICE (un prêtre de). Les cérémonies de la messe basse, *C. C*. 1865[3], XIV, 418. — Vie de M. Mollevaut, *C. S*. 1875[1], XXXII, 297. — M. Léon Hubert, *C. S*. 1879[1], XL, 456. — Vie de M. de Courson, *J. Burnichon*. 1880, XLII, 296.

SERVITEUR DE MARIE (un). Histoire de sainte Geneviève, vierge, patronne de Paris, *C. Verdière*. 1878[1], XXXVIII, 488.

S. J. (a member). Records of the english province S. J., *J. Forbes*. 1877[2], XXXVII, 610.

S. J. (un Père). La vie et la mort d'Albert de Dainville, *H. M*. 1864[3], XI, 423.

S. J. (presbyteri). Acta et decreta sacrorum conciliorum recentiorum, *G. K.* 1877[1], xxxvi, 735 ; 1879[2], xli, 763.

S. J. (sacerdos). Exercitia spiritualia in sacra octo dierum solitudine et duo tridua. 1862, vii, 862.

Ursuline (une religieuse). Cours de littérature ; — Histoire de la littérature ancienne et moderne, *F. Desjacques.* 1879[1], xl, 780.

Voyageur (un). Études sur l'Italie contemporaine, notes, *E. Marquigny.* 1872[2], xxvii, 801.

QUATRIÈME TABLE

ORDRE DES MATIÈRES

A

Age. VALROGER (H. de), orat. L'âge du monde et de l'homme d'après la Bible et l'Église, *A. Haté.* 1870[1], xxiv, 644.

Agenda. BOYLESVE (M. de), S. J. L'agenda du chrétien. 1880, xlii, 637.

Agnès. LANTAGES (de), Vie de la Vén. Mère Agnès de Jésus (abbé Lucot), *P. Toulemont.* 1863, viii, 1120.

Aix. GUILLIBERT (F.), Le collège royal Bourbon d'Aix, *J. Burnichon.* 1879[2], xli, 623.

Albigeois. DOUAIS (abbé C.). Les Albigeois, leurs origines, action de l'Église au douzième siècle, *H. Martin.* 1879[2], xli, 938.

Alexandre VI. OLLIVIER (le P.), O. P. Le pape Alexandre VI et les Borgia, *C. S.* 1870[1], xxiv, 811.

Alexandrie. MATTER (J.), Essai sur l'école d'Alexandrie, *E. Desjardins.* 1861, vi, 537.

  » SIMON (J.), Histoire de l'école d'Alexandrie, *E. Desjardins.* 1861, vi, 537.

  » VACHEROT (E.), Histoire critique de l'école d'Alexandrie, *E. Desjardins.* 1861, vi, 537.

  » Destruction de la bibliothèque d'Alexandrie (*Revue scientifique*), *J. Brucker.* 1875[2], xxxiii, 116.

Algèbre. MENUGE (abbé C.), Cours élémentaire d'algèbre et de cosmographie, *E. Becker.* 1867[2], xix, 299.

Allaitement. SEGAY (Dr), Des moyens de généraliser l'allaitement maternel, *J. de Bonniot.* 1879[1], xl, 779.

Allemagne. HUBER (Dr A.), Geschichte der Einführung des Christenthums in Südostdeutschland, *J. Martinov.* 1876[1], xxxiv, 925.

  » JAFFÉ (P.), Bibliotheca rerum germanicarum, *H. Colombier.* 1868[1], xx, 918.

  » KETTELER (Mgr de), L'Allemagne après la guerre de 1866. 1867[2], xix, 158.

  » MARTIN (Dr C.), Ein bischœfliches Wort an die Protestanten Deutschlands, *J. Jenner.* 1865[1], xii, 262.

  » L'empire allemand moderne et les catholiques, *B.* 1873[2], xxix, 146.

Allemand. GADUEL (abbé), Vie du serviteur de Dieu Jean Joseph Allemand. 1867[1], xviii, 586.

Almanach du Sacré-Cœur, — Almanach du bon catholique. 1877[2], xxxvii, 622. — Almanach catholique de France. 1880, xlii, 159.

Alphonse (Saint). Vindiciæ Alphonsianæ, *F. Desjacques.* 1873[2], xxix, 78. — Vindiciæ Ballerinianæ, seu gustus recognitionis Vindiciarum Alphonsianarum, *H. Dumas.* 1874[1], xxx, 134.

Alphonse (Saint). Histoire de saint Alphonse de Liguori, *J. Noury.* (*Suite.*) 1877², xxvii, 115.

Altin (Saint). Cochard (abbé), Origine apostolique de l'Église d'Orléans, saint Altin, *C. Sommervogel.* 1872², xxvii, 937.

Amand (Saint). Destombes (abbé C. J.), Histoire de saint Amand, 1868¹, xx, 154.

Ambroise (Saint). Baunard (abbé L.), Histoire de saint Ambroise, *C. Clair.* 1870-71, xxv, 960.

Ame. Giraud (le P. S. M.), Immolation et charité dans le gouvernement des âmes, *F. Desjacques.* 1868, xlii, 625.

» Sièrebois (P.), Autopsie de l'âme, *J. de Bonniot.* 1873³, xxix, 60.

Amérique. Hernaez (F.-X.), S. J. Coleccion de bulas, breves y otros documentos relativos a la Iglesia de America y Filipinas, *J. Brucker.* 1880, xlii, 785.

» Perrot (N.), Mémoire sur les mœurs, coutumes et religion des sauvages de l'Amérique septentrionale (J. Tailhan, S. J.), *H. Mertian.* 1864³, xi, 556.

Amiens. Corblet (abbé J.), Hagiographie du diocèse d'Amiens, *J. Martinov.* 1869², xxiii, 151 ; — *C. Sommervogel.* 1873², xxix, 123 ; 1874², xxxi, 620.

Amitié (L'), *E. Seguin.* 1872¹, xxvi, 299.

Amour. Bouffier (G.), S. J. De l'amour et du Cœur de Notre-Seigneur Jésus-Christ, *C. Sommervogel.* 1879¹, xl, 453.

» Charaux (C.), La pensée et l'amour, *C. de Laage.* 1870-71, xxv, 464.

Amovibilité. Pierret (abbé T.), De l'amovibilité des curés desservants selon le droit, *L. de R.* 1865², xiii, 414.

Anecdotes. Maistre (J. de), Anecdotes (inédites) recueillies à Saint-Pétersbourg, *J. Gagarin.* 1868², xxi, 533.

Anges. Ferrigno (abbé), I sette Angeli assistenti dinanzi al trono di Dio, *J. Pra.* 1879², xli, 128.

» *L'Ange gardien*, revue mensuelle. 1863, viii, 501 ; 1865¹, xii, 265.

Angelico (Fra), Fougeray (J.-B.), S. J. 1879¹, xl, 937.

Angers. Grandet (J.), Histoire du séminaire d'Angers, *F. Le Lasseur.* 1875², xxxiii, 540.

» Joannis (L. de), Les tapisseries de l'Apocalypse à la cathédrale d'Angers, *C. Cahier.* 1863, viii, 481 ; 1864³, xi, 413.

Angleterre. Destombes (C. J.), La persécution religieuse en Angleterre sous le règne d'Élisabeth, *J. Jenner.* 1863, viii, 965. — La persécution religieuse en Angleterre sous les successeurs d'Élisabeth, *J. Jenner.* 1864³, xi, 687.

Angleterre. Froude (J. A.), History of England, *E. Marquigny.*
(*Suite.*) 1864[3], xi, 660.

» Goxdox (J.), De la réunion de l'Église d'Angleterre à l'Église
catholique. 1867[1], xviii, 583.

» Howard Staunton (M.), The great schools of England, *H. de B.*
1866[1], xv, 129.

» Madaune (abbé de), Ignace Spencer et la renaissance du catholicisme en Angleterre, *C. Sommervogel.* 1873[2], xxix, 455.

» Pusey (Dr E. B.), The church of England a portion of Christ's
one holy catholic Church ; an Eirenicon, *P. Toulemont.* 1866[2],
xvi, 145.

» Segondy (abbé F.), Essai sur l'Église anglicane, *C. S.* 1879[1],
xl, 625.

» Thierry (Aug.), Histoire de la conquête de l'Angleterre par les
Normands, *V. Alet.* 1861, vi, 26, 575.

» Quelques livres récents sur l'histoire de l'Église d'Angleterre,
J. Forbes. 1875[2], xxxiii, 471. — La littérature catholique en
Angleterre, *J. Forbes.* 1875[2], xxxiii, 627.

Animal. Gaudry (A.), Les enchaînements du monde animal dans les
temps géologiques, *A. Haté.* 1878[2], xxxix, 239.

Annales franc-comtoises. 1864[3], xi, 114.

Anne (Sainte). Mermillod (L.), S. J. Le culte et le patronage de
sainte Anne, *F. M.* 1866[2], xvi, 428.

Anne. Berthold-Ignace (le P.), carme. Vie de la Mère Anne de Jésus,
H. Colombier. 1877[1], xxxvi, 456.

Année ecclésiastique. Martinov (J.), S. J. Annus ecclesiasticus
græco-slavicus, *H. Mertian.* 1865[1], xii, 641.

Annuaire contemporain. 1867[1], xviii, 586.

Anselme (Saint). Ragey (le P.), mar. Vie intime de saint Anselme au
Bec. *C. S.* 1878[1], xxxviii, 886.

Anthelme (Saint). Marchal (abbé A.), Vie de saint Anthelme, *C. Sommervogel.* 1878[1], xxxviii, 871.

Anthropologie. Frédault (Dr), Traité d'anthropologie physiologique et philosophique, *A. Matignon.* 1864[1], ix, 70.

» Quatrefages (A. de), Rapport sur les progrès de l'anthropologie
en France, *A. Bellynck.* 1868[1], xx, 572.

» Voir *Homme.*

Antichristianisme. Maret (Mgr), L'antichristianisme, discours,
J. N. 1864[3], xi, 243, 420.

Antiquaire. Irizar (J. de), Études d'un antiquaire, *C. Cahier.* 1866[1],
xv, 417.

Archéologie. Lenormant (F.), Recherches archéologiques à Éleusis *(Suite.)* (1860). 1862, vii, 432. — Essai sur l'organisation politique et économique de la monnaie dans l'antiquité. 1863, viii, 976. — Monographie de la voie sacrée éleusinienne, *C. Clair.* 1865[2], xiii, 389. — Manuel d'histoire ancienne de l'Orient jusqu'aux guerres médiques, *C. D.* 1869[2], xxiii, 336.

» Pierret (abbé T.), Manuel d'archéologie pratique, *H. M.* 1864[3], xi, 567.

» Reusens (E.), Éléments d'archéologie chrétienne. 1874[1], xxx, 304.

» Rossi (J.-B. de), Inscriptiones christianæ urbis Romæ; — Les images de la très sainte Vierge, *V. de Buck.* 1865[1], xii, 133, 333. — La Roma sotterranea cristiana, *V. de Buck.* 1865[1], xii, 133, 333; 868[1], xxi, 280. — Bullettino di archeologia cristiana, *V. de Buck.* 1865[1], xii, 133, 333; — *W. Forbes.* 1866[1], xv, 423; — *C. Sommervogel.* 1870[1], xxiv, 967; — *C. Daniel.* 1870-71, xxv, 954. — Aperçu général sur les Catacombes. 1867[2], xix, 159.

» Soury (J.), La Bible et l'archéologie, *R. Champon.* 1872[1], xxvi, 830.

Architecture. Darteix (F. de), Étude sur l'architecture lombarde, *C. Cahier.* 1865[3], xiv, 541; 1870[1], xxiv, 808; 1879[1], xl, 457.

» Du Barry de Merval (comte), Étude sur l'architecture égyptienne. 1877[1], xxxvi, 756.

» Stroganof (S.), L'Architecture en Russie du dixième au dix-huitième siècle (avec album), *J. Martinov.* 1878[2], xxxix, 697.

Archives. Archivio dell' ecclesiastico, *H. M.* 1865[1], xii, 130.

Arethas (Saint). Carpentier (E.), S. J. Acta SS. Arethæ et Rumæ et sociorum martyrum, *A. Dutau.* 1862, vii, 91.

Armagnac. Tamizey de Larroque (P.), Lettres inédites du cardinal d'Armagnac, *C. Sommervogel.* 1874[1], xxx, 912.

Arménie. Dulaurier (E.), Recherches sur la chronologie arménienne. 1860, v, 336.

» Langlois (V.), Le trésor des chartes d'Arménie; cartulaire de la chancellerie royale des Roupéniens, *J. Martinov.* 1867[2], xix, 292.

Armorique. Halleguen (E.), L'Armorique bretonne, celtique, romaine et chrétienne, *H. M.* 1864[3], xi, 707.

Art. Cahier (C.), S. J. Les caractéristiques des saints dans l'art populaire, *J. Tailhan.* 1866[3], xvii, 140; — *C. Daniel,* 1868[2], xxi, 353.

» Gaborit (abbé P.), Le beau dans la nature et dans les arts, *J. de Bonniot.* 1872[2], xxvii, 117.

Art. Grimouard de Saint-Laurent (comte de), Guide de l'art chré-
(Suite.) tien, *V. Alet.* 1877[1], xxxvi, 299. — Manuel de l'art chrétien,
P. F. 1878[2], xxxix, 273. — Les images du Sacré Cœur, *XXX.*
1880, xlii, 773.

» Hurel (abbé A.), L'art religieux contemporain, *J. Marie.* 1869[1],
xxii, 948.

Jungmann (J.), S. J. Die Schœnheit und die schœne Kunst, *C. Lahr.*
1868[1], xx, 425.

» Rio (A. F.), De l'art chrétien. 1862, vii, 431; — *P. Toulemont.*
1867[1], xviii, 593; 1867[2], xix, 54. — Shakespeare, *L. L.* 1864[2],
x, 409. — Épilogue à l'Art chrétien, *P. Toulemont.* 1872[2],
xxvii, 438.

» Rondelet (A.), L'art d'écrire, *F. Desjacques.* 1878, xxxviii,
140.

» Viollet-le-Duc (E.), L'art russe, *J. Martinov.* 1878, xxxviii,
590; 1878[2], xxxix, 697.

» *L'Art d'écrire,* journal. 1873[2], xxix, 136.

Articles organiques. Hébrard (abbé), Les articles organiques
devant l'histoire, le droit et la discipline de l'Église, *C. de
Laage.* 1870-71, xxv, 942.

Ascétisme, *P. Sommervogel.* 1879[1], xl, 450.

Assemblée. Dechamps (Mgr), L'assemblée générale du clergé de
France, de 1625 à 1626, *M.* 1873[1], xxviii, 931.

» Gérin (C.), Recherches historiques sur l'assemblée du clergé de
France, de 1682, *F. Gazeau.* 1869[1], xxii, 875; — *C. Clair.*
1870[1], xxiv, 806.

» Lauras (M.), S. J. Nouveaux éclaircissements sur l'assemblée de
1682, *C. S.* 1878[1], xxxviii, 888.

» Assemblée générale des catholiques en Belgique. 1865[3], xiv, 263.

Assyrie. Cavaniol (H.), Les monuments en Chaldée, en Assyrie, à
Babylone, *C. Sommervogel.* 1870-71, xxv, 303.

» Chossat (E. de), Répertoire assyrien, *J. Brucker.* 1879[2], xli,
934.

» Dubor (G. de), Assyrie et Chaldée, *J. Brucker.* 1879[2], xli, 934.

» Vigouroux (abbé F.), La Bible et les découvertes modernes en
Égypte et en Assyrie, *A. Delattre.* 1877[2], xxxvii, 124; —
J. Brucker. 1879[2], xli, 727.

Astres. Rambosson (N. J.), Les astres, *N. L.* 1866[3], xvii, 144.

Athéisme. Breton, L'univers sans Dieu, *T. Pepin.* 1876[2], xxxv, 139.

» Dupanloup (Mgr), L'athéisme et le péril social. 1866[3], xvii,
590; 1867[1], xviii, 158.

Athéisme. HELLO (E.), M. Renan, l'Allemagne et l'athéisme au dix-
(Suite.) neuvième siècle, *S. Fréchon.* 1859, iv, 161.

 » LAURENTIE (S.), L'athéisme social et l'Église, *C. de Laage.* 1869[2],
   xxiii, 806.

Athènes. PERROT (G.), Essais sur le droit public et privé de la République athénienne. 1868[2], xx, 299. — L'éloquence à Athènes,
   F. Desjacques. 1873[1], xxviii, 928.

Atmosphère (L'). FLAMMARION (C.), *N. Larcher.* 1870-71, xxv, 963.

 » SANNA SOLARO (J. M.), S. J. Recherches sur les causes et les
   lois des mouvements de l'atmosphère, *E. Seguin.* 1872[1],
   xxvi, 913.

Auch. Bulletin du Comité d'histoire et d'archéologie de la province
   ecclésiastique d'Auch. 1862, vii, 863. — Voir *Revue de Gas-*
   cogne.

Auersperg. RADICS (P.), Herbard viii Freiherr zu Auersperg. 1862,
   vii, 718.

Augustin (Saint). FERRAZ (M.), Psychologie de saint Augustin. 1863,
   viii, 496.

 » FLOTTES (abbé), Études sur saint Augustin : son génie, son âme,
   sa philosophie, *P. Toulemont.* 1862, vii, 767.

 » NOURRISSON (F.), La philosophie de saint Augustin, *P. Toule-*
   mont. 1866[3], xvii, 273.

 » THÉRY (A.), Le génie philosophique et littéraire de saint Augustin, *P. Toulemont.* 1862, vii, 767.

Aurélia. QUINTON (A.), Aurélia ou les Juifs de la porte Capène, *C.*
   Clair. 1867[1], xviii, 154.

Aurifodina. ROBERT (le P.), cap. Aurifodina universalis ; — Mine d'or
   universelle des sciences divines et humaines (abbé Rouquette).
   1865[3], xiv, 275.

Autel. NEHER (S. J.), Altare privilegiatum. 1862, vii, 424.

Auteurs. MESTRE (P.), S. J. Analyses des auteurs français, latins et
   grecs. 1877[1], xxxvi, 623.

Authier. NADAL (abbé), Vie de Mgr d'Authier de Sisgaud, *J. Burni-*
   chon. 1880, xlii, 632.

Autopsie. MONIQUET (abbé P.), Autopsie de l'homme et de la femme.
   1872[2], xxvii, 944.

 » SIÈREBOIS (P.), Autopsie de l'âme, *J. de Bonniot.* 1873[2], xxix, 60.

Autorité. AT (le P.), Le vrai et le faux en matière d'autorité et de
   liberté, *A. D.* 1874[2], xxxi, 298.

Autriche. LAVELEYE (E. de), Le concordat autrichien, *C. Clair.* 1869[2],
   xxii, 854.

Autriche. Léger (L.), Histoire de l'Autriche-Hongrie, *C. Sommer-*
(Suite.) *vogel,* 1879 [2], xli, 780.

» Roux (X.), L'Autriche-Hongrie, *C, S.* 1879 [2], xli, 781.

Auzy-le-Duc. Cucherat (abbé), Le bienheureux. Hugues de Poitiers;
le prieuré d'Auzy-le Duc. 1862, vii, 864.

Avénières. Piolin (dom), O. S. B. Le saint pèlerinage de Notre-
Dame d'Avénières, *E. M.* 1864 [3], xi, 122.

Avesta. Harlez (C. de), Avesta, livre sacré des sectateurs de Zoroastre (trad.), *J. B.* 1876 [2], xxxv, 475 ; 1877 [2], xxxvii, 452.

» Kossowicz (Dr C.), Decem Zendavestæ excerpta, *J. Martinov.*
1866 [3], xvii, 129.

Avit (Saint). Charaux (C.), Saint Avit, évêque de Vienne, *H. Colom-*
bier. 1877 [1], xxxvi, 453.

Axonometria. Torraja (E.), Axonometria (système général de représentation géométrique), *T. Pepin.* 1879 [2], xli, 617.

B

Babel. Julien (F.), Voyage au pays de Babel, *J. Brucker.* 1876 [1],
xxxiv, 622.

» Kaulen (F.), Die Sprachverwirrung zu Babel, *J. Martinov.*
1865 [1], xii, 549.

Bagréef. Duret (V.), Un portrait russe : l'œuvre et le « Livre d'une
femme », de Mme Bagréef-Speranski, *J. Gagarin.* 1868 [2],
xxi, 136.

Bailleul. Coussemaker (I. de), Documents relatifs à la ville de Bailleul en Flandre, *C. Sommervogel.* 1879 [1], xl, 630.

Barat. Bauxard (abbé L.), Histoire de Mme Barat, *F. Régnault.*
1876 [1], xxxiv, 914.

Barbares. Léotard (E.), Essai sur la condition des barbares dans
l'empire romain au quatrième siècle, *J. Brucker.* 1876 [1],
xxxiv, 779.

» Littré (E.), Études sur les barbares et le moyen âge, *E. Mar-*
quigny. 1868 [1], xx, 76.

Barol. Melun (vicomte de), La marquise de Barol, *O. L. M.* 1870-71,
xxv, 305.

Barrelle. Chazournes (L. de), S. J. Vie du R. P. Barrelle, *F. Des-*
jacques. 1868 [1], xxi, 981.

Basile (Saint). Fialon (E.), Étude historique et littéraire sur saint
Basile, *C. Gagniard.* 1867 [1], xviii, 286.

Bavière. Landau (abbé E.), Six mois en Bavière, *C. de Laage.* 1872[1], xxvi, 619.

» Lœher (F.), Jacobœa von Bayern und ihre Zeit. 1862, vii, 718.

» Senestrey (Mgr I. de), La liberté de l'Église et la législation de la Bavière, à propos de la question des jésuites à Ratisbonne. 1867[2], xix, 286.

Bayle. Bonhomme (abbé A.), Éloge funèbre de M. l'abbé Bayle, *F. D.* 1874[1], xxx, 308.

Beau. Gaborit (abbé P.), Le beau dans la nature et dans les arts, *J. de Bonniot.* 1872[2], xxvii, 117.

» Jungmann (J.), S. J. Die Schœnheit und die schœne Kunst, *C. Lahr.* 1868[1], xx, 425.

» Mérit (abbé), Lettres sur le beau en littérature, *H. Martin.* 1880, xlii, 637.

Beaux-Arts. Boussu (N.), L'administration des Beaux-Arts. 1877[2], xxxvii, 456.

Béates. Dunclas, Les Sœurs de l'Instruction et les Béates, *J. H.* 1866[1], xv, 373.

» Les femmes et les béates de la Haute-Loire, *F. Desjacques.* 1879[1], xl, 951.

Béatitudes. Landriot (Mgr), Les Béatitudes évangéliques. *C. Daniel.* 1866[2], xvi, 275.

Bellefonds. Sommervogel (C.), S. J. Comme on servait autrefois; le marquis de Montcalm; le maréchal de Bellefonds. 1878[2], xxxix, 161.

Bénédictins. Bérengier (dom T.), O. S. B. La Nouvelle-Nursie, histoire d'une colonie bénédictine dans l'Australie occidentale, *J. Brucker.* 1879[2], xli, 613.

» Dantier (A.), Les monastères bénédictins d'Italie, *E. Chauveau.* 1866[3], xvii, 433; 1867[1], xviii, 304.

Berchmans. Besson (abbé), Panégyrique du bienheureux Jean Berchmans, *E. Marquigny.* 1866[2], xvi, 277.

» Docq (abbé A. J.), Le bienheureux Jean Berchmans, *J. D.* 1876[1], xxxiv, 456.

» Vanderspeeten (H. P.), S. J. Vie du bienheureux Jean Berchmans, *E. M.* 1866[1], xv, 429.

Bernard (Saint). Bonnier (E.), Abélard et saint Bernard, la philosophie et l'Église au douzième siècle. 1862, vii, 271.

» Johanny de Rochely (abbé O.), Saint Bernard, Abélard et le rationalisme moderne, *C. Sommervogel.* 1868[2], xxi, 331.

» Léotard (E.), Saint Bernard, *J. Brucker.* 1876[1], xxxiv, 779.

Berne. Crelier (abbé H. J.), L'ours devenu pasteur, ou la persécution bernoise, *C. Sommervogel.* 1874², xxxi, 622.

» Histoire de la persécution religieuse dans le Jura bernois, *C. Sommervogel.* 1876¹, xxxiv, 930.

Bert. Clair (C.), S. J. Lettres à MM. Jules Ferry et Paul Bert. 1879², xli, 160.

» Les scrupules de M. Bert; M. Bert en consultation chez le R. P. Gury, *C. Sommervogel.* 1879², xli, 474.

Bérulle. Houssaye (abbé), M. de Bérulle et les Carmélites de France, *H. Colombier.* 1874¹, xxx, 759.

Besson. Cartier (E.), Le R. P. Hyacinthe Besson, sa vie et ses lettres, *C. Cahier.* 1865², xiii, 385.

Bêtes. Beney (abbé J.), L'immortalité de l'âme des bêtes jugée par saint Thomas, *L. Senepin.* 1877¹, xxxvi, 144.

» Bonniot (J. de), S. J. La bête, *A. D.* 1874². xxxi, 778.

Bianchi. Bavarelli (le P.), barn. Vie du vén. F.-X. Bianchi (trad. par l'abbé de Valette), *C. Sommervogel.* 1870-71, xxv, 634.

Bible. Bungener (F.), Rome et la Bible, *A. Matignon.* 1859, iv, 280.

» Champagny (F. de), La Bible et l'économie politique, *F. Desjacques.* 1879², xli, 304.

» Deschamps (abbé Aug.), La nouvelle école antibiblique et l'origine du monothéisme, *F. D.* 1873², xxix, 143.

» Drioux (abbé J.), La sainte Bible, *C. S.* 1873¹, xxviii, 935; — *J. Brucker.* 1873², xxix, 778.

» Gainet (abbé), Histoire de l'Ancien et du Nouveau Testament par les seuls témoignages profanes, ou la Bible sans la Bible, *H. Mertian.* 1866³, xvii, 570; — *J. de Bonniot.* 1872¹, xxvi, 626. — Accord de la Bible et de la géologie, *A. Haté.* 1879¹, xl, 111.

» Giguet (P.), La sainte Bible, *F. Desjacques.* 1874², xxxi, 142.

» Glaire (abbé J.-B.), La sainte Bible selon la Vulgate. 1861, vi, 506. — Le Nouveau Testament selon la Vulgate, *F. Paton.* 1867², xix, 909. — Les Livres saints vengés, *F. D.* 1875¹, xxxii, 139.

» Reusch (H.), Bibel und Natur. 1863, viii, 830; — *A. Haté.* 1868², xxi, 458.

» Salmon (abbé), La sainte Bible (illustrée). 1877², xxxvii, 455.

» Schuster (Dr J.), Handbuch zur biblischen Geschichte. 1862, vii, 425; — (trad. par l'abbé Couissinier), *C. Sommervogel.* 1870-71, xxv, 476.

» Soury (J.), La Bible et l'archéologie, *R. Champon.* 1872¹, xxvi, 830.

Bible (*Suite.*) Spol. (E.), Dictionnaire de la Bible. 1877², xxxvii, 906.

» Vigouroux (abbé F.), La Bible et les découvertes modernes en Égypte et en Assyrie, *A. Delattre.* 1877², xxxvii, 124; — *J. Brucker.* 1879², xli, 727. — Manuel biblique, *F. Desjacques.* 1897¹, xl, 304; 1880, xlii, 309.

» Ziegler (L.), Die lateinischen Bibelübersetzungen vor Hieronymus und die *Itala* des Augustinus, *F. Desjacques.* 1878², xxxix, 721.

» Nouvelle traduction patronnée par M. Renan. 1867¹, xviii, 301. — La sainte Bible, version arabe, *J. Brucker.* 1879¹, xl, 787.

» Voir *Concordance, Écriture, Évangile* et les divers *livres saints.*

Bibliographie. Carayon (A.), S. J. Bibliographie historique de la Compagnie de Jésus, *C. Sommervogel.* 1864³, xi, 548.

» Madden (A.), Lettres d'un bibliographe, *C. Sommervogel.* 1878¹, xxxviii, 449.

» Pagès (L.), Bibliographie japonaise, *A. Dutau.* 1860, v, 153.

Bibliothèque. Backer (A. de), S. J. Bibliothèque des écrivains de la Compagnie de Jésus, *P. Clauer.* 1869², xxiii, 159; — *V. de Buck.* 1870¹, xxiv, 296.

» Brown (J.), S. J. Bibliothèque des écrivains de la Compagnie de Jésus en Pologne, *J. Martinov.* 1864², x, 103.

» Combefis (P.), Bibliothèque oratoire des Pères de l'Église (Gonel et Père), *C. Daniel.* 1859, iv, 461.

» Gallardo (B. J.), Ensayo de una biblioteca española de libros raros y curiosos, *J. Tailhan.* 1865¹, xii, 226.

» Ingold (le P.), orat. Bibliothèque oratorienne : Vies de quelques prêtres de l'Oratoire (du P. Cloyseault), *C. S.* 1880, xlii, 783.

» Jacob de Saint-Charles (L.), Bibliotheca personata, *P. Clauer.* 1877², xxxvii, 74.

» Jaffé (P.), Bibliotheca rerum germanicarum, *H. Colombier.* 1868¹, xx, 918.

» Van Tricht (V.), S. J. La Bibliothèque des écrivains de la Compagnie de Jésus et le P. A. de Backer, *C. Sommervogel.* 1876¹, xxxiv, 142.

Bichier. Rigaud (le P.), Vie de la bonne Sœur Élisabeth Bichier des Ages, *E. Chauveau.* 1867², xix, 750.

Biographies et Panégyriques, Perreyve (abbé H.), *A. Gaillard.* 1867¹, xix, 603.

Bohême. Palacki (F.), Geschichte von Bœhmen, *J. Martinov.* 1868², xxi, 829.

Boileau. Tamizey de Larroque (P.), Notes sur J.-J. Boileau, *F. Le Lasseur.* 1878¹, xxxviii, 126.

Boisson. Bridgett (T. E.), red. The discipline of drink. 1877[1],
xxxvi, 760.

Boivault. Bourrée (le P.), orat. Vies de M. Févret et de Mme la
présidente Boivault, *C. D.* 1865[2], xiii, 413.

Bollandistes. Guérin (Mgr P.), Les Petits Bollandistes, *C. Sommervogel.* 1876[2], xxxv, 610.

» Ram (F.-X. de), Les nouveaux Bollandistes. 1861, vi, 166.

Bonaventure (Saint). Fanna (F. a), O. S. F. Ratio novæ collationis operum sancti Bonaventuræ, *C. Sommervogel.* 1874[2],
xxxi, 302.

Bonheur. Lescœur (L.), orat. La science du bonheur, *C. Verdière.*
1874[1], xxx, 448.

Bonnard. Un prêtre du diocèse de Lyon, Tong-King et martyr, ou
Vie du vénérable J.-L. Bonnard, *C. S.* 1876[2], xxxv, 138.

Bonnault. Martin (abbé F.), Vie de Mme de Bonnault d'Houet. 1862,
vii, 865.

Bossuet. Caqueray (C. de), Le Credo de Bossuet, *C. Sommervogel.*
1868[2], xxi, 827.

» Floquet (A.), Études sur la vie de Bossuet, jusqu'à son entrée
en fonctions en qualité de précepteur du Dauphin (1627-70);
— Bossuet, précepteur du Dauphin fils de Louis XIV, et évêque à la cour(1670-82), *C. Daniel.* 1866[1], xv, 145.

» Minard (L.), Bossuet inconnu; notice sur les Satires de Juvénal
et de Perse, traduites et commentées pour le Dauphin. 1877[2],
xxxvii, 302.

Botanique. Bellynck (A.), S. J. Cours élémentaire de botanique,
T. Pepin. 1875[1], xxxii, 293.

» Le Maout (E.) et Decaisne (J.), Traité général de botanique
descriptive et analytique, *A. Bellynck.* 1869[1], xxii, 528.

Bothwell. Schiern, Le comte de Bothwell, étude biographique, *E.
Marquigny.* 1864[3], xi, 660.

» Wiesener (L.), Marie Stuart et le comte de Bothwell, *E. Marquigny.* 1864[3], xi, 371.

Bourdaloue. Poulin (F.), Étude sur Bourdaloue. 1877[2], xxxvii, 456.

» Veuillot (L.), Molière et Bourdaloue, *G. Longhaye.* 1877[2],
xxxvii, 715.

» M***, Année pastorale de Bourdaloue, *M. Lauras.* 1869[1], xxii, 780.

Brabant. Poullet (E.), Histoire du droit pénal dans le duché de
Brabant, *C. de Smedt.* 1870-71, xxv, 794.

Brébeuf. Marie (C.), Notice sur les trois Brébeuf, *C. Sommervogel.*
1876[1], xxxiv, 774.

Brébeuf. Martin (F.), S. J. Hurons et Iroquois ; le P. Jean de Bré-
(*Suite.*) beuf. 1877[2], xxxvii, 301.

Breslau. Heine (J.), Documentirte Geschichte des Bisthums und
Hochstiftes Breslau, *J. M.* 1866[1], xv, 128.

Bretagne. Carné (comte de), Les États de Bretagne et l'administration de cette province jusqu'en 1789, *V. Mercier.* 1868[2],
xxi, 472.

» Frain (E.), Fleurs de Bretagne. 1877[2], xxxvii, 621.

» Halleguen (E.), L'Armorique bretonne, celtique, romaine et
chrétienne, *II. M.* 1864[3], xi, 707.

» Jehan (L. F.), La Bretagne, esquisses, *P. Toulemont.* 1863,
viii, 969.

» Kerviler (R.), La Bretagne à l'Académie française, *C. S.* 1880,
xlii, 318.

Bréviaire. Roscovany (Mgr de), Cœlibatus et breviarium. 1863,
viii, 152.

» Breviarium romanum. 1879[2], xli, 942.

Brossard. Du Tressay (abbé), Vie de Marie-Rose Brossard, *C. S.*
1869[2], xxiii, 156.

Brouage. Audiat (L.), Brouage et Champlain, documents, *C. Sommervogel.* 1879[2], xli, 471.

Bulgakow. Franzelin (J.-B.), S. J. Examen doctrinæ Macarii Bulgakow et Josephi Langen de processione Spiritus Sancti, *P.
Pierling.* 1877[1], xxxvi, 289. — Voir *Macaire.*

Bulgarie. Kanitz (F.), Donau-Bulgarien und Balkan, *J. Brucker.*
1877[2], xxxvii, 650.

Bulles. Hernaez (F.-X.), S. J. Coleccion de bulas, breves y otros
documentos relativos a la Iglesia de America y Filipinas, *J.
Brucker.* 1880, xlii, 785.

» Mury (abbé P.), La bulle Unam sanctam, *G. Desjardius.* 1880,
xlii, 161.

Burton. Hunter (T.), S. J. An english Carmelite, the life of Cath.
Burton. 1877[1], xxxvi, 760.

Bussières. Congnet (abbé H.), Mme de Bussières, *E. Chauveau.*
1867[2], xix, 293.

C

Calcutta. Buck (V. de), S. J. Notice sur la mission belge de Calcutta,
J. G. 1864[3], xi, 706.

Calendrier. Nilles (N.), S. J. Kalendarium manuale utriusque Ecclesiæ orientalis et occidentalis, *J. Martinov.* 1879[2], xli, 153.

» Petit traité du calendrier. 1877[2], xxxvii, 908.

Calmette. Bach (J.), S. J. Le P. Calmette et les missionnaires indianistes, *C. Sommervogel*. 1868², xxi, 338.

Caluin. Bolsec (H.), Histoire de la vie, mœurs, actes, doctrine, constance et mort de Jean Caluin (F. Chastel), *C. Sommervogel*.
1875¹, xxxii, 936.

Calvaire. Chaffanjon (abbé), Les veuves et la charité; l'Œuvre du
Calvaire, *C. Sommervogel*. 1873², xxix, 133.

Campagne. Bautain (abbé), La belle saison à la campagne, *A. Matignon*. 1862, vii, 409.

» Fleurance (comte de), Les campagnards. 1877², xxxvii, 621.

» Jeantet (O.), Réflexions d'un montagnard parisien à propos de
la désertion des campagnes, *V. Alet*. 1867², xix, 148.

» Labrune (abbé), Mystères de la campagne (controverse). 1862,
vii, 568.

Canada. Drapeau (S.), Études sur le développement de la colonisation
du Bas-Canada (1851-1861), *J. Tailhan*. 1865², xiii, 268. —
Histoire des institutions de charité, de bienfaisance et d'éducation du Canada, *C. Sommervogel*. 1878², xxxix, 430.

» Dussieux (L.), Le Canada sous la domination française, *C. S.*
1870¹, xxiv, 723.

Canisius. Alet (V.), S. J. Le bienheureux Canisius ou l'apôtre de
l'Allemagne au seizième siècle, *C. D.* 1865², xiii, 416.

» Boero (J.), S. J. Vita del B. Pietro Canisio, *V. Alet*. 1865¹,
xii, 251.

» Deham (A.), S. J. Abrégé de la vie du bienheureux Canisius, *G.*
1865¹, xii, 657.

» Dorigny (J.), S. J. La vie du R. P. Pierre Canisius, *V. Alet*.
1865¹, xii, 251.

» Jouvancy (J. de), S. J. Esquisse biographique du vénérable serviteur de Dieu, Pierre Canisius (trad. par le P. Deynoodt),
V. Alet. 1865¹, xii, 251.

» Seguin (E.), S. J. Vie du bienheureux Pierre Canisius, *V. Alet*.
1865¹, xii, 251.

Canoniste (Le) contemporain, Grandclaude (abbé E.), *J. Pra*.
1879¹, xl, 291.

Cantique. Meignan (abbé), M. Renan et le Cantique des cantiques.
1860, v, 496.

» Marquet (L.), S. J. Grand recueil de cantiques, *J. Noury*. 1873²,
xxix, 460.

» Wackernagel (P.), Das deutsche Kirchenlied bis zu Anfang des
17. Jahrhunderts. 1862, vii, 573.

Capitulations. Genton (S.), De la juridiction française dans les Échelles du Levant ; les capitulations, *C. S.* 1873[2], xxix, 132.

Captivité. Rambaud (abbé C.), Six mois de captivité à Kœnigsberg, *C. de Laage.* 1872[2], xxvii, 112.

Caractéristiques. Cahier (C.), Les caractéristiques des saints dans l'art populaire, *J. Tailhan.* 1866[3], xvii, 140 ; — *C. Daniel.* 1868[2], xxi, 353.

Carmel. Blot (le P.), Notre-Dame du Mont-Carmel, *C. S.* 1879[1], xl, 452.

» Braun (A.), S. J. Une fleur du Carmel, Marie Frémont, *C. Sommervogel.* 1878[2], xxxix, 427.

Carmélites. Félix (J.), S. J. La Carmélite, *C. d'A.* 1864[3], xi, 564.

» Houssaye (abbé), M. de Bérulle et les Carmélites de France, *H. Colombier.* 1874[1], xxx, 759.

Carmes. Sorel (A.), Histoire du couvent des Carmes et du séminaire de Saint-Sulpice pendant la Terreur. 1863, viii, 833.

Cartes. Merlin (R.), Origine des cartes à jouer, *C. Cahier.* 1870-71, xxv, 304.

» Carte de France au 100 000ᵉ, *J. Brucker.* 1880, xlii, 159.

Carvajal. Fullerton (lady G.), Dona Luisa de Carvajal (trad. par Mme Valmont), *J. Forbes.* 1876[2], xxxv, 762.

Castelfidardo. Lafond (E.), Lorette et Castelfidardo, lettres d'un pèlerin. 1862, vii, 719.

Catacombes. Desbassayns de Richemont (comte), Les nouvelles études sur les Catacombes romaines, *V. Mercier*, 1870-71, xxv, 153 ; — *P. Toulemont.* 1873[1], xxviii, 135.

» L'Épinois (H. de), Les Catacombes de Rome, *C. Sommervogel.* 1875[1], xxxii, 762.

» Rossi (J.-B. de), Aperçu général sur les Catacombes. 1867[2], xix, 159.

» Wolter (dom M.), Les Catacombes de Rome et la doctrine catholique, *P. Toulemont.* 1873[1], xxviii, 135.

Catalogue. Catalogue de la bibliothèque de M. le comte Ch. de l'Escalopier, *C. S.* 1868[1], xx, 762.

» Catalogus librorum venalium in orphanotrophio Tou-sai-vai, *C. Sommervogel.* 1877[2], xxxvii, 623.

Catéchisme. Bluteau (abbé), Catéchisme catholique d'après saint Thomas d'Aquin, *A. M.* 1867[1], xviii, 582.

» Couissinier (abbé M. B.), Le catéchisme en images. 1863, viii, 975.

Cécile (Sainte). Guéranger (dom P.), O. S. B. Sainte Cécile et la société romaine aux deux premiers siècles, *J. Dugas*. 1874[2], xxxi, 716.

» Ségur (A. de), Sainte Cécile, poème tragique, *F. Poirré*. 1868[2], xxi, 620.

Célibat. Roscovany (Mgr A. de), Cœlibatus et breviarium. 1863, viii, 152.

Céphalopodes. Barrande (J.), Distribution des céphalopodes dans les contrées siluriennes. 1872[2], xxvii, 946.

Cerveau. Luys (J.), Le cerveau et ses fonctions, *J. de Bonniot*. 1878[1], xxxviii, 331.

Césarisme. Coquille (J.-B. V.), Le césarisme dans l'antiquité et dans les temps modernes, *C. de Laage*. 1872[1], xxvi, 621.

» Manning (Mgr H. E.), Césarisme et ultramontanisme, *H. Ramière*. 1875[1], xxxii, 515.

Césars. Champagny (F. de), Les Césars du troisième siècle, *A. Gouilloud*. 1872[1], xxvi, 854.

Chaldée. Avril (A. d'), La Chaldée chrétienne, *J. Martinov*. 1864[1], ix, 147.

» Cavaniol (H.), Les monuments en Chaldée, en Assyrie, à Babylone, *C. S.* 1870-71, xxv, 303.

» Dubor (G. de), Assyrie et Chaldée, *J. Brucker*. 1879[2], xli, 934.

Champlain. Audiat (L.), Brouage et Champlain, documents, *C. S.* 1879[2], xli, 471.

Chanel. Bourdin (le P.), mar. Vie du vénérable P. L. M. Chanel, *A. Jean*. 1867[2], xix, 446.

Chant. Bonnet (Mlle A.), Les chants de l'âme, *H. M.* 1865[1], xii, 659.

» Mohr (J.), S. J. Manuel de chant. 1877[2], xxxvii, 302.

» Dominicaine (Une religieuse), Songs in the night. 1877[2], xxxvii, 464.

» L. D. J. H., Chants sacrés du matin et du soir, *V. A.* 1872[2], xxvii, 110.

» Édition du chant grégorien, dirigée et approuvée par la Sacrée Congrégation des Rites, *J. Mohr*. 1873[2], xxix, 781.

Chantal (Sainte). Chaugy (M. de), Sainte Jeanne-Françoise Frémyot de Chantal, sa vie et ses œuvres, *E. S.* 1875[1], xxxii, 136.

» Sainte Jeanne-Françoise Frémyot de Chantal, sa vie et ses œuvres. 1877[2], xxxvii, 129.

» Les deux filles de sainte Chantal, *C. Clair*. 1870[1], xxiv, 966.

Chapelain. Tamizey de Larroque (P.), Lettres de Jean Chapelain, *C. S.* 1880, xlii, 789.

Charlemagne. Mock (D^r Th. D.), De donatione a Carolo Magno Sedi Apostolicæ anno 774 oblata, *H. Colombier.* 1864[3], xi, 409.

» Vétault (A.), Charlemagne, *H. Colombier.* 1876[2], xxxv, 934.

Charles (Saint). Colombel-Gabourd (N.), Vie de saint Charles Borromée, *P. Mazoyer.* 1869[2], xxiii, 650.

» Parisot (abbé), Esprit de saint Charles Borromée, *B. C.* 1880, xlii, 784.

Charles VII. Vallet de Viriville (A.), Histoire de Charles VII, roi de France, et de son époque. 1863, viii, 501.

Charité. Dupanloup (Mgr), La charité chrétienne et ses œuvres. 1863, viii, 1125.

» Lallemand (L.), Histoire de la charité à Rome, *C. Sommervogel.* 1878[2], xxxix, 277.

» Razzi (dom S.), cam. Le livre de la charité (trad. par E. Razy), *C. S.* 1878[2], xxxix, 718.

Chemin de fer. Jacqmin (F.), De l'exploitation des chemins de fer, *H. de Sesmaisons.* 1869[1], xxii, 296.

Chimie. Leclerc (J.), La chimie expliquée à mes enfants, *J. Brucker.* 1879[2], xli, 616.

Chine. Cordier (H.), Bibliotheca sinica, *C. S.* 1879[2], xli, 477.

» Courcy (marquis de), L'Empire du milieu, *A. Gautier.* 1868[2], xxi, 150.

» David (abbé A.), Journal de mon troisième voyage en Chine, *T. Pepin.* 1875[2], xxxiii, 929.

» Girard (abbé O.), France et Chine, *C. Chambon.* 1869[2], xxiii, 971.

» Lavollée (C.), La Chine contemporaine, *H. Mertian.* 1860, v, 477.

» Medhurst (W. H.), The foreigner in far Cathay, *M. Desjacques.* 1874[1], xxx, 284.

» Prémare (J. de), S. J. Vestiges des principaux dogmes chrétiens, tirés des anciens livres chinois (trad. par MM. Bonnetty et Perny), *J. Brucker.* 1879[1], xl, 425.

» Rochechouart (comte de), Pékin et l'intérieur de la Chine, *C. S.* 1878[2], xxxix, 285.

Chrétienne (Vie). Bautain (abbé), La chrétienne de nos jours; — Le chrétien de nos jours, *A. Matignon.* 1862, vii, 409. — Méditations chrétiennes. 1873[1], xxviii, 148.

» Berthier (J.), Des états de la vie chrétienne et de la vocation, *C. S.* 1875[2], xxxiii, 470.

Chrétienne (Vie). Boué (F.), S. J. Nouveau manuel du chrétien. (*Suite.*) 1877², xxxvii, 303.

» Daniel (C.), S. J., Le devoir du chrétien dans les jours d'épreuve et de combat. 1861, vi, 352.

» Delagrange (abbé), Le miroir de la vie chrétienne, *C. S.* 1879², xli, 604.

» Desjardins (E. G.), Le chrétien au pied des autels. 1863, viii, 981.

» Drohojowska (comtesse), Les chrétiennes de la cour, *V. A.* 1865¹, xii, 129.

» Luquet (abbé E.), La vie chrétienne dans le monde, *C. S.* 1878², xxxix, 126.

» Marty, Vie des chrétiens illustres, *J. Noury.* 1860, v, 481.

» Ravignan (X. de), S. J. La vie d'une dame chrétienne dans le monde. 1861, vi, 175.

» Ribbe (C. de), Deux chrétiennes pendant la peste de 1720, *C. S.* 1874¹, xxx, 910.

Christianisme. Alet (V.), S. J. La divinité du christianisme démontrée par un fait (la ruine de Jérusalem), *E. M.* 1868¹, xx, 606.

» Baur (C.), Das Christenthum und die christliche Kirche der drei ersten Jahrhunderte, *H. Mertian.* 1861, vi, 608; 1862, vii, 66.

» Bougaud (abbé E.), Le christianisme et les temps présents, *E. Seguin.* 1874², xxxi, 780; — *J. Pra.* 1878², xxxix, 204.

» Desgeorge (abbé), Du demi-christianisme, *J. Dugas.* 1875², xxxiii, 623.

» Dœllinger (J. J.), Christenthum und Kirche in der Zeit der Grundlegung. 1861, vi, 164.

» Félix (J.), S. J., Christianisme et socialisme, *F. Desjacques.* 1879², xli, 629.

» Hartmann (E. de), La dissolution du christianisme et la religion de l'avenir, *J. de Bonniot.* 1878¹, xxxviii, 469.

» Hettinger (Dr F.), Apologie du christianisme (trad. par Lalobe de Felcourt et Jeannin), *C. Clair.* 1870¹, xxiv, 308; — *F. D.* 1873², xxix, 470.

» Laurent (F.), La philosophie du dix-huitième siècle et le christianisme, *F. Desjacques.* 1867¹, xviii, 341.

» Lenormant (C.), De la divinité du christianisme dans ses rapports avec l'histoire, *C. Daniel.* 1869², xxiii, 808.

» Maret (Mgr), L'antichristianisme, discours, *J. N.* 1864³, xi, 243, 420.

Christianisme. Ribot (P.), Du rôle social des idées chrétiennes,
(Suite.) F. Desjacques. 1879[1], xl, 785.

» Sallony (J.), Du progrès de l'idée chrétienne dans la littérature,
L. Langlois. 1864[2], x, 106.

» Thomas (abbé), Études critiques sur les origines du christianisme, *C. de Laage.* 1870[1], xxiv, 799.

» Vitet (L.), De l'état actuel du christianisme en France, *P. Toulemont.* 1867[1],xviii, 383.

» Presbyter anglicanus, Christianity or Erastianism, a letter
adressed to his Em. cardinal Manning, *J. Forbes.* 1876[1],
xxxiv, 371.

Chronique. Barhebræus (Grég. Abu'l Pharadg), Cronicon ecclesiasticum (Abbeloos et Lamy) *J. Corluy.* 1877[2], xxxvii, 776.

» Brunton (T.), Chronologie universelle jusqu'à l'ère vulgaire.
1873[2], xxix, 131.

Chute. Blanc de Saint-Bonnet (A.), Préliminaires du livre de la
chute, *J. Pra.* 1879[1], xl, 135.

» Guitton (abbé), L'homme relevé de sa chute. 1860, v, 174.

Cicéron. Boissier (G.), Cicéron et ses amis, *J. Marie.* 1866[2],
xvi, 124.

Ciel. Guillemin (A.), Les cieux, réponses aux astronomes sceptiques,
E. Paton. 1867[1], xviii, 432.

» Allons au ciel! *C. S.* 1879[1], xl, 953.

Cinéas. Villefranche (J. M.), Cinéas ou Rome sous Néron, *C. Verdière.* 1870-71, xxv, 478.

Çité. Bossuet, Quæstio theologica: Quænam est civitas Dei? 1869[1],
xxii, 910.

» Charaux (C.), Le sommet de la cité chrétienne, *C. Sommervogel.*
1875[1], xxxii, 940.

» Fustel de Coulanges (D.), La cité antique, *H. Mertian.* 1864[3],
xi, 551.

Cîteaux. Guignard (P.), Analecta divionensia : Les monuments primitifs de la règle cistercienne, *C. Sommervogel.* 1878[2],
xxxix, 717.

Citoyen. Simon (J.), Le livre du petit citoyen, *F. Desjacques.* 1880,
xlii, 464.

Civilisation. Magaud (A.), Le génie civilisateur du catholicisme.
1878[2], xxxix, 287.

» Mahon de Monaghan (E.), L'Église, la Réforme, la philosophie
et le socialisme au point de vue de la civilisation moderne,
H. M. 1864[3], xi, 565.

Clément d'Alexandrie (Saint). Freppel (Mgr), *J. Tailhan.* 1866[1],
 xv, 430 ; 1866[2], xvi, 366.

Clerc. Daniel (C.), Le P. Alexis Clerc. 1875[2], xxxiii, 221.

Clergé. Isoard (abbé), Le clergé et la science moderne, *P. T.* 1865[1],
 xii, 427.

» Redon (E.), Causeries électorales : De l'action du clergé dans les
 élections. 1877[2], xxxvii, 622.

» Rubichon et Mounier (L.), L'action du clergé dans les sociétés
 modernes, *J. Chartier.* 1860, v, 276.

Cléricalisme. Chapot (abbé E.), Le cléricalisme et l'esprit moderne,
 C. S. 1878[2], xxxix, 136.

Clinique. Maisonneuve (J.G.), Clinique chirurgicale, *L. Langlois.*
 1864[2], x, 270.

Cloche. Blavignac (J. D.), La cloche, étude sur son histoire et ses
 rapports avec la société, *C. S.* 1877[2], xxxvii, 448.

Clotilde (Sainte). Gay (le P.), mar. Sainte Clotilde et les origines
 chrétiennes de la nation française, *J. Noury.* 1868[2], xxi, 153.

» Le Dantec (abbé L. M.), Clotilde, poème tragique, *L. Senepin.*
 1877[1], xxxvi, 620.

» Rouquette (abbé), Sainte Clotilde et son siècle, *J. Noury.* 1868[2],
 xxi, 153, 504.

Cluny. Pignot (J. H.), Histoire de l'Ordre de Cluny jusqu'à la mort
 de Pierre le Vénérable, *C. Sommervogel.* 1870-71, xxv, 933.

Cœur. Lohan (abbé), Le fond du cœur, *H. P.* 1874[2], xxxi, 943.

Cœur (Sacré). Arnold (P.), S. J. Imitation du Sacré Cœur de Jésus
 (trad. par l'abbé Bélet), *F. Dumas.* 1865[1], xii, 422.

» Bouffier (G.), S. J. De l'amour et du Cœur de Notre-Seigneur
 Jésus-Christ, *C. Sommervogel.* 1879[1], xl, 453.

» Boutrais (dom C. M.), chart. Lansperge le Chartreux et la dévotion au Sacré Cœur, *C. S.* 1879[1], xl, 772.

» Debexey (abbé), Manuel de la Triple Couronne du Sacré Cœur,
 C. S. 1879[1], xl, 952.

» Deham (A.), S. J. Le Sacré Cœur de Jésus offert à la jeunesse
 studieuse, *H. M.* 1865[2], xiii, 130.

» Grimouard de Saint-Laurent (comte de), Les images du Sacré
 Cœur, *X.X.* 1880, xlii, 773.

» Jungmann (J.), S. J. Fünf Sætze zur Erklærung und zur wis-
 senschaftlichen Begründung der Andacht zum hl. Herzen
 Jesu, *H. de Bigault.* 1878[1], xxiv, 233.

» Manning (cardinal H. E.), The glories of the Sacred Heart.
 1877[1], xxxvi, 624.

Cœur (Sacré). Nouet (J.), S. J., Le chrétien à l'école du Sacré Cœur (*Suite.*) de Jésus, *C. S.* 1870[1], xxiv, 965.

» Riche (abbé A.), Le cœur de l'homme et le Sacré Cœur de Jésus. 1878[2], xxxix, 128.

» Schmude (Th.), S. J. La dévotion au Sacré Cœur de Jésus. 1878[1], xxxviii, 873.

Colbert. Clément (P.), Histoire de Colbert et de son administration, *C. Verdière.* 1876[1], xxxiv, 123.

Colette ((Sainte). Bizouard (abbé T.), Couvent de l'*Ave Maria ;* sainte Colette à Auxonne, *C. Sommervogel.* 1879[2], xli, 470.

» Douillet (abbé), Sainte Colette, *C. S.* 1870[1], xxiv, 159.

Collège. Martin (abbé Ch.), Le collège, discours. 1867[2], xix, 608.

Colonies. Notices sur les colonies françaises, *E. P.* 1866[2], xvi, 286.

Comminges. Dufor (abbé D.), Polignan et Comminges, *C. S.* 1879[1], xl, 305.

Commune. Demolins (E.), Le mouvement communal et municipal au moyen âge, *C. Sommervogel.* 1875[1], xxxii, 779.

» Joanne (A.), Dictionnaire des communes de la France, *E. P.* 1866[1], xv, 130.

» Vidieu (abbé), Histoire de la Commune de Paris en 1871, *C. S.* 1876[2], xxxv, 935.

Communion. Alphonse (Saint), Deux opuscules sur la communion fréquente (trad. par l'abbé Gerson). 1861, vi, 349.

Comnène. Riant (comte P.), Alexii Comneni ad Robertum Flandriæ comitem epistola, *C. S.* 1879[2], xli, 469.

Composition. Guérin (F. M.), S. J. De la composition oratoire, *C. Daniel.* 1861, vi, 119.

Comput. Prêtre (Un), Commentarius in proœmium breviarii et missalis de computo ecclesiastico, *J. M.* 1865[1], xii, 268.

Comte (Auguste). Littré (E.), Auguste Comte et la philosophie positive, *J. de Bonniot.* 1870[1], xxiv, 497.

» Mill (Stuart), Auguste Comte et le positivisme, *J. de Bonniot.* 1870[1], xxiv, 497.

Conception Immaculée. Bernard (abbé M.), L'Église de Lyon et l'Immaculée Conception. 1877[2], xxxvi, 907.

» Gagarin (J.), S. J. L'Église russe et l'Immaculée Conception, *P. Pierling.* 1876[1], xxxiv, 772.

» Toscani (T.), bas. De immaculata Deiparæ conceptione hymnologia Græcorum, *J. Martinov.* 1866[1], xv, 569.

Concile. Du Boys (A.), De l'influence sociale des conciles, *H. Colombier.* 1869[2], xxiii, 143.

Concile. Dupanloup (Mgr), Lettre sur le futur concile œcuménique, (*Suite.*) *C. Daniel.* 1868², xxi, 980.

» Gladstone (W. E.), The Vatican decrees and their bearing on civil allegance, *H. Ramière.* 1875¹, xxxii, 23, 247.

» Jacques (le P.), réd. Du Pape et du concile, doctrine de saint Alphonse, *H. de V.* 1870-71, xxv, 145.

» Læmmer (H.), In decreta concilii Ruthenorum Zamosciensis animadversiones theologico-canonicæ, *J. Martinov.* 1866¹, xv, 568.

» Lamy (T. J.), Concilium Seleuciæ et Ctesiphonti habitum anno 410, *H. Matagne.* 1869¹, xxii, 149.

» Lémann (abbés), La question du Messie et le concile du Vatican, *C. S.* 1869², xxiii, 816.

» Lingen (C.) et Reuss (P.), Causæ selectæ in Congregatione Concilii Tridentini, *C. de Laage.* 1872¹, xxvi, 148.

» Manning (cardinal H. E.), L'histoire vraie du Vatican (trad. par C. Nothomb), *F. Desjacques.* 1878¹, xxxviii, 301.

» Maret (Mgr), Du concile général et de la paix religieuse, *A. Matignon.* 1869², xxiii, 614. — Le Pape et les évêques, *A. Matignon.* 1870¹, xxiv, 93.

» Massarello (A.) et Paleotto (G.), Acta genuina SS. œcumenici concilii Tridentini (A. Theiner), *J. Martinov.* 1875¹, xxxii, 442.

» Monsabré (le P.), O. P. Concile et jubilé (conférences), *C. S.* 1870¹, xxiv, 640.

» Nampon (A.), S. J. Étude de la doctrine catholique dans le concile de Trente, *J. Noury.* 1868¹, xx, 149.

» Ollivier (E.), L'Église et l'État au concile du Vatican, *H. Martin.* 1879², xli, 247.

» Pressensé (E. de), Le concile du Vatican, son histoire et ses conséquences politiques et religieuses, *G. Desjardins.* 1872², xxvii, 365.

» Sambin (J.), S. J. Histoire du concile œcuménique et général du Vatican, *G. Desjardins.* 1872², xxvii, 365.

» Veuillot (L.), Rome pendant le concile, *H. Ramière.* 1872², xxvii, 115.

» Un moine bénédictin, Le saint concile œcuménique de Florence, *J. Martinov.* 1866¹, xv, 567.

» Presbyteri S. J. Acta et decreta conciliorum recentiorum (Collectio Lacensis). 1873², xxix, 465; — *G. K.* 1877¹, xxxvi, 735; 1879², xli, 763.

» Un prêtre du diocèse de Tournai, Jubilé du concile, *H. de V.* 1870¹, xxiv, 314.

Concile. Acta et decreta concilii provinciæ Pragensis anno Domini (*Suite*.) MDCCCLX. 1863, VIII, 977. — Canons du concile provincial de Bordeaux (1624), *J. Pra.* 1878[1], XXXVIII, 850.

Concordance. TONINI (G.), O. Min. Concordantiæ bibliorum sacrorum. 1876[1], XXXIV, 156.

» Concordantiæ bibliorum sacrorum. 1861, VI, 352.

Concordat. HÉBRARD (abbé), Les articles organiques devant l'histoire, le droit et la discipline de l'Église, *C. de Laage.* 1870-71, XXV, 942.

» LAVELEYE (E. de), Le Concordat autrichien, *C. Clair.* 1869[1], XXII, 854.

Conférences. ALCAN (E.), La légende des âmes, souvenirs de quelques Conférences de Saint-Vincent de Paul, *C. S.* 1879[1], XL, 772.

» BESSON (abbé), Conférences de Besançon, *L. Cochard.* 1874[2], XXXI, 595.

» GAY (abbé C.), Conférences aux mères chrétiennes, *J. Noury.* 1877[2], XXXVII, 440.

» LANDRIOT (Mgr), Conférences aux dames du monde, *C. D.* 1865[3], XIV, 415.

» PIERRET (abbé T.), Conférences aux mères chrétiennes, *H. de V.* 1870[1], XXIV, 968.

Congrégation. CLAIR (C.), S. J. La Congrégation de la Très-Sainte-Vierge à Saint-Acheul. 1877[2], XXXVII, 130.

» Souvenirs d'une Congrégation de la Sainte-Vierge, *C. Daniel.* 1864[3], XI, 122.

Congrès. RONDELET (A.), Les réunions populaires et les congrès d'ouvriers, *C. Rathouis.* 1870[1], XXIV, 656.

Consalvi. CRÉTINEAU-JOLY (J.), Mémoires du cardinal Consalvi, *L. Langlois.* 1864[3], XI, 119.

Conscience. BAUTAIN (abbé), La conscience ou la règle des actions humaines, *A. Matignon.* 1862, VII, 409.

» WADDINGTON (C.), Dieu et la conscience, *C. de Laage.* 1870-71, XXV, 474.

Conseils. MÉCHIN (abbé), Conseils aux jeunes filles, *F. Desjacques.* 1879[1], XL, 769.

» OLIVAINT (P.), S. J. Aux jeunes gens, conseils, *C. Sommervogel.* 1880, XLII, 317.

» Conseils à ma fille et à mon gendre; lettres d'un député de la noblesse aux derniers États généraux, *S. A.* 1866[3], XVII, 583.

Constance. NEUGART (T.), Episcopatus Constantiensis alemannicus sub metropoli Moguntina, *A. Dutau.* 1862, VII, 420.

Constantin, drame. Delpit (E.), *C. Sommervogel.* 1877[2], xxxvii, 120.

Constantinople. Miklosich (F.) et Müller (J.), Acta patriarchatus Constantinopolitani (1315-1402), *J. Martinov.* 1862, vii, 407; 1863, viii, 113. — Acta et diplomata græca medii ævi sacra et profana. 1865[3], xiv, 554.

» Riant (comte P.), Exuviæ sacræ Constantinopolitanæ, fasciculus documentorum, *C. S.* 1878[1], xxxviii, 595; 1879[1], xl, 306.

Constitution civile. Sciout (L.), Histoire de la Constitution civile du clergé, *C. Sommervogel.* 1873[2], xxix, 124.

Controverse. Luquet (abbé E.), Conseils sur la controverse catholique, *F. Desjacques.* 1879[1], xl, 768.

» Morel (abbé J.), Controverses (apologétique pontificale), *J. Pra.* 1879[1], lx, 293.

» Voir *Discussions, Polémique.*

Conversion. Gagarin (J.), S. J. Conversion d'une dame russe à la foi catholique, *J. Noury.* 1862, vii, 854.

» Newman (le P.), Perte et gain, histoire d'un converti, *J. Noury.* 1860, v, 301.

» Ræss (Dr A.), Die Convertiten seit der Reformation, *H. Mertian.* 1866[1], xv, 241.

» Schouvaloff (le P.), barn. Ma conversion et ma vocation, *J. Gagarin.* 1859, iv, 455.

» Une protestante convertie au catholicisme par sa Bible et son livre de prières. 1861, vi, 170. — Notice sur la conversion au catholicisme de Henriette M. 1864[3], xi, 124.

Coran. Barthélemy Saint-Hilaire (J.), Mahomet et le Coran, *F. Gazeau.* 1865[2], xiii, 533.

Corneille. Bonieux (B.), Critique des tragédies de Racine et de Corneille par Voltaire, *G. Longhaye.* 1867[1], xviii, 391.

» Charaux (A.), Corneille; la critique idéale et catholique, *E. Marquigny.* 1877[2], xxxvii, 876; — *H. Martin.* 1879[1], xl, 466.

» Godefroy (F.), Lexique comparé de la langue de Corneille et de la langue du dix-septième siècle en général, *G. André.* 1862, vii, 844.

Corporations. Harmel (L.), Manuel d'une corporation chrétienne, *E. Marquigny.* 1877[1], xxxvi, 906; — *F. Desjacques,* 1880, xlii, 465.

Corps. His (W.), La forme de notre corps et le problème physiologique de son évolution, *V. Becker.* 1877[1], xxxvi, 672.

» Ramière (H.), L'accord de la philosophie de saint Thomas et de la science moderne au sujet de la composition des corps, *P. Bottalla.* 1877[2], xxxvii, 110.

Correspondance. Voir *Caylus, Lamartine, Massillon, Noailles, Saxe, Swetchine*.

Cosmogonie. Pianciani (J.), Cosmogonia naturale comparata col Genesi. 1863, viii, 831.

Cosmographie. Menuge (abbé C.), Cours élémentaire d'algèbre et de cosmographie, *E. Becker*. 1867[2], xix, 299.

Cossé-Brissac. Paquelin (dom L.), O. S. B. Vie et souvenirs de Mme de Cossé-Brissac, *C. S.* 1876[2], xxxv, 750.

Courants. Julien (F.), Courants et révolutions de l'atmosphère et de la mer. 1860, v, 334 ; — *C. Ledoux*. 1860, v, 471.

Couronne. Bokhari de Djohôre, La couronne des rois (trad. du malais par A. Marre), *J. Brucker*. 1879[1], xl, 789.

Courson. Un prêtre de Saint-Sulpice, Vie de M. de Courson, *J. Burnichon*. 1880, xlii, 296.

Couvents. Laurent (abbé), A quoi servent les couvents. 1877[1], xxxvi, 759.

» Murphy (J. N.), Terra incognita, or the convents of the United Kingdom. 1877[2], xxxvii, 457.

Création. Boylesve (M. de), S. J. La création. 1877[1], xxxvi, 762.

» Hæckel (E.), Histoire de la création des êtres organisés, *J. de Bonniot*. 1877[1], xxxvi, 31 ; — *V. Becker*. 1877[1], xxxvi, 672.

» Hummelauer (F. de), Der biblische Schœpfungsbericht, *J. Brucker*. 1878[2], xxxix, 129.

» Martins (C.), La création du monde organisé, *J. de Bonniot*. 1872[1], xxvi, 423.

» Orin (J. M.), La foi vengée, ou explication populaire de la création, *J. de Bonniot*. 1873[1], xxviii, 921.

» Villeneuve-Flayosc (H. de), L'unité dans la création et les limites actuelles dans la variabilité des espèces, *J. de Bonniot*. 1873[2], xxix, 428.

Crémation. Steccanella (V.), S. J. Guerre aux morts ; inhumation et crémation, *F. Desjacques*. 1879[2], xli, 785.

Critique. Scherer (E.), Mélanges de critique religieuse, *C. Daniel*. 1862, vii, 510.

» Smedt (C. de), S. J. Introductio generalis ad historiam ecclesiasticam critice tractandam, *C. S.* 1876[1], xxxiv, 779. — Dissertationes selectæ in primam ætatem historiæ ecclesiasticæ, *II. Colombier*. 1876[2], xxxv, 747.

Croix. Landriot (Mgr), Instruction pastorale sur le vrai sens de la folie de la croix, *C. Daniel*. 1860, v, 177.

Croix. Pauvert (abbé), La croix et l'autel, *J. de Bonniot.* 1873[1], (*Suite.*) xxviii, 939.

Crucifix. Grou (J. N.), S. J. La science pratique du crucifix (A. Cadrès), *C. C.* 1865[1], xii, 427.

Culte. Durand (abbé A.), Le culte catholique dans ses cérémonies et ses symboles, *H. de V.* 1869[1], xxii, 639.

Curé. Monnin (abbé), La vie du curé d'Ars. 1861, vi, 678.

» Pierret (abbé T.), De l'amovibilité des curés desservants selon le droit, *L. de R.* 1865[2], xiii, 414.

Cyrille (Saint). Martinov (J.), S. J. Recueil des saints Cyrille et Méthode, *J. Gagarin.* 1868[1], xx, 443.

D

Dainville. Un Père S. J. La vie et la mort d'Albert de Dainville, *H. M.* 1864[3], xi, 423.

Daniel. Rohling (Dr A.), Das Buch des Propheten Daniel, *J. Corluy.* 1877[1], xxxvi, 903.

Darwinisme (Le), Ferrière (C.), *J. de Bonniot.* 1872[1], xxvi, 423.

» Jourdy (E.), Darwin et Agassiz, *J. de Bonniot.* 1872[1], xxvi, 423.

» Wigand (D[r]), Le darwinisme et l'investigation de la nature de Newton et de Cuvier, *V. Becker.* 1877[1], xxxvi, 672.

David. A... (abbé), Les pleurs de David, *C. S.* 1878[2], xxxix, 138.

Décentralisation. Fontarèches (baron de), Souveraineté du peuple et décentralisation, *F. Dumas.* 1865[2], xiii, 402.

Dechamps. Bossu (abbé L.), Notice sur les œuvres complètes du cardinal Dechamps, *J. de Bonniot.* 1879, xl, 778.

Découvertes. Vigouroux (abbé F.), La Bible et les découvertes modernes en Égypte et en Assyrie, *A. Delattre.* 1877[2], xxxvii, 124; — *J. Brucker.* 1879[2], xli, 727.

Décrétales. Hinschius (P.), Decretales pseudo-isidorianæ et Capitula Angilramni, *L. de Régnon.* 1866[3], xvii, 382.

Décrets. Mühlbauer (W.), Decreta authentica S. R. Congregationis cum Notis Gardellini, et Instructio Clementina cum Commentariis. 1862, vii, 424; 1863, viii, 981.

» Prinzivalli (A.), Decreta authentica S. Congregationis Indulgentiis sacrisque Reliquiis præpositæ, *J. Gagarin.* 1862, vii, 689.

Définitions. Denzinger (H.), Enchiridion symbolorum et definitionum de rebus fidei et morum, *L. de Régnon.* 1864[3], xi, 407; — *H. Mertian.* 1865[1], xii, 657.

Delalle. Alazard (abbé), Notice sur Mgr Delalle, *V. Alet.* 1873[1], xxviii, 608.

Démétrius. Pierling (P.), S. J. Rome et Démétrius, *C. Sommervogel.* 1878[2], xxxix, 135.

Démocratie. Montégut (E.), La démocratie et la Révolution, *P. Toulemont.* 1872[1], xxvi, 249.

Démosthène. Boullée (M.), Histoire de Démosthène, *C. S.* 1867[2], xix, 157.

Denys (Saint). Gabriac (A. de), S. J. Saint Denys l'Aréopagite, premier évêque de Paris, *G. Longhaye.* 1868[2], xxi, 102.

Dépopulation. Sudre (A.), Le libre échange et la dépopulation de la France, *F. Desjacques.* 1880, xlii, 462.

Déporté. Meignan (Mgr), Un prêtre déporté en 1792, *P. Loysel.* 1862, vii, 265; — *C. Sommervogel.* 1878[2], xxxix, 573.

Descartes. Bouillier (F.), Histoire critique de la révolution cartésienne, *C. Daniel.* 1859, iv, 411.

Destinée. Mollière (A.), De la destinée humaine, *J. de Bonniot.* 1873[2], xxix, 121.

Devie. Cognat (abbé), Vie de Mgr Devie, *C. Clair.* 1866[2], xvi, 137.

Devoir. Simon (J.), Le devoir, *C. Daniel.* 1856, i, 187; — *D. Bellocq.* 1866[3], xvii, 25.

Dévote (Vie). François (Saint) de Sales, Introduction à la vie dévote, *P. T.* 1864[3], xi, 423.

» Monsabré (le P.), O. P. Or et alliage dans la vie dévote, *C. S.* 1869[1], xxii, 638.

Dictionnaire. Dochez (L.), Nouveau dictionnaire de la langue française. 1864[2], x, 272.

» Mazure (A.), Dictionnaire étymologique de la langue française usuelle et littéraire, *H. M.* 1864[3], xi, 123.

» Olivier (le P.), S. J. Dictionnaire français-kabyle, *J. Brucker.* 1879[2], xli, 615.

» Pagès (L.), Dictionnaire japonais-français, *C. C.* 1869[1], xxii, 635.

» Passard (F.-X.), S. J. Petit dictionnaire des locutions latines, *F. Desjacques.* 1878[2], xxxix, 571.

Dietrichstein. Conversion de la princesse de Dietrichstein, racontée par elle-même, *J. Gagarin.* 1879[2], xli, 151.

Dieu. Arminjon (abbé C.), Le règne de Dieu dans les sociétés actuelles, *F. Desjacques.* 1879[2], xl, 765.

» Bellune (abbé), Dieu et son amour pour ses créatures, *J. Dorgues.* 1878[2], xxxix, 566.

» Breton, L'univers sans Dieu, *T. Pepin.* 1876[2], xxxv, 139.

Dieu. Caro (E.), L'idée de Dieu et ses nouveaux critiques, *P. Toule-*
(*Suite*.) *mont*. 1864[2], x, 259.
 » Castan (abbé), De l'idée de Dieu, *C. de Laage*. 1872[1], xxvi, 452.
 » Chesnel (abbé F.), Les droits de Dieu et les idées modernes,
   F. Desjacques. 1877[1], xxxvii, 691.
 » Féret (abbé), Dieu et l'esprit humain, *J. de Bonniot*. 1872[1],
   xxvi, 147.
 » Gratry (A.), Connaissance de Dieu, *H. Ramière*. 1857, ii, 87.
 » Guilbert (Mgr), Monde et Dieu, *F. Desjacques*. 1870[1], xl, 766.
 » Guiol (abbé L.), Dieu ; la création dans ses rapports avec Dieu,
   F. Desjacques. 1877[2], xxxvii, 890.
 » Larfeuil (abbé), Le quart d'heure pour Dieu, *C. S*. 1870-71,
   xxv, 470.
 » Monsabré (J. M. L.), O. P., Existence de Dieu ; être, perfections,
   vie de Dieu, *L. Cochard*. 1874[2], xxxi, 105. — Gouvernement
   de Dieu, *H. Ramière*. 1876[2], xxxv, 229.
 » Montpellier de Nédrin (Mgr de), Défense des droits de Dieu,
   de l'Église catholique et de ses membres, *A. Matignon*. 1865[3],
   xiv, 118.
 » Poisson-Grandval (abbé), Dieu et son Christ, *C. Verdière*.
   1877[2], xxxvii, 780.
Dieux. Preller (L.), Les dieux de l'ancienne Rome (trad. par
   L. Dietz), *R. Cornely*. 1866[3], xv, 558.
Diffamation. Paillart (M.), Les franchises de l'historien ; de la diffa-
   mation envers les morts, *A. J*. 1866[1], xvii, 288.
Dioclétien. Daras (abbé E.), Les chrétiens à la cour de Dioclétien,
   P. M. 1868[1], xx, 441.
Diplomatie. Poujade (E.), La diplomatie du second Empire et du
   4 septembre, *J. F*. 1873[2], xxix, 466.
Discours. Freppel (abbé), Discours et panégyriques, *C. Clair*. 1870[1],
   xxiv, 141.
 » Jovene (C. M.), S.J. Discours d'ouverture de la Faculté de théo-
   logie à l'Université catholique de Paris, *J. Pra*. 1879[1], xl, 298.
 » Landriot (Mgr), Discours et instructions pastorales. 1860,
   v, 173.
 » Namèche (Mgr A. J.), Discours prononcé à l'ouverture des cours
   académiques de Louvain, *J. Brucker*. 1875[1], xxxii, 121.
Discussions. Liberati (marquis), Les discussions des catholiques
   suivant les règles de l'Église, *D. R*. 1873[1], xxviii, 140.
Divorce. Vidieu (abbé), Famille et divorce, *F. Desjacques*. 1879[2],
   xli, 784.

Drame. Chauvigné (A. de), Recueil dramatique à l'usage des réunions de jeunes gens, *J. Forbes*. 1876², xxxv, 763.

» Saint-Marc Girardin, Du drame religieux en France, *A. Cahour*. 1862, vii, 460.

» Un ami de la jeunesse, Récréations dramatiques, *H. Mertian*. 1864², x, 557.

Droit. Boistel (A.), Cours élémentaire de droit naturel, *C. de Laage*. 1872¹, xxvi, 757.

» Brun (L.), Conférences préparatoires à l'étude du droit, *E. Marquigny*. 1877¹, xxxvi, 244. — Introduction à l'étude du droit, *F. Desjacques*. 1879¹, xl, 943.

» Carpentier (C.), Le droit païen et le droit chrétien, *C. Daniel*. 1869², xxiii, 159.

» Champenois (abbé), Leçons de philosophie chrétienne et de droit naturel selon les principes de saint Thomas, *J. Pra*. 1878¹, xxxviii, 852.

» Deville (abbé), Le droit canon et le droit naturel, *J. Pra*. 1880, xlii, 279.

» Franck (A.), Philosophie du droit pénal, *D. Bellocq*. 1868¹, xx, 800.

» Gousset (Mgr), Exposition des principes du droit canonique, *A. Matignon*. 1859, iv, 437.

» Goyhenèche (abbé), Cours élémentaire de droit canonique, *J. B.* 1865², xiii, 555.

» Grandclaude (E.), Principes du droit public, *C. de Laage*. 1872², xxvii, 303.

» Hüffer (Dr), Forschungen auf dem Gebiete des französischen und des rheinischen Kirchenrechtes, *H. Mertian*. 1864², x, 546.

» Huguenin (L.), Expositio methodica juris canonici, *S. Adigard*. 1868¹, xx, 151.

» Luise (G. de), De jure publico seu diplomatico Ecclesiæ catholicæ, *J. Pra*. 1878², xxxix, 559.

Dubar. Leboucq (F.-X.), Mgr Édouard Dubar, *J. Brucker*. 1880, xlii, 933.

Duchesne. Baunard (abbé L.), Histoire de Mme Duchesne, *C. B.* 1878², xxxix, 423.

Dufêtre. Crosnier (Mgr), Vie de Mgr Dufêtre, *M. Lauras*. 1868², xxi, 660.

Du Guesclin. Jamison (F.), Bertrand du Guesclin et son époque (trad. par J. Baissac), *J. Marie*. 1866², xvi, 419.

Écrits. Grange (J.), Écrits populaires, *E. Marquigny*. 1877[2], xxxvii, 560.

Écriture Sainte. Danko (J.), Historia revelationis divinæ Veteris Testamenti, *J. Martinov*. 1862, vii, 710. — Historia revelationis divinæ Novi Testamenti ; — De sacra Scriptura ejusque interpretatione, *N. Bouchot*. 1869[1], xxii, 306.

» Glaire (J.-B.), Les Livres saints vengés, *F. D.* 1875[1], xxxii, 139.

» Lamy (abbé), Introductio in Sacram Scripturam. 1867[2], xix, 606.

» Patrizzi (F.-X), S. J. De interpretatione sacrarum scripturarum ; — De scripturis divinis, de peccati originalis propagatione a Paulo descripta, de Christo pane vitæ ; — De interpretatione oraculorum ad Christum pertinentium, deque Christo Zachariæ et Malachiæ vaticiniis prænunciato ; — De Evangeliis ; — De immaculata Mariæ origine a Deo prædicta ; — De consensu utriusque libri Machabæorum ; — In Joannem commentarium ; — In Marcum commentarium. 1862, vii, 251.

» Rault (abbé H.), Cours élémentaire d'Écriture Sainte, *A. J.* 1874[1], xxx, 145.

» Un directeur de Saix-Sulpice, Questions sur l'Écriture Sainte, *F. Desjacques*. 1874[2], xxxi, 777.

Écrivains. Fournel (V.), La littérature indépendante et les écrivains oubliés. 1863, viii, 150.

Édit de Nantes. Aubineau (L.), De la révocation de l'édit de Nantes, *C. S.* 1879[1], xl, 634.

Éducation. Brougham (lord), Éducation universitaire, discours, *C. Daniel*. 1860, v, 653.

» Clair (C.), S. J. Un poète réformateur de l'éducation (M. de Laprade), *C. Sommervogel*. 1873[1], xxviii, 301.

» Compayré (G.), Histoire critique des doctrines de l'éducation en France depuis le quatorzième siècle, *C. Sommervogel*. 1879[1], xl. 791 ; — *C. Daniel*. 1879[1], xl, 801 ; — *R. de Scorraille*. 1879[2], xli, 273.

» Dupanloup (Mgr), De l'éducation, *C. Daniel*. 1862, vii, 397.

» Fonssagrives (D^r), L'éducation physique des jeunes filles, *Ch. Rathouis*. 1870[1], xxiv, 153.

» Laprade (V. de), L'éducation homicide, plaidoyer pour l'enfance, *C. Clair*. 1867[1], xviii, 737.

» Monfat (A.), mar. Les vrais principes de l'éducation chrétienne, *F. Régnault*. 1876[1], xxxiv, 147. — La pratique de l'éducation chrétienne, *F. Desjacques*. 1878[2], xxxix, 419.

Église. Lebouchrr (A.), Tractatus de Ecclesia Christi, *J. Pra.* 1878[4], (*Suite.*) xxxviii, 752.

» Liberatore (M.), S. J. L'Église et l'État dans leurs rapports mutuels (trad. par un prof. de grand séminaire), *F. Desjacques.* 1877[2], xxxvii, 691.

» Montpellier de Nédrin (Mgr de), Défense des droits de Dieu, de l'Église catholique et de ses membres, *A. Matignon.* 1865[3], xiv, 118.

» Moulart (chan.), L'Église et l'État, *J. Pra.* 1879[2], xli, 124, 772.

» Mury (C.), L'Église, ses biens, ses immunités, de Constantin à Justinien. 1878[2], xxxix, 706.

» Perreyve (abbé H.), Entretiens sur l'Église catholique, *A. Rousselin.* 1865[1], xii, 235.

» Pichler (Dr A.), Histoire de la séparation des Églises d'Orient et d'Occident; à mes critiques, *J. Gagarin.* 1865[2], xiii, 112.

» Pilgram (F.), Physiologie de l'Église (trad. par l'abbé Ph. Reinhard), *P. Toulemont.* 1864[2], x, 130.

» Pitra (cardinal J.-B.), Hymnographie de l'Église grecque, *J. Gagarin.* 1868[1], xx, 337.

» Préveraud (E.), L'Église et le peuple, *J. de Bonniot.* 1872[2], xxvii, 139.

» Ramière (H.), S. J. L'Église et la civilisation moderne. 1861, vi, 675. — Les espérances de l'Église, *P. Toulemont.* 1862, vii, 693.

» Ribera (B.), O. P. Brevis enarratio historica de statu Ecclesiæ moscoviticæ (J. Martinov), *C. Sommervogel.* 1874[2], xxxi, 467.

» Richon (abbé L.), Histoire de l'Église, *E. Seguin.* 1872[1], xxvi, 622.

» Riquier et Combes (abbé), Histoire de l'Église, cours élémentaire. 1877[2], xxxvii, 463.

» Ritter (Dr J.-I.), Handbuch der Kirchengeschichte. 1862, vii, 714.

» Rohrbacher (abbé), Storia universale della Chiesa cattolica. 1863, viii, 979.

» Rozaven (J. L. de), S. J. De la réunion de l'Église russe avec l'Église catholique (prince A. Galitzin), *P. Toulemont.* 1864[2], x, 114. — L'Église russe et l'Église catholique, lettres (J. Gagarin), *P. Pierling.* 1870[2], xxxv, 613.

» Sayn-Wittgenstein (princesse C. de), L'Église attaquée par la médisance, *A. Matignon.* 1869[2], xxiii, 63.

Élisabeth. Destombes (abbé C. J.), La persécution religieuse en Angleterre sous le règne d'Élisabeth, *J. Jenner*. 1863, viii, 965.
— La persécution religieuse en Angleterre sous les successeurs d'Élisabeth, *J. Jenner*. 1864[3], xi, 687.

» Gerard (J.), S. J. Mémoires (sur le règne d'Élisabeth), *J. Forbes*. 1868[2], xxi, 602.

Éloquence. Berger (A.), Histoire de l'éloquence latine jusqu'à Cicéron, *J. de Bonniot*. 1872[2], xxvii, 624.

» Cahour (A.), S. J. Chefs-d'œuvre d'éloquence française, *H. Mertian*. 1863, viii, 1103.

» Drecker (L.), S. J. Præcepta eloquentiæ, *F. Desjacques*. 1878[2], xxxix, 570.

» Froment (T.), Essai sur l'histoire de l'éloquence judiciaire en France avant le dix-septième siècle, *C. Verdière*. 1875[1], xxxii, 411.

» Gisbert (le P.), Éloquence chrétienne. 1860, v, 493.

» Perrot (G.), L'éloquence à Athènes, *F. Desjacques*. 1873[1], xxviii, 928.

» Ravignan (X. de), S. J. Conférences sur l'éloquence de la chaire. 1861, vi, 175.

Émery. Vie de M. Émery, neuvième supérieur du Séminaire et de la Compagnie de Saint-Sulpice, *C. Sommervogel*. 1862, vii, 413.

Émigration. Laurentie (M.), Épisode de l'émigration française, *C. Sommervogel*. 1868[1], xx, 921.

Empêchements. Un professeur de théologie, Méthode pour découvrir sûrement tous les empêchements de parenté. 1878[2], xxxix, 576.

Empire. Coste (B.), Rome et le second Empire, *C. Sommervogel*, 1879[2], xli, 313.

» Leroy (abbé L.), Le règne de Dieu dans la grandeur, la mission et la chute des empires. 1862, vii, 125.

» Meaux (vicomte de), La Révolution et l'Empire, *A. Matignon*, 1867[1], xviii, 887.

Encyclique. Maupied (Mgr), Le Syllabus et l'Encyclique *Quanta cura*, commentaire, *G. Desjardins*. 1876[2], xxxv, 928.

Encyclopédie. Didot (F.) frères, Encyclopédie des familles, *C. Sommervogel*. 1869[2], xxiii, 333.

Enfants. Brochard (D[r]), La vérité sur les enfants trouvés, *C. Sommervogel*. 1876[1], xxxiv, 463.

» Jenna (Marie), Enfants et mères, *F. Desjacques*. 1873[2], xxix, 775.

» Legouvé (E.), Les pères et les enfants au dix-neuvième siècle, *J. Noury*. 1869[2], xxiii, 35.

Épîtres. Ginoulhiac (Mgr), Les Épîtres pastorales, *A. Matignon.*
    (Suite.) 1866², xvi, 427.

Épopées. Gautier (L.), Les épopées françaises, *A. Levallois.* 1867¹,
    xviii, 279; — *P. Doret.* 1868², xxi, 502; — *A. L.* 1878¹,
    xxxviii, 746.

Équateur. Dubois (L.), Le pôle et l'équateur. 1863, viii, 498; 1877²,
    xxxvii, 301.

Ermland. Bender (Dʳ J.), Geschichte der philosophischen und
    theologischen Studien in Ermland, *V. D. B.* 1869², xxiii, 974.

Erreur. Pie (Mgr), Instruction synodale sur les principales erreurs
    du temps, *P. Toulemont.* 1864³, xi, 240.

Esclavage. Allard (P.), Les esclaves chrétiens, *E. Abt.* 1876²,
    xxxv, 295.

  »   Carlier (A.), L'esclavage dans ses rapports avec l'Union améri-
    caine, *F. Dumas.* 1864¹, ix, 506.

  »   Cochin (A.), L'abolition de l'esclavage, *C. Daniel.* 1861, vi, 648.

  »   Pavy (abbé), Affranchissement des esclaves, *C. Sommervogel.*
    1875², xxxiii, 460.

  »   Wallon (H.), Histoire de l'esclavage dans l'antiquité. *F. Des-*
    jacques. 1879², xli, 785.

Esdras. Ceriani (abbé), Liber Esdræ quartus de syriaco translatus,
    abbé Le Hir. 1866³, xvii, 486.

  »   Deschamps (abbé A.), La lacune du quatrième livre d'Esdras et
    la découverte de M. Bensly, *J. Corluy.* 1877¹, xxxvi, 609.

Espagne. Baumstark (R.), Une excursion en Espagne (trad. par T.
    de Lamezan), *E. Marquigny.* 1872², xxvii, 723.

  »   Bonnal (E.), Influence du catholicisme sur la formation de l'Es-
    pagne, *L. L.* 1865², xiii, 556.

  »   Dozy (R.), Histoire des musulmans d'Espagne, *J. Tailhan.* 1870⁴,
    xxiv, 741.

  »   Gallardo (B. J.), Ensayo de una biblioteca española de libros
    raros y curiosos, *J. Tailhan.* 1865¹, xii, 226.

  »   Montalembert (comte de), L'Espagne et la liberté, *E. Marqui-*
    gny. 1877¹, xxxvi, 402.

Espèce. Agassiz, De l'espèce, *A. Haté.* 1878², xxxix, 609; 1879¹,
    xl, 221.

  »   Darwin (J.), De l'origine des espèces et des lois du progrès
    chez les êtres organisés, *A. Matignon.* 1864¹, ix, 70.

  »   Godron (A.), De l'espèce et des races dans les êtres organisés,
    A. Matignon. 1864¹, ix, 70.

  »   Quatrefages (A. de), L'espèce humaine, *J. de Bonniot.* 1877¹,
    xxxvi, 611.

Espèce. Sanson (A.), La notion philosophique de l'espèce, *J. de*
(*Suite.*) *Bonniot*. 1872[1], xxvi, 423.

» Valroger (H. de), orat. La genèse des espèces, *J. de Bonniot*.
1873[2], xxix, 428.

» Villeneuve-Flayosc (H. de), L'unité dans la création et les limites actuelles dans la variabilité des espèces, *J. de Bonniot*.
1873[2], xxix, 428.

Esprit (Saint-). Franzelin (J.-B.), S. J. Examen doctrinæ Macarii
Bulgakow et Josephi Langen de processione Spiritus Sancti,
P. Pierling. 1877[1], xxxvi, 289.

» Manning (cardinal), The temporal mission of the Holy Ghost,
J. Martinov. 1865[3], xiv, 551 ; 1867[2], xix, 159.

» Mirville (F. E. de), De l'Esprit-Saint et du miracle, *E. H.* 1868[2],
xxi, 824.

Esprits. Mirville (F. E. de), Des esprits et de leurs manifestations
diverses, *F. Desjacques*. 1863, viii, 953 ; 1866[2], xvi, 106.

Esquisses. Bernadille, Esquisses et croquis parisiens. 1877[1], xxxvi,
623 ; — *C. Sommervogel*. 1879[1], xl, 467.

» Esquisses historiques : Quatre femmes au temps de la Révolution, *C. Daniel*. 1866[1], xv, 258.

Este. Daurignac (J. M. J.), Vie de Maximilien d'Este. 1867[1],
xviii, 587.

Esthétique. Taccone-Gallucci (N.), Saggio di estetica, *E. Chauveau*.
1869[2], xxiii, 329.

État. Laboulaye (E.), L'État et ses limites, *H. Ramière*. 1879[2],
xli, 220.

» Liberatore (M.), S. J., L'Église et l'État dans leurs rapports
mutuels, *F. Desjacques*. 1877[2], xxxvii, 691.

» Moulart (chan.), L'Église et l'État, *J. Pra*. 1879[2], xli, 124, 772.

» Nicolas (A.), L'État sans Dieu, *C. de Laage*. 1872[2], xxvii, 293.

État de vie. Damanet (A.), S. J. Manuel pour le choix d'un état de
vie, *C. Daniel*. 1862, vii, 404 ; *P. Mazoyer*. 1878[2], xxxix, 874.

» Lessius (L.), S. J. Le choix d'un état de vie. 1874[1], xxx, 619.

États-Unis. Barberey (Mme de), Élisabeth Seton et les commencements de l'Église catholique aux États-Unis, *J. Dufour*. 1868[2],
xxi, 513.

» Bigelow (J.), Les États-Unis d'Amérique en 1863, *Fl. D.* 1864[3]
xi, 562.

» Carlier (A.), L'esclavage dans ses rapports avec l'Union américaine, *F. Dumas*. 1864[1], ix, 506. — Histoire du peuple américain et de ses rapports avec les Indiens, *F. Dumas*. 1864[2], x,
118. — Le mariage aux États-Unis, *F. Dumas*. 1864[3], xi, 88.

États-Unis. Gilmary-Shea (J.), Geschichte der katholischen Mis-
(Suite.) sionen unter den Indianer-Stæmmen der Vereinigten Staaten.
1863, viii, 978.

«	Jannet (Cl.), Les États-Unis contemporains, *F. Desjacques.*
1876[1], xxxiv, 615.

Etimacia. Durand (P.), De l'Etimacia, symbole du jugement dernier
dans l'iconographie grecque chrétienne. 1867[1], xviii, 731.

Étoiles (Les), Secchi (A.), S. J. *J. de Bonniot.* 1879[1], xl, 795.

Études. Boylesve (M. de), S. J. Plan d'études et de lecture, *E. M.*
1866[2], xvi, 575 ; 1877[2], xxxvii, 462.

»	Duilhé de Saint-Projet (F.), Des études religieuses en France
depuis le dix-septième siècle, *C. Daniel.* 1861, vi, 484.

»	Dupanloup (Mgr), Lettre sur les études qui peuvent convenir
aux loisirs d'un homme du monde, *G. André.* 1864[1], ix, 142.

»	Margerie (E. de), Études littéraires, *H. Leroy.* 1868[1], xx, 922.

Étudiant. Roger (abbé), L'ami du jeune étudiant en vacances, *A. Ma-*
tignon. 1864[2], x, 268.

Étymologie. Scheler (A.), Dictionnaire d'étymologie française, d'a-
près les résultats de la science moderne, *H. Mertian.* 1862,
vii, 254.

Eucharistie. Bion (abbé), Le monde de l'Eucharistie, ou symbolisme
de la sainte hostie, *J. Noury.* 1876[2], xxxv, 608.

«	Blot (le P. J.-B.), Le Cœur eucharistique, 1872[2], xxvii, 785.

»	Gaulle (J. M. de), Fastes et légendes du Saint Sacrement, *P. T.*
1865[2], xiii, 272.

»	La Bouillerie (Mgr de), L'Eucharistie et la vie chrétienne, *H.*
de F. 1870[1], xxiv, 815.

«	Lohan (abbé), L'âme et Jésus dans l'Eucharistie, *C. Sommervo-*
gel. 1879[1], xl, 450.

»	Rosset (Mgr M.), De SS. Eucharistiæ Sacramento, *H. Dumas.*
1876[2], xxxv, 306.

»	Wilden (M.), Die Lehre des heiligen Augustinus vom Opfer der
Eucharistie, *H. M.* 1864[3], xi, 710.

»	Le fidèle ami du Très Saint Sacrement. 1878[2], xxxix, 432.

Eudes. Lecointe (abbé), Étude historique sur le P. Jean Eudes, *C.*
Sommervogel. 1878[2], xxxix, 719.

Européens. Kang-hi, Réflexions politiques sur les Européens. 1857,
ii, 489.

Évangile. Crampon (abbé A.), Les quatre Évangiles, *H. Mertian.*
1864[1], ix, 262 ; — *P. T.* 1864[3], xi, 243.

»	Dehaut (abbé), L'Évangile expliqué, défendu, médité, *E. Eicher.*
1865[3], xiv, 403.

Évangile. Demaret (J. F.), De origine Evangeliorum deque eorum
(*Suite.*) historica auctoritate, *J. Tailhan.* 1865³, xiv, 257.

» Ephrem (Saint), Evangelii concordantis expositio (J.-B. Aucher), *J. Brucker.* 1876³, xxxv, 307.

» Fillion (abbé), Évangile selon saint Mathieu, *E. Desjacques.*
1878², xxxix, 415.

» Fillion et Bayle (abbés), Évangile selon saint Marc, *E. Desjacques.* 1879², xli, 619.

» Fourrière (abbé), Évangiles pour les dimanches et fêtes. 1877²,
xxxvii, 459.

» Gratry (A.), Commentaire sur l'Évangile de saint Mathieu,
A. Matignon. 1863, viii, 1107.

» Le Camus (abbé E.), Préparation exégétique à la vie de Notre-
Seigneur Jésus-Christ ou Examen critique des récits de l'É-
vangile, *M. Le Gall.* 1870-71, xxv, 293.

» Maldonat (J.), S. J. Commentarii in quatuor Evangelistas
(Dr Raich), *R. Champon.* 1874², xxxi, 937.

» Martinet (L.), Verba Verbi, les paroles de Notre-Seigneur.
1877², xxxvii, 895.

» Mastaï-Ferretti (Mgr A.), Les Évangélistes unis (trad. par
Mgr de Lézélenc), *J. Tailhan.* 1866², xvi, 130; — *C. de Montfort.* 1877², xxxvii, 35.

» Meignan (abbé G.), Les Évangiles et la critique au dix-neuvième siècle, *L. Langlois.* 1864³, xi, 107.

» Ratchki (F.), Évangéliaire glagolitique d'Assemani, ou du Vatican, *J. Martinov.* 1865³, xiv, 559.

» Schouppe (F.-X.), Evangelia dominicarum ac festorum, *F. Desjacques.* 1867², xix, 738.

» Van Steenkiste (J. A.), Commentarius in Evangelium secundum Matthæum, *J. Corluy.* 1875², xxxiii, 934.

» Wallon (H.), De la croyance due à l'Évangile, *A. Duran.* 1859,
iv, 268.

» Un ancien professeur de grand séminaire, Réflexions sur
l'Évangile pour tous les jours de l'année, tirées des œuvres
de Bossuet, Fénelon, Bourdaloue et Massillon, *C. Daniel.*
1864³, x, 543.

Ève. Rogez (abbé C.), Ève et Marie, *S. M.* 1867¹, xviii, 575.

Évêchés. Honorius, Notice (des évêchés de Gaule), *H. Colombier.*
1877², xxxvii, 216.

Évêques. Gams (B.), O. S. B. Series episcoporum Ecclesiæ catholicæ, *J. Martinov.* 1874¹, xxx, 446.

Examen. Deharbe (J.), S. J. Examen ad usum cleri, *A. M.* 1866[3], xvii, 583.

Exercices. Cisneros (G.), O. S. B. A book of spiritual exercizes. 1877[1], xxxvi, 626.

» Eschius (N.), Exercices spirituels (abbé J. Gapp), *C. Sommer-vogel.* 1879[1], xl, 954.

» Sacerdos S. J. Exercitia spiritualia in sacra octo dierum soli-tudine ex textu et juxta methodum S. Ignatii, et duo tridua. 1862, vii, 862.

F

Fables. Ségur (marquis de), Fables complètes, *C. Sommervogel.* 1878[2], xxxix, 714.

Fabriques. Fédou (abbé H.), Les fabriques d'église en péril, *D. P.* 1880, xlii, 310.

Faillon (Vie de M.), *C. Sommervogel.* 1877[2], xxxvii, 295.

Faillonnet. Puy-Pény (abbé), Vie de la Révérende Mère Pauline de Faillonnet, *J. H.* 1866[1], xv, 431.

Famille. Le Play (F.), L'organisation de la famille, *C. Clair.* 1870[1], xxiv, 311.

» Margerie (A. de), De la famille, *C. de Laage.* 1862, vii, 263 ; — *C. Daniel,* 1869[2], xxiii, 957.

» Meignan (Mgr), Instructions et conseils aux familles chrétiennes. 1876[2], xxxv, 308.

» Ribbe (Ch. de), Une famille au seizième siècle. 1867[1], xviii, 732.

» Vidieu (abbé), Famille et divorce, *F. Desjacques.* 1879[2], xli, 784.

» *L'École et la Famille,* journal. 1877[2], xxxvii, 458. — *La Famille chrétienne.* 1864[3], xi, 18.

Faraud. Michel (F.), Dix-huit ans chez les sauvages ; voyage et missions de Mgr Faraud, *J. H.* 1866[1], xv, 572.

Faute. Tissot (le P.), L'art d'utiliser ses fautes, d'après saint Fran-çois de Sales, *C. Sommervogel.* 1879[1], xl, 454.

Femme. Baden (Mlle C.), La femme dans l'Inde antique, *G. André.* 1864[2], x, 241.

» Caussin (le P.), S. J. La femme, ses vertus et ses défauts (B. Bouniol), *C. D.* 1864[3], xi, 244.

» Daxtier (A.), Les femmes dans la société chrétienne. 1878[2], xxxix, 876 ; — *H. Martin.* 1879[1], xl, 298.

Femme. Dupanloup (Mgr), La femme chrétienne et française, *E. C.* (*Suite*.) 1868[1], xx, 303.

»   Gentelles (Mme de), Appel aux jeunes femmes chrétiennes, *A. Boulleau.* 1869[1], xxii, 800.

»   Landriot (Mgr), La femme forte. 1863, viii, 837. — La femme pieuse. 1863, viii, 1126. — Les péchés de la langue et la jalousie dans la vie des femmes, *C. Sommervogel.* 1869[2], xxiii, 973.

»   Leconte (P.), L'art de converser et d'écrire chez la femme. 1863, viii, 157.

»   Nadault de Buffon (H.), L'éducation de la première enfance, ou la femme appelée à la régénération sociale par le progrès. 1862, vii, 570.

»   Sayn-Wittgenstein (princesse de), Entretiens pratiques à l'usage des femmes du monde ; religion et morale, *P. Fristot.* 1876[1], xxxiv, 307.

Fénelon. Miégeville (le P.), Système politique de Fénelon. 1874[2], xxxi, 789.

Fersen. Klinckowstrom (baron M. de), Le comte Fersen et la cour de France, *C. Sommervogel.* 1878[2], xxxix, 121.

Fessler. Schulte (D[r]), Dr Joseph Fessler, Bischof von Sanct-Pœlten, *H. Dumas.* 1876[1], xxxiv, 384.

Févret. Bourré (le P.), orat. Vies de M. Févret et de Mme la présidente Boivault, *C. D.* 1865[2], xiii, 413.

Fêtes. Nilles (N.), S. J. De rationibus festorum mobilium utriusque Ecclesiæ occidentalis atque orientalis, *C. Clair.* 1868[1], xx, 605. — De rationibus festi SS. Cordis Jesu, *C. Clair.* 1868[1], xx, 603.

Filles (Jeunes). Fonssagrives (D[r]), L'éducation physique des jeunes filles, *C. Rathouis.* 1870[1], xxiv, 153.

Firmin (Saint). Salmon (C.), Histoire de saint Firmin, martyr, premier évêque d'Amiens, *H. Mertian.* 1862, vii, 415.

Flavia, tragédie latine, Stefonio (B.), S. J. *V. Alet.* 1857, ii, 355.

Fléchier. Delacroix (abbé A.), Histoire de Fléchier. *F. C.* 1865[2], xiii, 414.

Floxel. Nocet La Coudre (abbé), Mémoire sur le lieu du martyre, et les actes de saint Floxel, *L. Langlois.* 1864[3], xi, 558.

Foi. Caussette (le P.), Le bon sens de la foi, *F. Desjacques.* 1873[1], xxviii, 582.

»   Dosithée (le patr.), Confession de foi ou Épître des patriarches d'Orient sur la foi orthodoxe, *V. de Buck.* 1857, ii, 307.

Foi. Guyot (abbé A.), La raison conduisant l'homme à la foi, *J. Pra.* (*Suite.*) 1878[1], xxxviii, 580.

»   Ignotus, Encore quelques mots d'un chrétien orthodoxe sur les confessions occidentales, *J. Gagarin.* 1859, iv, 54.

»   Javal (J.), Les raisons de croire et les prétextes de ne pas croire, *X.* 1870[1], xxiv, 143.

»   Laforêt (N. J.), Pourquoi l'on ne croit pas. 1864[2], x, 130.

»   Lescœur (le P.), orat. La foi catholique et la réforme sociale, *F. Desjacques.* 1879[1], xl, 766.

»   Matignon (A.), S. J. La liberté de l'esprit humain dans la foi catholique. 1864[1], ix, 516.

»   Mérit (abbé), La foi, sa nature, ses principaux caractères et sa nécessité, *J. Pra.* 1880, xlii, 931.

»   Mogila (P.), Confession orthodoxe de la foi de l'Église catholique et apostolique d'Orient, *V. de Buck.* 1857, ii, 307.

»   Moigno (abbé), Les splendeurs de la foi, *J. de Bonniot.* 1879[2], xli, 310.

»   Nicolas (A.), L'art de croire, *E. M.* 1867[1], xviii, 434.

»   Pelletan (C.), Profession de foi du dix-neuvième siècle, *D. Bellocq.* 1872[1], xxvi, 574.

Forces. Secchi (A.), S. J. L'unité des forces physiques, *I. Carbonnelle.* 1869[1], xxii, 942.

Foresta. Chazournes (L. de), S. J. Albéric de Foresta, S. J., fondateur des Écoles apostoliques, *J. Burnichon.* 1880, xlii, 934.

Fouché. Martel (comte de), Types révolutionnaires ; étude sur Fouché, *C. Sommervogel.* 1879[2], xli, 472.

Foudre. Bouchet (A.), Les coups de foudre, *G. André.* 1864[1], x, 271.

France. Aresne (E. d'), Les deux Frances, radicaux et catholiques, *C. Sommervogel.* 1880, xlii, 307.

»   Bouxnol (B.), La France héroïque, *C. D.* 1866[2], xv, 575.

»   Fustel de Coulanges (D.), Histoire des institutions politiques de l'ancienne France, *J. Brucker.* 1875[1], xxxii, 771.

»   Hoffmann (abbé N.), L'Église jugée par ses œuvres, ou la France éclairée et civilisée par le clergé. 1863, viii, 977.

»   Jung (T.), La France et Rome, *E. Régnault.* 1875[1], xxxii, 449.

»   Lalanne (L.), Dictionnaire historique de la France, *C. Sommervogel.* 1873[1], xxviii, 619.

»   Quérard (S. M.), La France littéraire, dictionnaire bibliographique, *C. Sommervogel.* 1864[2], x, 98.

Frédéric II (roi). Bénard (abbé V.), Frédéric II et Voltaire, *H. Martin.*
1878[2], xxxix, 574.

Frémont. Braun (A.), S. J. Une fleur du Carmel, M. L. H. Frémont,
C. Sommervogel. 1878[2], xxxix, 427.

G

Gabet. Francoz (Mlle L.), Histoire de dom Gabet, *C. Sommervogel.*
1879[1], xl, 771.

Gaillard. Rigaud (le P.), Vie du P. Henri-Adolphe Gaillard, *C. S.*
1877[1], xxxvi, 459.

Galilée. Gilbert (Ph.)., Le procès de Galilée, *I. Carbonnelle.* 1870[1],
xxiv, 652.

» L'Épinois (H. de), Galilée, son procès, sa condamnation, *P. Doret.*
1868[2], xxi, 147.

» Ponsard (F.), Galilée (drame), *A. de Gabriac.* 1867[1], xviii, 528.

Galitzin. Brownson (Sarah M.), Life of D. A. Galitzin, prince and
priest, *F. Desjacques.* 1873[1], xxviii, 852.

» Galitzin (prince A.), Vie d'une religieuse du Sacré-Cœur
(Élis. Galitzin), *J. Gagarin.* 1869[1], xxii, 157.

Gallicanisme. Bossuet, Gallia orthodoxa, *I. C.* 1869[1], xxii, 159.

Gand. Van der Moere (J.), Récit de la persécution endurée par les
séminaristes du diocèse de Gand en 1813 et 1814. 1863,
viii, 982.

Gassendi. Tamizey de Larroque (Ph.), Documents inédits sur Gassendi, *C. Sommervogel.* 1877[2], xxxvii, 895.

Gaule. Chamard (dom F.), O. S. B. Les Églises du monde romain,
notamment celles des Gaules pendant les trois premiers siècles, *H. Colombier.* 1877[2], xxxvii, 768.

» Honorius, Notice des évêchés de Gaule, *H. Colombier.* 1877[2],
xxxvii, 216.

» Salmon (C.), Recherches sur la prédication de l'Évangile dans
les Gaules et en Picardie, *H. Colombier.* 1877[2], xxxvii, 5.

Gaz. Amagat (E. H.), Comptes rendus sur la compressibilité des gaz,
T. Pepin. 1880, xlii, 290.

Geiler. Dacheux (abbé L.), Un réformateur catholique de la fin du
quinzième siècle: Jean Geiler de Kaysersberg, *H. Colombier.* 1877[2], xxxvii, 290.

Genèse. Smith (W.), The chaldæan account of the Genesis, *J. Brucker.*
1877[1], xxxvi, 481.

Genèse. Choyer (abbé R. F.), La théorie géogénique et la science
(*Suite.*) des anciens, *J. de Bonniot.* 1872[1], xxvi, 624. — La genèse
du globe terrestre, *A. Haté.* 1875[2], xxxiii, 295.

Genève. Fleury (abbé) et Martin (abbé F.), Histoire de M. Vuarin
et du rétablissement du catholicisme à Genève, *C. Daniel.*
1862, vii, 719, 747.

» Histoire de la persécution religieuse à Genève, *C. Sommervogel.*
1878[1], xxxviii, 144.

Geneviève (Sainte). Bédouet (abbé Z.), Histoire et culte de sainte
Geneviève, *A. M.* 1866[1], xv, 572.

» Saintyves (abbé), Vie de sainte Geneviève, patronne de Paris et
du royaume de France, *C. Verdière.* 1878[1], xxxviii, 488.

» Un Serviteur de Marie, Histoire de sainte Geneviève, vierge,
patronne de Paris, et de son culte. *C. Verdière.* 1878[1],
xxxviii, 488.

Géographie. Bournoulon (G.), Géographie physique et politique de
la France, *A. Jean.* 1867[2], xix, 298.

» Dussieux, (L.) Géographie générale, *A. Jean.* 1866[2], xvi, 569.

» Fabre d'Envieu (abbé J.), Onomatologie de la géographie grecque, *J. Brucker.* 1876[1], xxxiv, 137.

» Langlois (V.), Géographie de Ptolémée, *J. Martinov.* 1867[1],
xviii, 882.

» Reclus (E.), Nouvelle géographie universelle : la terre et les
hommes, *J. Brucker.* 1875[2], xxxiii, 304.

» Saint-Paul (Ch. de), Géographie sacrée, *H. Colombier.* 1877[2],
xxxvii, 5.

» Séwastianoff (P.), Géographie de Ptolémée (avec une introduction sur le Mont-Athos par M. V. Langlois), *J. Martinov.*
1867[1], xviii, 882.

» Vivien de Saint-Martin, Année géographique (1862, 1863,
1864), *A. Jean.* 1865[2], xiii, 1 ; — *J. Brucker.* 1874[1], xxx,
780. — Histoire de la géographie, *J. Brucker.* 1874[1], xxx,
780. — Nouveau dictionnaire de géographie universelle,
J. Brucker. 1879[2], xli, 604. — Atlas universel, *J. Brucker.*
1879[2], xli, 609.

Géologie. Gainet (abbé), Accord de la Bible et de la géologie,
A. Haté. 1879[1], xl, 111.

» Gaudry (A.), Les enchaînements du monde animal dans les
temps géologiques, *A. Haté.* 1878[2], xxxix, 239.

» Notions sommaires d'histoire naturelle et de géologie sacrée.
1878[2], xxxix, 576.

Germain (Saint). Constance (le prêtre), Vie de saint Germain d'Auxerre, *A. Gouilloud.* 1873[1], xxviii, 691 ; — *F. D.* 1874[1], xxx, 452.

Giboyer. Augier (Ém.), Le fils de Giboyer, *G. Longhaye.* 1870[1], xxiv, 12.

Giraud. Franclieu (Mlle A. de), Vie de la Mère Giraud, *C. Sommervogel.* 1877[1], xxxvi, 748.

Gorini. Martin (abbé F.), Vie de Gorini, *C. Daniel.* 1863, viii, 1114.

Grâce. Dufau (T.), S. J. Les magnificences de la grâce. 1867[1], xviii, 729.

  » Malebranche (N.), De la nature et de la grâce, *C. Daniel.* 1859, iv, 389.

  » Nieremberg (E.), S. J. Le prix de la grâce (traduit par M. Gaveau), *C. Sommervogel.* 1879[2], xli, 941.

  » Suarez (F.), S. J. De gratia (Berton). 1861, vi, 333, 509.

Grades. Bouillier (F.), La collation des grades, les congrégations religieuses et M. Ferry, *F. Desjacques.* 1879[2], xli, 140.

Grammaire. Ancessi (abbé). Études de grammaire comparée, *H. Leroy.* 1875[1], xxxii, 363.

  » Brachet (A.), Nouvelle grammaire française, *J. B.* 1875[1], xxxii, 133.

  » Chodzko (A.), Grammaire paléo-slave, *J. Gagarin.* 1869[2], xxiii, 817.

  » Donker Curtius, Essai de grammaire japonaise (trad. par L. Pagès). 1861, vi, 174.

  » Glaire (abbé J.-B.), Principes de grammaire arabe. 1861, vi, 506.

  » Harlez (C. de), Grammaire pratique de la langue sanscrite, *J. Van den Gheyn.* 1878[1], xxxviii, 874.

  » Janssens (J.), S. J. Grammaire grecque ; — Abrégé de la grammaire grecque, *F. Vandesype.* 1876[1], xxxiv, 460.

Grandeur. Boylesve (M. de), S. J. Les grands siècles et les grands hommes, *E. M.* 1876[2], xxxv, 761.

Gratry. Margerie (A. de), Quatrième lettre au R. P. Gratry, *H. Colombier.* 1870-71, xxv, 148.

  » Le Père Gratry, *H. Ramière.* 1872[2], xxvii, 704.

Grégoire (Saint). Benoit (abbé A.), Saint Grégoire de Nazianze, *H. Colombier.* 1877[1], xxxvi, 134.

Grégoire. Gazier (A.). Étude sur l'abbé Grégoire, *C. Sommervogel,* 1879[2], xli, 132.

  » Hyver (abbé C.), Le doyen Pierre Grégoire de Toulouse et l'organisation de la Faculté de droit de l'Université de Pont-à-Mousson, *C. S.* 1874[2], xxxi, 305.

Handweiser (Litterarischer). 1863, viii, 502 ; 1865[1],xii, 265.

Harpain (Marie Estelle), Recueil de ses écrits. 1863, viii, 980.

Hébreu. Vosen (Dr C. H.), Rudimenta linguæ hebraicæ, *F. Desjacques*. 1879[2], xli, 314.

Hébreux. James (Dr C.), Souvenirs de voyage : les Hébreux dans l'isthme de Suez, *D. Pujol*. 1872[2], xxvii, 661.

Héfélé. Margerie (A. de), Réponse à Mgr Héfélé, *H. Colombier*. 1870-71, xxv, 148.

Hélye (Bienheureux). Gilbert (abbé), Histoire de la vie et du culte du bienheureux Thomas Hélye, *A. M.* 1868[1], xx, 765.

Henriette. Baillon (comte de), Henriette-Marie de France, *H. Colombier*. 1878[1], xxxviii, 292.

Hermann. Moreau (abbé), Hermann au Saint-Désert de Tarasteix, *C. S.* 1879[1], xl, 774.

Herméneutique. Baxolder (Mgr J.), Hermeneuticæ biblicæ generalis principia, *J. Martinov*. 1862, vii, 707.

Héroïsme. Ambert (général), L'héroïsme en soutane, *J. Forbes*. 1876[1], xxxiv, 466.

Hesse. Saint-René Taillandier, Un prince allemand au dix-huitième siècle (le landgrave de Hesse), *C. Daniel*. 1866[1], xv, 342.

Heures. Clair (Ch.), Le livre d'heures des jeunes gens. 1880,xlii,788.

Hilaire (Saint). Reinkens (Dr J. H.), Hilarius von Poitiers, *H. M.* 1864[3], xi, 709.

Hildebert. Déservillers (comte P. de), Un évêque au douzième siècle : Hildebert et son temps, *H. Colombier*. 1877[1], xxxvi, 615.

Histoire générale. Alzog (Dr J.), Histoire universelle de l'Église (trad. par J. Goschler et C. F. Audley), *A. D.* 1875[1], xxxii, 789.

» Ault-Dumesnil (d'), Dubeux (L.), Crampon (abbé). Nouveau dictionnaire d'histoire et de géographie anciennes et modernes, *A. Jean*. 1866[1], xv, 428.

» Baur (C.), Kirchengeschichte der neueren Zeit; — des 19. Jahrhunderts, *H. Mertian*. 1864[1], ix, 151.

» Carlier (A.), Histoire du peuple américain et de ses rapports avec les Indiens, *F. Dumas*. 1864[2], x, 118.

» Chantrel (J.), Histoire populaire des Papes, *L. de Régnon*. 1865[1], xii, 652; — (trad. ital.) 1863, viii, 979.

» Chevalier (abbé U.), Répertoire des sources historiques du moyen âge, *C. S.* 1877[1], xxxvi, 618.

» Delaleau de Bailliencourt et Sanis (J. L.), Cours normal d'histoire grecque. 1863, viii, 500.

Histoire générale.
(Suite.)

DEMOLINS (E.), Histoire de France, *C. Sommervogel.* 1879[1], XL, 633.

» DEVAUX (P.), Études politiques sur l'histoire romaine, *F. Desjacques.* 1880, XLII, 939.

» DIGOT (A.), Histoire de Lorraine, *E. Marquigny.* 1866[2], XVI, 572.

» DŒLLINGER (J. J.), Christenthum und Kirche in der Zeit der Grundlegung. 1861, VI, 164.

» DURUY (V.), Histoire des Romains, *J. de Bonniot.* 1876[2], XXXV, 687; 1879[1], XL, 439.

» DUSSIEUX (L.), Les grands faits de l'histoire de France racontés par les contemporains, *C. Sommervogel.* 1879[1], XL, 633; 1879[2], XLI, 779.

» GAZEAU (F.), S. J. Histoire sainte A. M. D. G., *E. Paton.* 1866[3], XVII, 277. — Histoire du moyen âge, *Ch. Chambon.* 1870-71, XXV, 638.

» GFRÖRER (A. F.), Geschichte des 18. Jahrhunderts (Dr Weisz), *H. Mertian.* 1864[1], IX, 152.

» GRANCOLAS (A.), Introduction à l'histoire contemporaine, *Ch. Daniel.* 1868[2], XXI, 664.

» HEFELE (Dr C. J.), Beiträge zur Kirchengeschichte, Archæologie und Liturgik, *H. Mertian.* 1864[3], X, 546.

» JANSSEN (J.), Geschichte des deutschen Volkes, *J. Brucker.* 1879[1]. XL, 781.

» LACROIX (L.), Dix ans d'enseignement historique, *E. Marquigny.* 1865[3], XIV, 405.

» LÉGER (L.), Histoire de l'Autriche-Hongrie, *C. S.* 1879[2], XLI, 780.

» LÉVÊQUE (abbé), Précis de l'histoire du moyen âge, *F. G.* 1874[1], XXX, 450.

» MACAIRE (Mgr), Histoire de l'Église russe, *J. Martinov.* 1866[2], XVI, 278.

» MEISSAS (abbé de), Histoire sainte, *J. Noury.* 1869[2], XXIII, 967.

» MOZZONI (I.), Tableaux chronologiques-critiques de l'histoire de l'Église universelle; premier siècle (trad. par l'abbé F. J. Sattler), *H. Mertian.* 1865[1], XII, 424.

» MURY (abbé Pant.), Précis de l'histoire politique et religieuse de la France. 1861, VI, 173.

» MURY (Paul), S. J. Histoire du moyen âge, *C. Sommervogel.* 1879[1], XL, 634.

» NETTEMENT (A.), Causeries sur l'histoire de France, *C. Sommervogel.* 1879[2], XLI, 779.

» NÈVE (F.), L'Église d'Orient et son histoire d'après les monuments syriaques, *A. Dutau.* 1861, VI, 345.

Histoire générale. Palaçki (F.), Geschichte von Bœhmen, *J. Mar-*
(Suite.) tinoe. 1868[2], xxi, 829.

  » Paquier (J.-B.), Histoire de l'unité politique et territoriale de la
     France, *J. Brucker.* 1879[2], xli, 611.

  » Pichler (Dr A.), Histoire de la séparation des Églises d'Orient
     et d'Occident, *J. Gagarin.* 1865[2], xiii, 112.

  » Renan (E.), Études d'histoire religieuse, *S. Fréchon.* 1859,
     iv, 161.

  » Riancey (H. de), Histoire du monde, *J. Jenner.* 1863, viii, 1116;
     1864[3], xi, 418.

  » Richou (abbé L.), Histoire de l'Église, *E. Seguin.* 1872[1],
     xxvi, 622.

  » Riquier et Combes (abbé), Histoire de l'Église, cours élémen-
     taire. 1877[2], xxxvii, 463.

  » Ritter (Dr J. J.), Handbuch der Kirchengeschichte. 1862,
     vii, 714.

  » Rohrbacher (abbé), Storia universale della Chiesa cattolica. 1863,
     viii, 979.

  » Schwegler (A.), Das nachapostolische Zeitalter, *H. Mertian.*
     1862, vii, 66.

  » Thierry (Am.), Nouveaux récits de l'histoire romaine aux qua-
     trième et cinquième siècles, *F. G.* 1865[1], xii, 272 ; — *C. Ga-*
     gniard. 1867[2]. xix, 351, 611.

  » Bénédictins de Saint-Maur, Histoire littéraire de la France
     (P. Pâris), *C. Sommervogel.* 1867[2], xix, 728.

  » J. M. J. T., De viris illustribus et de persecutoribus Ecclesiæ,
     ad usum tironum linguæ latinæ. 1862, vii, 720.

Histoires. Fernandez Gonzales (Dr Franc.), Historias de Al-Anda-
     lus, por Aben Adhari de Marruecos (trad. de l'arabe), *H. Mer-*
     tian. 1861, vi, 350.

Histoire naturelle. Notions sommaires d'histoire naturelle et de
     géologie sacrée. 1878[2], xxxix, 576.

Historien. Paillart (M.), Les franchises de l'historien ; de la diffa-
     mation envers les morts, *A. J.* 1866[3], xvii, 288.

Hofbauer. Claessens (P.), Vie du vénérable Clément-Marie Hofbauer,
     C. Sommervogel. 1876[1], xxxiv, 934.

Homélies. Gaussens (abbé), Cinquante-deux homélies, *F. Desjacques.*
     1879[2], xli, 939.

Homère. Pierron (A.), L'Odyssée d'Homère, *J. B.* 1875[2], xxxiii, 620.

  » Hignard (H.), Des hymnes homériques, *F. Dumas.* 1865[1],
     xii, 120.

Homme. Casini (A.), S. J. Qu'est-ce que l'homme? Controverse sur l'état de nature pure (trad. par l'abbé Cros), *A. Matignon.* 1864², x, 553.

» Didon (le P.), O. P. L'homme selon la science et la foi, *L. Cochard.* 1875², xxxiii, 289.

» Figuier (L.), L'homme primitif, *A. Jean.* 1870¹, xxiv, 493.

» Lyell (Ch.), Geological evidences of the antiquity of man, *A. Jean.* 1868², xxi, 220.

» Moniquet (abbé P.), Autopsie de l'homme et de la femme. 1872², xxvii, 044.

» Quatrefages (A. de), Histoire naturelle de l'homme, *A. Matignon.* 1864¹, ix, 70. — L'espèce humaine, *J. de Bonniot.* 1877¹, xxxvi, 611.

» Rouillot (abbé), Transformation surnaturelle de l'homme avant et après la mort, *J. Pra.* 1878², xxxix, 563.

» Trémaux, Origine et transformation de l'homme et des autres êtres, *N. Larcher.* 1865², xiii, 393.

» Woillez (Dʳ), L'homme et la science au temps présent, *J. de Bonniot.* 1877², xxxvii, 118.

Homœopathie. Béchet (Dʳ), Les harmonies médicales et philosophiques de l'homœopathie, *T. Pepin.* 1873¹, xxviii, 780.

Honfleur. Lavergne (C.), Notice historique sur la chapelle de Notre-Dame de Grâce de Honfleur, *Ch. D.* 1866², xvi, 431.

Honorius. Bottalla (P.), S. J. Pope Honorius before the tribunal of reason and history, *J. Brucker.* 1869¹, xxii, 469.

» Pennachi (J.), De Honorii I causa in Concilio VI. *H. Colombier.* 1870-71, xxv, 148.

» Pététot (le P. L.), orat. Post-scriptum sur Honorius, *Ch. Daniel.* 1870-71, xxv, 150.

» La cause d'Honorius, documents originaux, *H. Colombier.* 1870-71, xxv, 148.

Horace. Jonquières (E. de), Les Épîtres d'Horace, trad. en vers, *J. Burnichon.* 1880, xlii, 535.

» Wailly (A. et G. de), Odes d'Horace, trad. en vers, *A. P.* 1878¹, xxxviii, 587.

Hortus. Landsperg (Herrade de), Hortus deliciarum (A. Straub), *J. Ehrmann.* 1880, xlii, 942.

Hubert (M. Léon), Un prêtre de Saint-Sulpice, *C. S.* 1870¹, xl, 456.

Hugo. Biré (E.), Victor Hugo et la Restauration, *G. Longhaye.* 1869², xxiii, 494.

Hugues (Bienheureux). Cucherat (abbé), Le bienheureux Hugues de
Poitiers; le prieuré d'Auzy-le-Duc. 1862, vii, 864.

Hurons. Martin (F.), S. J. Hurons et Iroquois; le P. Jean de Brébeuf. 1877¹, xxxvii, 301.

Hygiène. Descieux (Dʳ), Manuel d'hygiène, *F. Poirré*. 1868¹, xx, 763.

Hymnes. Clair (C.), S. J. Les hymnes de l'Église, traduction en vers
français, *G. Longhaye*. 1879², xli, 773.

» Pimont (abbé S. G.), Les hymnes du bréviaire romain, *J. Brucker*.
1875², xxxiii, 601.

» Pitra (dom J.-B.), O. S. B. Hymnographie de l'Église grecque,
J. Gagarin. 1868¹, xx, 337.

» Rivoire (abbé), Hymnes du Paroissien romain, en vers français,
Ch. Daniel. 1870¹, xxiv, 317.

» Toscani (Th.), De immaculata Deiparæ Conceptione hymnologia
Græcorum, *J. Martinov*. 1865¹, xv, 569.

» The people's hymnal, *M. N. O.* 1867², xix, 742.

I

Iconographie. Hamy (A.), S. J. Essai sur l'iconographie de la Compagnie de Jésus, *C. Sommervogel*. 1876¹, xxxiv, 153.

Ignace (Saint). Bouix (M.), S. J. Lettres de saint Ignace de Loyola,
Ch. Clair. 1870¹, xxiv, 971.

» Capefigue (M.), Les fondateurs des ordres religieux : saint
Ignace de Loyola et les jésuites, *L. L.* 1865², xiii, 412.

» Cartas de San Ignacio de Loyola, *J. Brucker*. 1876¹, xxxiv, 932.

Imagination. Joly (H.), De l'imagination, *J. de Bonniot*. 1878¹,
xxxviii, 690.

Imitation. Backer (A. de), S. J. Essai bibliographique sur le livre
De Imitatione Christi, *C. S.* 1864³, xi, 245.

» Brucker (Jacques), S. J. La doctrine spirituelle de l'Imitation
de Jésus-Christ (le P. Heser), *A. H.* 1880, xlii, 772.

» Brunton (Th.), Thomas a Kempis, *F. D.* 1874¹, xxx, 306.

» L'Imitation de Jésus-Christ (trad. inédite du dix-septième siècle),
Ch. Clair. 1869², xxiii, 483.

Immortalité. Baguenault de Puchesse (F.), L'immortalité, la mort
et la vie, *A. de Damas*. 1864², x, 248.

» Barbe (abbé), De l'immortalité de l'âme, *C. Jovene*. 1866³,
xvii, 574.

Incrédulité. Guiol (abbé L.), De l'incrédulité contemporaine et de la
foi religieuse, *F. Desjacques*. 1877², xxxvii, 890.

Institutions. Fustel de Coulanges (D.), Histoire des institutions
    politiques de l'ancienne France, *J. Brucker.* 1875[1], xxxii, 771.

»   Sumner Maine (H.), Études sur l'histoire des institutions primi-
    tives (trad. par J. Durieu de Leyritz), *F. Desjacqaes.* 1880,
    xlii, 793.

Instruction. Douglas (comte), L'instruction primaire laïque, gra-
    tuite, obligatoire, *F. Desjacques.* 1879[1], xl, 951.

»   Germiny (E. de), L'instruction laïque, *E. Marquigny.* 1872[2],
    xxvii, 618.

»   Robillard de Beaurepaire (Ch.), Recherches sur l'instruction
    publique dans le diocèse de Rouen avant 1789, *C. Sommer-
    vogel.* 1872[2], xxvii, 284.

»   Voir *Enseignement.*

Instruction religieuse. Martin (Mgr C.), Cours supérieur d'instruc-
    tion religieuse (trad. par l'abbé Eicher), *J. Brucker.* 1875[2],
    xxxiii, 617.

»   Outreman (P. d'), S. J. L'instruction du chrétien (nouvelle édi-
    tion du *Pédagogue chrétien*, revue et retouchée par le P. Nam-
    pon), *Ch. Daniel.* 1866[3], xvii, 143.

»   Penaud (abbé), Manuel d'instruction religieuse, *J. Pra.* 1880,
    xlii, 289.

Instructions pastorales. Meignan (Mgr), Instructions et conseils aux
    familles chrétiennes. 1876[2], xxxv, 308.

»   Montpellier de Nédrin (Mgr de), Instruction pastorale sur
    l'éducation chrétienne. 1862, vii, 860.

»   Plantier (Mgr), Instructions, lettres pastorales et mandements,
    Ch. Clair. 1867[2], xix, 599 ; — *E. Marquigny.* 1872[2], xxvii, 615.

»   Rivières (abbé de), Instructions paroissiales, *G. Desjardins.*
    1876[2], xxxv, 926.

Intellectualisme. Brin (P. M.), De intellectualismo, *J. de Bonniot.*
    1875[2], xxxiii, 613.

Intelligence. Taine (H.), De l'intelligence, *J. de Bonniot.* 1870-71,
    xxv, 60.

Intérêt. Jourham (E.), L'intérêt social dans les questions industrielles,
    agricoles et maritimes, *F. Desjacques.* 1880, xlii, 462.

Irénée (Saint). Gouilloud (A.), S. J. Saint Irénée et son temps,
    C. Sommervogel. 1876[2], xxxv, 304.

Irlandais. Maguire (J. F.), The Irish in America, *J. Forbes.* 1870[1],
    xxiv, 206.

Irlande. Perraud (A.), orat. Études sur l'Irlande contemporaine,
    J. Noury. 1862, vii, 711.

J

Jeanne d'Arc. Chabannes (Mme de), La vierge lorraine Jeanne
(*Suite.*) d'Arc, *F. G.* 1874[1], xxx, 779.

» Du Dec (F.), S. J. Histoire tragique de la Pucelle d'Orléans.
1860, v, 335.

» O'Reilly (E.), Les deux procès de condamnation, les enquêtes
et la sentence de réhabilitation de Jeanne d'Arc, *C. Sommervogel.* 1868[2], xxi, 143.

» Quicherat (J.), Aperçus nouveaux sur l'histoire de Jeanne d'Arc,
F. Gazeau. 1866[1], xv, 64.

» Thomas (abbé A.), Panégyrique de Jeanne d'Arc, *H. M.* 1864[3],
xi, 124.

» Wallon (H.), Jeanne d'Arc, *F. Gazeau.* 1860, v, 450 ; 1867[1],
xviii, 729.

Jérôme (Saint). Bernard (abbé E.), Les voyages de saint Jérôme, sa
vie, ses œuvres, son influence, *P. Toulemont.* 1864[3], xi, 412.

» Thierry (Am.), Saint Jérôme, la société chrétienne à Rome et
l'émigration romaine en Terre Sainte, *C. Gagniard.* 1867[2],
xix, 351.

Jérusalem. Coulomb (abbé), Le Calvaire et Jérusalem d'après
la Bible et Josèphe, *J. Gagarin.* 1868[1], xx, 692 ; 1868[2],
xxi, 160.

Jésuites. Arsac (J. d'), Les jésuites : doctrine, enseignement, apostolat, *F. Dumas.* 1865[2], xiii, 255 ; — *L. L.* 1865[2], xiii, 412.

» Aubineau (L.), Les jésuites au bagne. 1862, vii, 422.

» Backer (A. de), Bibliothèque des écrivains de la Compagnie
de Jésus, *P. Clauer.* 1869[2], xxiii, 159 ; — *V. de Buck.* 1870[1],
xxiv, 296.

» Badts de Cugnac (A. de), Les jésuites et l'armée, *C. Sommervogel.* 1875[1], xxxii, 777 ; — L'expulsion des jésuites, *C.
Sommervogel.* 1879[2], xli, 473 ; — La Compagnie de Jésus jugée par l'Église universelle, *F. Desjacques.* 1879[2], xli, 937 ;
— Les jésuites et l'éducation, *F. Desjacques.* 1879[2], xli, 941.

» Boussu (N.), La vérité sur les jésuites. 1877[1], xxxvi, 623.

» Boysse (E.), Théâtre des jésuites, *C. Sommervogel.* 1880,
xlii, 153.

» Brown (J.), Bibliothèque des écrivains de la Compagnie de
Jésus en Pologne, *J. Martinov.* 1864[2], x, 103.

« Buet (Ch.), Qu'est-ce qu'un jésuite? *F. Desjacques.* 1879[2],
xli, 141.

» Cauron (A.), Les jésuites à Avignon, *C. Sommervogel.* 1875[1],
xxxii, 777.

Jésuites. B. N., The Jesuits, their foundation and history, *P. M.* (*Suite.*) 1880, xlii, 466.

Jésus-Christ. Besson (abbé), L'Homme-Dieu, conférences, *P. Toulemont.* 1864³, xi, 237 ; — Le Décalogue ou la loi de l'Homme-Dieu, *L. Rabussier.* 1870¹, xxiv, 640.

» Boylesve (M. de), S. J. Jésus-Christ d'après l'Ancien Testament ; — Le règne de Jésus-Christ par les papes, *E. M.* 1876², xxxv, 761.

« Brentano (C.), Vie de Notre-Seigneur Jésus-Christ, d'après les révélations d'Anne-Catherine Emmerich, *P. Toulemont.* 1866¹, xv, 45.

» Carney (abbé), Jésus-Christ, la question religieuse des temps présents. 1862, vii, 430.

» Coleridge (J.), S. J. The life of our life, *J. Forbes.* 1875², xxxiii, 628 ; 1877¹, xxxvi, 624.

» Fliche (Mgr), Année de l'enfant Jésus, *J. Noury.* 1866³, xvii, 572.

» Freppel (abbé), Conférences sur la divinité de Jésus-Christ, *P. Toulemont.* 1864¹, ix, 145.

» Ghiringhello (G.), La Vita di Gesu, romanzo di Ernesto Renan, *L. Langlois.* 1864³, xi, 686.

» Glückselig (Dʳ), Christusarchæologie, das Buch von Jesus Christus und seinem wahren Ebenbilde. 1862, vii, 715.

» Grou (J. N.), S. J. L'intérieur de Jésus et de Marie, *C. Sommervogel.* 1862, vii, 260.

» Guiol (abbé L.), Démonstration philosophique de la divinité de Jésus-Christ, *F. Desjacques.* 1877², xxxvii, 890.

» Jovino (Fr.), S. J. Critico-biblical disquisition on the time during which Christ lay in the tomb, *F. D.* 1875², xxxiii, 946.

» Landriot (Mgr), Le Christ de la tradition, *Ch. D.* 1865², xiii, 409 ; 1866¹, xv, 571.

» Lémann (abbés), Valeur de l'assemblée qui prononça la peine de mort contre Jésus-Christ, *E. Marquigny.* 1876², xxxv, 736. — Le sceptre de la tribu de Juda entre les mains de Jésus-Christ, *F. Desjacques.* 1880, xlii, 467.

» Lémann (abbé J.), Les nations frémissantes contre Jésus-Christ et son Église, *C. Sommervogel.* 1879¹, xl, 777.

» Lescœur (L.), orat. Le règne temporel de Jésus-Christ, étude sur le millénarisme, *Ch. Daniel.* 1868¹, xx, 443.

» Ludolphe le Chartreux, La grande Vie de Jésus-Christ (trad. par dom Marie Prosper Augustin), *L. Langlois.* 1864³, x, 552 ; 1866², xvi, 136.

Job. Demante (H.), S. J. Conférences sur le livre de Job, *F. Desjac-*
(*Suite.*) *ques.* 1879[1], xl, 767.

Jocelyn, Lamartine (A. de), *G. Longhaye.* 1870[1], xxiv, 13.

Jogues (Le P. Isaac), Martin (F.), S. J. *C. Sommervogel.* 1873[1],
xxviii, 934.

Joinville. Boucher (Aug.), Le prince de Joinville pendant la campagne de France, *F. D.* 1873[2], xxix, 786.

Joly. Bavard (abbé E.), Vie du Vén. Bénigne Joly, *C. S.* 1879[1],
xl, 775.

Josaphat (Saint). Guépin (dom A.), O. S. B. Saint Josaphat et
l'Église grecque-unie en Pologne, *J. Martinov.* 1874[2], xxxi,
612 ; 1875[1], xxxii, 342.

  » Martinov (J.), S. J. Cursus vitæ et certamen martyrii B. Josaphat Kuncevicii (Mgr Jac. Susza), *H. M.* 1864[3], xi, 423.

  » Miezcowski (D.), Vie du bienheureux Josaphat, *J. M.* 1866[1],
xv, 127.

Joseph (Saint). Bouix (M.), S. J. Saint Joseph d'après les saints et
les maîtres de la vie spirituelle. 1863, viii, 836.

  » Gaulle (J. M. de), Le cortège de saint Joseph ; — Les sanctuaires de saint Joseph à Paris et aux environs, *E. M.* 1867[1],
xviii, 441.

  » Nampon (A.), S. J. Saint Joseph, ses grandeurs, ses vertus, ses
bienfaits, *L. L.* 1865[2], xiii, 130.

  » Pedicini (Mgr), Saint Joseph modèle de la vie chrétienne (trad.
par le P. de Boylesve), *C. Sommervogel.* 1878[1], xxxviii, 579.

  » Périgaud (abbé), Les gloires de saint Joseph, *C. Sommervogel.*
1878[1], xxxviii, 291.

  » Souchon (abbé E.), Saint Joseph modèle du chrétien, *F. Desjacques.* 1880, xlii, 625.

  » Le mois de saint Joseph, d'après les docteurs et les saints,
A. Monnin. 1873[1], xxviii, 300.

Journal. Cocheris (H.), Table méthodique et analytique des articles
du *Journal des Savants* (1816-1858). 1860, v, 335.

  » Ideville (H. d'), Journal d'un diplomate en Italie et à Rome,
C. Sommervogel. 1872[2], xxvii, 136 ; 1873[1], xxviii, 942.

  « Olivaint (P.), S. J. Journal de retraites. 1877[1], xxxvi, 763.

  » Swetchine (Mme), Journal de sa conversion, *C. Daniel.* 1864[2],
x, 213.

  » *Le Journal des jeunes personnes.* 1865[1], xii, 266.

Jubilé. Loiseaux (abbé), Traité canonique et pratique du jubilé
— Petit manuel du jubilé, *H. de V.* 1870[1], xxiv, 314.

Jubilé. Un prêtre du diocèse de Tournai, Jubilé du concile, *H. de*
(*Suite.*)   *V.* 1870[1], xxiv, 314.

Jugement. Bouix (abbé D.), Tractatus de Judiciis ecclesiasticis,
A. des G. 1867[2], xix, 153.

Juif. Gougenot des Mousseaux (chev.), Le juif, le judaïsme et la
judaïsation des peuples chrétiens, *Ch. Chambon*. 1870[1],
xxiv, 495.

Juilly. Hamel (Ch.), Histoire de l'abbaye et du collège de Juilly,
C. Sommervogel. 1868[1], xx, 432.

K

Kabyles. Aucapitaine (baron H.), Les Kabyles et la colonisation de
l'Algérie, *E. Paton.* 1864[2], x, 131.

» Dugas (J.), S. J. La Kabylie et le peuple kabyle, *J. Brucker.*
1878[1], xxxviii, 597.

» Hanoteau (C.) et Letourneur, La Kabylie et les coutumes
kabyles, *J. Dugas.* 1876[1], xxxiv, 502.

Kalevala. Léouzon-le-Duc (L.), Le Kalevala, épopée nationale de la
Finlande, *C. C.* 1868[1], xx, 758.

Kériolet. Le Gouvello (H.), Le pénitent breton Pierre de Kériolet,
C. S. 1878[1], xxxviii, 877.

Kiang-nan. Missionnaires, Le Kiang-nan depuis octobre 1868 jusqu'à
octobre 1869, *A. Jean.* 1870[1], xxiv, 950.

Kossovo. Avril (Ad. d'), La bataille de Kossovo, rapsodie serbe,
J. Martinov. 1868[2], xxi, 239.

L

La Bastie. Largent (le P.), orat. Notice sur le P. de La Bastie,
C. Daniel. 1868[1], xx, 153.

Labre (Saint B. J.). Aubineau (L.), La vie admirable du bienheureux mendiant et pèlerin Benoît Joseph Labre, *E. P.*
1873[2], xxix, 140.

La Bruyère. Damien (A.), Étude sur La Bruyère et Malebranche,
X. L. 1868[1], xx, 300.

Lacordaire. Chocarne (le P.), O. P. Le Révérend Père H. D. Lacordaire, sa vie intime et religieuse, *A. Duvivier.* 1866[2], xvi, 416.

» Montalembert (comte de), Le P. Lacordaire. 1862, vii, 270.

» Perreyve (abbé), Lettres du R. P. Lacordaire à des jeunes gens.
1863, viii, 155.

La Fruglaye. Vie de la R. M. Marie Anne (Marie de La Fruglaye), *P. T.* 1865³, xiv, 266.

Lamartine. Lamartine (A. de), Correspondance, *A. de G.* 1874², xxxi, 462.

Lamballe (La princesse de), Lescure (de), *F. Gazeau.* 1865², xiii, 122.

Lambillotte. Monter (M. de), Louis Lambillotte et ses frères, *C. S.* 1870-71, xxv, 935.

La Mennais. Ropartz (S.), La vie et les œuvres de M. Jean Marie Robert de La Mennais, *C. S.* 1874², xxxi, 772.

La Moricière. Dupanloup (Mgr), Oraison funèbre du général de La Moricière, *P. Toulemont.* 1865³, xiv, 411.

»   Keller (E.), La Moricière, sa vie militaire, politique et religieuse, *J. Dugas.* 1874¹, xxx, 838.

La Motte. Kerviler (R.), François de La Motte Le Vayer, *C. S.* 1880, xlii, 318.

Lampes. Jobin (abbé), Études sur les lampes du Saint Sacrement et le luminaire ecclésiastique, *H. de V.* 1870¹, xxiv, 316.

Lancicius. Martinov (J.), S. J. Collectanea Lanciciana. 1877¹, xxxvi, 763.

Langage. Gilly (Alf.), La science du langage, *J. Martinov.* 1865¹, xii, 549.

»   Grimm (J.), De l'origine du langage, *Cl. Ledoux.* 1860, v, 287.

»   Müller (Max), Lecture on the science of language, *J. Martinov.* 1865¹, xii, 549.

»   Renan (E.), De l'origine du langage, *P. Toulemont.* 1862, vii, 17.

Langues. Backer (L. de), Grammaire comparée des langues de la France, *H. Mertian.* 1862, vii, 256.

»   Barbe (P.), La vérité sur la langue d'O, *J. Brucker.* 1874¹, xxx, 409.

»   Fabre d'Envieu (abbé J.), Méthode pour apprendre le dictionnaire de la langue grecque, *J. Brucker.* 1876¹, xxxiv, 137.

»   Gazier (A.), Lettres à Grégoire sur les patois de France, *J. B.* 1880, xlii, 638.

»   Hetsch (abbé), De l'étude des langues vivantes, *J. Noury.* 1867², xix, 746.

»   Leguest (abbé), Études sur la formation des racines sémitiques, *A. Dutau.* 1860, v, 334, 634.

»   Massaja (Mgr), Lectiones grammaticales, pro missionariis qui addiscere volunt linguam Amaricam... et Oronicam, *M. Le Gall.* 1868², xxi, 73.

Langues. Renan (E.), Histoire générale et système composé des
(*Suite.*) langues sémitiques, *E. Godfroy.* 1856, I, 65.

» N. O., ancien missionnaire, Études philologiques sur quelques langues sauvages de l'Amérique, *A. Le Hir.* 1867[2],
XIX, 120.

» Voir *Dictionnaire*, *Grammaire*, *Lexique*.

Lansperge. Boutrais (dom C. M.), chart. Lansperge le Chartreux et
la dévotion au Sacré Cœur, *C. S.* 1879[1], XL, 772.

La Rochefoucauld (Vie de Mme de). 1877[2], XXXVII, 601.

La Salle (Bienheureux). Ravelet (A.), Histoire du Vén. J.-B. de la
Salle, *F. G.* 1874[1], XXX, 908.

Lataste. Darbins (abbé P.), La vie et les œuvres de Marie Lataste,
P. Toulemont. 1863, VIII, 66; 1866[1], XV, XLV; — *C. D.* 1866[2].
XVI, 430.

Lateau. Lefebvre (Dr F.), Louise Lateau de Bois-d'Haine, *I. Carbonnelle.* 1870[1], XXIV, 924.

Le Chaplain de Granville (Maria), *C. S.* 1879[1], XL, 455.

Le Clerc. Bertrand (L.), Vie, écrits et correspondance littéraire,
de Laurent Josse Le Clerc, *C. S.* 1878[1], XXXVIII, 137.

Lectures. Fodor (F.), Le conseiller de l'âme; choix de lectures,
H. M. 1864[3], XI, 566.

» Sacchini (F.), S. J. De ratione libros cum profectu legendi,
E. C. 1866[3], XVII, 582.

» Verniolles (abbé), La lecture et le choix des livres, conseils à
un jeune homme. 1877[2], XXXVII, 894.

» *Lectures pour tout le monde* (recueil périodique). 1868[1], XX, 159.

Le Fer. Une femme apôtre, vie et lettres d'Irma Le Fer de La Motte.
J. Burnichon. 1880, XLII, 298.

Le Fèvre (Bienheureux). Bouix (M.), S. J. Mémorial du bienheureux Pierre Le Fèvre. 1875[1], XXXII, 144.

» Maurel (A.), S. J. La vie du bienheureux Pierre Lefèvre.
1873[1], XXVIII, 305.

Le Gall (Le R. Père), *H. Leroy.* 1874[2], XXXI, 784.

Légations. Galitzin (prince Aug.), Legationes Alexandrina et Ruthenica ad Clementem VIII. 1860, V, 493.

Législation. Moulin (E.), Unité de législation civile en Europe,
H. Mertian. 1865[3], XIV, 130.

Légitimité (La), Blanc de Saint-Bonnet (A.), *H. Ramière.* 1874[1].
XXX, 5.

Leibnitz. Nourrisson (F.), La philosophie de Leibnitz, *E. Desjardins.* 1861, VI, 208.

Le Jay (Le P. Claude), Prat (J. M.), *C. Sommervogel.* 1874[1], xxx, 618.

Lejeune (Le P.). Renoux (abbé G.), *C. Sommervogel.* 1875[2], xxxiii, 132.

Léon I (Saint). Chauvierre (abbé P.), Homélies de saint Léon le Grand, *E. Chauveau.* 1866[3], xvii, 430.

Léon IX (Saint). Delarc (abbé O.), Un pape alsacien, essai historique sur saint Léon IX et son temps, *P. Pierling.* 1876[2], xxxv, 754.

Léon XIII. Turinaz (Mgr), Léon XIII et sa mission providentielle, *F. Desjacques.* 1880, xlii, 465.

Lettres. Anselme (M. d'), Lettres au R. P. Brucker, *J. Brucker.* 1875[2], xxxiii, 295.

»   Armagnac (cardinal d'), Lettres inédites (Tamizey de Larroque), *C. S.* 1874[1], xxx, 912.

»   Bossuet, Lettres inédites, *C. S.* 1875[2], xxxiii, 447.

»   Brumoy (le P.), S. J. Lettres au marquis de Caumont (1730-1740), *J. M. Prat.* 1857, xii, 413.

»   Caussin (le P.), S. J. Lettre inédite (à Mlle de La Fayette), *Ch. Daniel.* 1861, vi, 353.

»   Chapelain (J.). Lettres (P. Tamizey de Larroque), *C. S.* 1880, xlii, 789.

»   Clair (Ch. , Lettres à MM. Jules Ferry et Paul Bert. 1879[2], xli, 160.

»   François de Sales (Saint), Lettres à des religieuses (F. Servonnet), *A. Matignon.* 1864[3], xi, 236. — Lettres inédites. 1866[1], xv, 412, 540 ; 1868[1], xx, 354 ; 1874[2], xxxi, 770 ; 1877[2], xxxvii, 283 ; 1878[2], xxxix, 106.

»   Gratry (A.), Lettres à Mgr Dechamps, *A. Matignon.* 1870[1], xxiv, 400 ; — *C. Daniel.* 1870[1], xxiv, 630 ; — *H. Colombier.* 1870[1], xxiv, 956.

»   Henry IV, Lettre inédite à Clément VIII, *C. Sommervogel.* 1868[2], xxi, 113.

»   Herbert. Osbert et Elmer, Epistolæ (R. Anstruther), *V. de Buck.* 1850, v, 64.

»   Ignace de Loyola (Saint). Lettres (trad. par le P. Bouix, S. J.), *Ch. Clair.* 1870[1], xxiv, 174.

»   Jouvancy (J. de), S. J. Trois lettres latines inédites, *V. A.* 1872[2], xxvii, 758.

»   Lacordaire (Le P.), Lettres à des jeunes gens (abbé Perreyve). 1863, viii, 155. — Lettres à Mme la comtesse Eudoxie de la Tour du Pin, *A. Matignon.* 1863, viii, 1111.

Lézeau. Verdalle (abbé de), Vie de Marie Marguerite de Lézeau,
    J. Noury. 1869[2], xxiii, 653.

Liber pontificalis. Duchesne (abbé L.), Étude sur le « Liber pon-
    tificalis », *H. Colombier*. 1877[1], xxxvi, 913.

Libéralisme. Dechamps (cardinal), Le libéralisme, lettre. 1878[1],
    xxxviii, 139 ; — Les catholiques libéraux, *F. Desjacques*.
    1878[2], xxxix, 119.

» Laboulaye (E.), Le parti libéral et son avenir, *H. Ramière*.
    1879[2], xli, 220.

» Morel (abbé J.), Somme contre le libéralisme, *G. Desjardins*.
    1876[2], xxxv, 930.

» Ramière (H.), S. J. Les doctrines romaines sur le libéralisme.
    1870[1], xxiv, 637.

Liberté. At (le P.), Le vrai et le faux en matière d'autorité et de li-
    berté, *A. D.* 1874[2], xxxi, 298.

» Ketteler (Mgr de), Freiheit, Autoritæt und Kirche, *H. Mertian*.
    1862, vii, 230.

» Laboulaye (E.), La liberté religieuse, *H. Ramière*. 1879[2],
    xli, 220.

» Loyseau (J.), Pouvoir et liberté, *J. de Bonniot*. 1872[1], xxvi, 145.

» Matignon (A.), S. J. La liberté de l'esprit humain dans la foi
    catholique. 1864[1], ix, 516.

» Parisis (Mgr), Cas de conscience sur les libertés publiques,
    P. Toulemont. 1865[2], xiii, 263.

» Simon (J.), La liberté, *A. Sarriot*. 1861, vi, 88.

Librairie. Deschamps (P.), Supplément au Manuel du libraire de
    Brunet, *C. Sommervogel*. 1878[2], xxxix, 112 ; 1880, xlii, 450.

Libre-échange. Sudre (A.), Le libre-échange et la dépopulation de
    la France, *F. Desjacques*. 1880, xlii, 462.

Libre penseur. Longeville (G. de), Le libre penseur solidaire.
    1873[2], xxix, 135.

» Monteil (E.), Catéchisme du libre-penseur, *J. de Bonniot*. 1880,
    xlii, 102.

Limon. Acy (E. d'), Le limon des plateaux du nord de la France et
    les silex travaillés qu'il renferme, *A. Haté*. 1879[1], xl, 111.

Lionne. Chevalier (U.), Lettres inédites de Hugues de Lionne,
    C. Sommervogel. 1879[1], xl, 637.

Lions. Argier (Em.), Lions et renards, *G. Longhaye*. 1870[1], xxiv, 345.

Lissa. Buloz (C.), Lissa. 1863[3], xvii, 590.

Littérature. Albert (P.), La littérature française au dix-septième
    siècle : la prose ; la poésie, *G. Longhaye*. 1873[2], xxix, 552.

Littérature. Aubineau (L.), Notices littéraires sur le dix-septième
(Suite.) siècle. 1860, v, 335.

» Bougeault (A.), Précis de la littérature française, *F. Desjacques.* 1878[1], xxxviii, 455 ; 1880, xlii, 795.

» Egger (E.), Mémoires de littérature ancienne, *L. Langlois.* 1863,
viii, 120.

» Follioley (abbé), Histoire de la littérature française au dix-
septième siècle, *F. Grandidier.* 1866[2], xvi, 418 ; — *J. E.*
1876[2], xxxv, 620.

» Fournel (V.), La littérature indépendante et les écrivains oubliés. 1863, viii, 150.

» Godefroy (F.), Histoire de la littérature française depuis le seizième siècle, *H. Mertian.* 1859, iv, 613.

» Mérit (abbé), Lettre sur le beau en littérature, *H. Martin.* 1880,
xlii, 637.

» Rondelet (A.), L'art d'écrire, *F. Desjacques.* 1878[1], xxxviii, 140.

» Sacy (S. de), Féval (P.), Gautier (Th.) et Thierry (Ed.),
Rapport sur le progrès des Lettres, *G. Longhaye.* 1868[2],
xxi, 673 ; 1869[1], xxii, 56.

» Sallony (J.), Du progrès de l'idée chrétienne dans la littérature,
L. Langlois. 1864[2], x, 106.

» Verniolles (abbé J.), Histoire abrégée de la littérature grecque, *C. Sommervogel.* 1873[1], xxxii, 794 ; — *J. Burnichon.*
1880, xlii, 155.

» Bénédictins de Saint-Maur, Histoire littéraire de la France
(P. Pâris), *C. Sommervogel.* 1867[2], xix, 728.

» Une religieuse ursuline, Cours de littérature ; — Histoire de la
littérature ancienne et moderne, *F. Desjacques.* 1879[1],
xl, 780.

Liturgie. Bouvry (abbé), Les coutumes liturgiques et le droit écrit.
1861, vi, 101, 504.

» Crosnier (Mgr), Études sur la liturgie nivernaise, *H. Le Blanc.*
1869[2], xxiii, 153.

» Guéranger (dom), O. S. B. Année liturgique, *J. Pra.* 1888[2],
xxxix, 562.

» Leblanc (abbé), Catéchisme liturgique, *N. Bouchot.* 1875[1],
xxxii, 767.

» Maurel (A.), S. J. Guide pratique de liturgie romaine. 1873[1],
xxviii, 149.

» Neale (J. M.), The Liturgies of S. Mark, S. James, S. Clement,
S. Chrysostom, S. Basil, *V. D. B.* 1868[1], xx, 601.

Livingstone. Stanley (H.), Comment j'ai retrouvé Livingstone, *J. Brucker*. 1874[1], xxx, 773.

Livre. Bailly (L.), S. J. Le livre d'heures, proverbe, *L. G.* 1879[1], xl, 460.

Loi. Deschamps (abbé A.), La découverte du livre de la Loi et la théorie du coup d'État, *F. Desjacques*. 1878[2], xxxix, 143.

Lois. Bautain (abbé), Philosophie des lois au point de vue chrétien, *A. Matignon*. 1862, vii, 409.

» Marcey (Mme de), De l'observance des lois de l'Église dans le monde, *Ch. Daniel*. 1863, viii, 812.

» Un ancien avocat, Question de for intérieur relative à une loi de for extérieur, *P. Wagner*. 1874[1], xxx, 777.

Lo-Kao. Persoz (J.), Étude sur les propriétés chimiques et tinctoriales du lo-kao. 1858, iii, 485.

Lombards. Dartein (F. de), Étude sur l'architecture lombarde, *C. Cahier*. 1865[3], xiv, 541; 1870[1], xxiv, 808; 1879[1], xl, 457.

Londres. Margotti (abbé), Rome et Londres, *J. Chartier*. 1860, v, 465.

» Rondelet (A.), Londres pour ceux qui n'y vont pas, *A. M.* 1864[3], xi, 242.

Lope de Véga. Damas-Hinard, Théâtre de Lope de Véga, traduit en français, *L. Langlois*. 1862, vii, 795.

Lorette. Lafond (E.), Lorette et Castelfidardo, lettres d'un pèlerin. 1862, vii, 719.

Lorraine. Bach (J.), S. J. Les origines de Metz, de Toul et de Verdun. 1864[1], ix, 271.

» Digot (Aug.), Histoire de Lorraine, *E. Marquigny*. 1866[2], xvi, 572.

» Guerrier de Dumast (baron), Ce que fut jadis la Lorraine et ce qu'elle est encore, *E. Marquigny*. 1866[2], xvi, 571.

» Haussonville (comte d'), Histoire de la réunion de la Lorraine à la France, *E. Marquigny*. 1866[2], xvi, 572.

» Lepage (F.), Relation des fêtes qui ont eu lieu à Nancy (juillet 1866), *E. Marquigny*. 1866[3], xvii, 130.

» Mathieu (abbé B.), L'ancien régime dans la province de Lorraine et Barrois. 1879[2], xli, 157.

» Saint-Mauris (V. de), Études historiques sur l'ancienne Lorraine, *E. Marquigny*. 1866[2], xvi, 572.

Louis IX (Saint). Cros (L.), S. J. Vie intime de saint Louis, *E. Seguin*. 1872[2], xxvii, 301.

Louis IX. Gérin (C.), Les deux Pragmatiques attribuées à saint
(*Suite.*) Louis, *P. Mazoyer.* 1869², xxiii, 964.

» Joinville (J. de), Histoire de saint Louis (N. de Wailly), *E. P.*
1865³, xiv, 416; — *F. Desjacques.* 1874¹, xxx, 142.

» Viollet (P.), La Pragmatique de saint Louis, *C. Cahier.* 1870¹,
xxiv, 971.

» Wallon (II.), Saint Louis et son temps, *C. Verdière.* 1875¹,
xxxii, 806.

Louis XI. Legeay (Ur.), Histoire de Louis XI, *F. Gazeau.* 1874¹,
xxx, 620.

Louis XIV. Gaillardin (C.), Histoire de Louis XIV, *Ch. Clair.* 1870-
71, xxv, 966; — *H. Colombier.* 1877¹, xxxvi, 131.

Louis (roi). Rocquain (F.), Napoléon Ier et le roi Louis, *C. S.* 1876¹,
xxxiv, 620.

Louis de Blois. Blois (G. de), Louis de Blois, un bénédictin au
seizième siècle, *C. S.* 1876¹, xxxiv, 612.

Lourdes. Artus (E.), Les médecins et les miracles de Lourdes.
1873², xxix, 122.

» Bouix (M.), S. J. Apparitions de Notre-Dame de Lourdes,
F. Desjacques. 1880, xlii, 624.

» Casabianca (abbé), Écrin de Notre-Dame de Lourdes. 1877¹,
xxxvi, 622.

» Hilaire (le P.), cap. Notre-Dame de Lourdes et l'Immaculée
Conception, *J. Pra.* 1880, xlii, 742.

Louvain. Société littéraire de l'Université catholique de Louvain :
choix de mémoires, t. IX. 1863, viii, 1128.

Lucaris. Pichler (Dr), Geschichte des Protestantismus in der orien-
talischen Kirche im 17. Jahrhundert, oder der Patriarch Cyrillus Lucaris und seine Zeit, *J. Martinov.* 1862, vii, 407.

Luçon. Du Tressay (abbé), Histoire des moines et des évêques de
Luçon, *C. S.* 1869², xxiii, 156; 1872², xxvii, 620.

Lumière. Saint-Juan (de), La lumière des jeunes âmes. 1864¹,
ix, 268.

Lützelbourg. Dominicus (A.), Baldwin von Lützelburg, Erzbischof
und Kurfürst von Trier. 1863, viii, 158.

Luxe. Baudrillart (H.), Histoire du luxe privé et public, *F. Desjacques.* 1880, xlii, 791.

Luynes. Zeller (B.), Le connétable de Luynes, Montauban et la
Valteline, *H. Colombier.* 1880, xlii, 926.

Lyon. Bernard (abbé M.), L'Église de Lyon et l'Immaculée Conception. 1877², xxxvii, 907.

M

Macaire (Saint). Théophile, Sergius et Hygin, Vie du serviteur de Dieu, saint Macaire de Rome, trouvé près du paradis, *H. Mertian*. 1862, vii, 372.

Machecoul. Lallié (A.), Le district de Machecoul, *L. Lecoq*. 1869², xxiii, 493.

Madagascar. Maupoint (Mgr), Madagascar et ses deux premiers évêques, *A. M.* 1864³, xi, 421.

Maduré. Bertrand (J.), S. J. Lettres édifiantes et curieuses de la nouvelle mission du Maduré, *J. T.* 1865³, xiv, 272.

» Canoz (Mgr A.), S. J. Les chrétiens du Maduré (1860-63), *H. Mertian*. 1864¹, ix, 1.

» Gallo (A.), S. J. Suppetiæ Evangelii præconibus qui Madurensem missionem excolunt, *G. Desjardins*. 1876², xxxv, 923.

Magdebourg. Wittich (K.), Magdeburg, Gustav Adolf und Tilly, *J. M. Guennégan*. 1876¹, xxxiv, 422.

Magie. Gougenot des Mousseaux (chevalier), La magie au dix-neuvième siècle. 1861, vi, 512.

Magnétisme. Pailloux (X.), S. J. Le magnétisme, le spiritisme et la possession, *R. de Chazournes*. 1864¹, ix, 255.

Mahomet. Barthélemy-Saint-Hilaire (J.), Mahomet et le Coran, *F. Gazeau*. 1865², xiii, 533.

Maine. Kerviler (R.), Le Maine à l'Académie française. *C. S.* 1878², xxxix, 279.

Maistre (Jos. de). Moreau (L.), *J. Burnichon*. 1879², lxi, 315.

Mal. Loudun (E.), Le mal et le bien, *L. Senepin*. 1877¹, xxxvi, 744.

» Martin (Th. H.), Le mal social et ses remèdes prétendus, *V. Alet*. 1872², xxvii, 223, 321. — Examen d'un problème de théodicée (l'optimisme), *E. Desjardins*. 1861, vi, 208.

» Naville (E.), Le problème du mal, *J. Guennégan*. 1870¹, xxiv, 647.

Malades. Stub (le P. P.), barn. Le prêtre auprès des malades et des mourants, *F. M.* 1862², xvi, 576.

Malagrida. Mury (Paul), S. J. Histoire de Gabriel Malagrida, de la Compagnie de Jésus, l'apôtre du Brésil au dix-huitième siècle, *C. S.* 1865¹, xii, 269.

Malebranche. Damien (A.), Étude sur La Bruyère et Malebranche, *X. L.* 1866¹, xx, 300.

» Fénelon, Réfutation du système du P. Malebranche, *C. Daniel*. 1859, iv, 400.

Marie. Cahour (A.), S. J. Manuel des enfants de Marie. 1868[1], (*Suite.*) xx, 444.

» Clair (Ch.), S. J. Le vrai portrait de Notre-Dame, tracé par saint François de Sales, *L. de Régnon.* 1864[3], xi, 695.

» Grou (J. N.), S. J. L'intérieur de Jésus et de Marie, *C. S.* 1862, vii, 260.

» Hamon (abbé), Notre-Dame de France, ou histoire du culte de la sainte Vierge en France, *E. Letierce.* 1863, viii, 414.

» Hirscher (D[r]), La très sainte Vierge Marie proposée comme modèle aux femmes et aux filles chrétiennes. 1863, viii, 835.

» Jamar (abbé), Marie, mère de Jésus, *L. S.* 1873[1], xxviii, 919.

» Jeanjacquot (P.), S. J. Simples explications sur la coopération de la très sainte Vierge à l'œuvre de la rédemption, *A. Nampon.* 1862[2], xxi, 488.

» La Croix (P. de), S. J. Le petit Jardin de Marie (trad. par M. Gavard). 1867[1], xviii, 892.

» Largent (A.), orat. Méditations sur la vie de la très sainte Vierge *C. S.* 1878[2], xxxix, 143.

» Monnin (abbé A.), *Mater admirabilis,* ou les quinze premières années de Marie Immaculée. 1864[2], x, 133.

» Petitalot (abbé J.-B.), Coronula Mariana, *S. M.* 1867[1], xviii, 575. — La Vierge mère, d'après la théologie, *H. de V.* 1869[1], xxii, 319.

» Pioger (abbé), Station de mai, ou mois de Marie du clergé. 1864[2], x, 134.

» Razzi (dom S.), cam. Vie de la Vierge Marie (trad. par E. Razy), *C. Sommervogel.* 1875[1], xxxii, 941.

» Rogez (abbé), Ève et Marie, *S. M.* 1867[1], xviii, 575.

» Rohault de Fleury (C.), La sainte Vierge, études archéologiques et iconographiques, *C. Cahier.* 1880, xlii, 917.

» Rossi J.-B. de), Les images de la très sainte Vierge, *V. de Buck.* 1865[1], xii, 133, 333.

» Saint-Albin (A. de), Le chemin de la croix de la sainte Vierge, *C. Sommervogel.* 1875[1], xxxii, 938.

» Tosti (dom L.), Le psautier de Marie, *C. Sommervogel.* 1879[1], xl, 454.

» Mois de mai d'un enfant de Marie, 1864[2], x, 272.

Marie (Sœur), Gaveau (abbé). 1877[1], xxxvi, 760.

Marie de Valence (Teyssonier), Trouillat (abbé), *E. Régnault.* 1874[1], xxx, 301.

Marie-Thérèse (Dubouché), Hulst, (abbé d'). 1872[2], xxvii, 299.

Méditations. Bautain (abbé), Méditations chrétiennes. 1873[1], xxviii, 148. — Méditations sur les Épîtres et les Évangiles. 1863, viii, 837.

» Chaignon (P.), S. J. Nouveau cours de méditations sacerdotales, ou le prêtre sanctifié par la pratique de l'oraison, C. Daniel. 1862[2], vii, 401. — Œuvres ascétiques; cours de méditations pour les prêtres, les laïques et les personnes religieuses. 1868[1], xx, 753.

» Etcheverry (J.), S. J. Nouvelles méditations, C. Sommervogel. 1878[2], xxxix, 718.

» Geffrais (le P.), Le don de Dieu, méditations. 1872[1], xxvi, **149.**

» Guizot (F.), Méditations sur l'essence de la religion chrétienne, A. Matignon. 1864[3], xi, 102. — Méditations sur la religion chrétienne dans ses rapports avec l'état actuel des sociétés et des esprits, C. Daniel. 1868[2], xxi, 37.

» Hamon (abbé), Méditations à l'usage du clergé et des fidèles, A. Maurel. 1872[1], xxvi, 296.

» Largent (A.), orat. Méditations sur la vie de la sainte Vierge, C. Sommervogel. 1878[2], xxxix, 143.

» Lennig (A. F.), Méditations sur le *Pater* et l'*Ave* (trad. par l'abbé Mabire), C. Sommervogel. 1879[1], xl, 951.

» Monsabré (le P.), O. P. Petites méditations pour la récitation du saint rosaire, C. S. 1879[1], xl, 452.

» Petitalot (le P.), mar. Aux pieds de Jésus, méditations, C. Sommervogel. 1873[1], xxviii, 787.

» Southwell (R.), S. J. A hundred meditations on the love of God. 1877[1], xxxvi, 759.

Mégalithes. Fergusson (J.), Les monuments mégalithiques de tous pays (trad. par l'abbé Hamard), A. Haté. 1878[1], xxxviii, 837.

Mélanges. Caussette (le P.), Mélanges oratoires. 1877[2], xxxvii, 459.

» Gorini (abbé), Mélanges littéraires, extraits des Pères latins, A. M. 1864[2], x, 44; — V. M. 1865[3], xiv, 562.

» C. H. G. Mélanges philosophiques et religieux, F. Desjacques. 1879[2], xli, 315.

Mémoires, Bengy (A. de), C. S. 1870-71, xxv, 469.

» Bernis (card. de), Mémoires et lettres (F. Masson), C. Sommervogel. 1879[1], xl, 104.

» Bertrand (L. A.), Mémoires d'un Mormon, J. Noury. 1865[2], xiii, 341.

» Gerard (J.), S. J. Mémoires (sur le règne d'Élisabeth), J. Forbes. 1868[2], xxi, 602.

» Guizot (F.), Mémoires, t. vii, C. Daniel. 1866[2], xvi, 335.

Mémoires. Malouet (baron), Mémoires de Malouet, *C. Sommervo-*
(*Suite.*) *gel*. 1869[1], xxii, 474.

» Noël (Eug.), Mémoires d'un imbécile, *J. de Bonniot*. 1875[2],
xxxiii, 665.

» Randon (maréchal), Mémoires, *C. Clair*. 1876[1], xxxiv, 464; —
E. de Lachau. 1877[2], xxxvii, 602.

» Rapin (R.), S. J. Mémoires (L. Aubineau), *C. Clair*. 1866[1],
xv, 462.

» Richelieu (cardinal), Mémoire écrit de sa main, 1607-1610
(A. Baschet), *C. Sommervogel*. 1880, xlii, 477.

» Saint-Simon (duc de), Mémoires (A. de Boislisle), *F. Desjacques*.
1880, xlii, 634.

» Mémoires d'un père sur la vie et la mort de son fils, *L. L.* 1865[2],
xiii, 562.

Mémorial, Le Fèvre (le bienheureux P.). 1875[1], xxxii, 144.

Mer. Julien (F.), Courants et révolutions de l'atmosphère et de la
mer. 1860, v, 334, 471.

Mère. Martin (abbé F.), Les mères chrétiennes, *F. Desjacques*. 1879[1],
xl, 770.

Mésa. Deschamps (abbé A.), Sur la stèle de Mésa peut-on, au lieu de
Chamos, mettre Jéhovah ? Données nouvelles sur la religion moabite, *J. B.* 1876[1], xxxiv, 305.

Messe. Kreuser (J.), Le saint sacrifice de la messe exposé historiquement. 1861, vi, 511.

» Jenna (Marie), Le premier livre de messe. 1877[2], xxxvii, 460.

» Pulcian (abbé Ed.), Thèse sur le saint sacrifice, *J. Pra*. 1878[2],
xxxix, 561.

» Un Prêtre de Saint-Sulpice, Les cérémonies de la messe basse,
exposées selon les rubriques du Missel romain, *Ch. Cl.* 1865[3],
xiv, 418.

Messie. Lémann (abbés), La question du Messie et le concile du
Vatican, *C. S.* 1869[2], xxiii, 816.

Métaphysiciens. Bossu (abbé), Galerie de métaphysiciens contemporains, *J. de Bonniot*. 1872[2], xxvii, 127.

Métaphysique. Charaux (C.), La métaphysique simplifiée et agrandie, *C. S.* 1868[2], xxi, 336.

» Domet de Vorges (E.), La métaphysique en présence des
sciences, *J. de Bonniot*. 1875[2], xxxiii, 789.

» Donadiu y Puignau (Dr D.), Curso de metafisica. 1877[2], xxxvii,
122.

» Scherer (E.). L'illusion métaphysique, *C. Daniel*. 1866[3], xvii, 54.

Météorologie. Ferrari (S.), S. J. Meteorologia romana, *T. Pepin.* 1878², xxxix, 708.

» Rambosson (N. J.), Histoire des météores, *C. Sommervogel.* 1870¹, xxiv, 495.

Métrologie. Hultsch (F.), Griechische und rœmische Metrologie, *H. Mertian.* 1862, vii, 416.

Metz. Bach (J.), S. J. Les origines de Metz, de Toul et de Verdun. 1864¹, ix, 271.

Mezzofanti. Russell (G.), Vita del cardinale G. Mezzofanti ; e memoria dei piu chiari poliglotti antichi e moderni, *L. Langlois.* 1864 ³, xi, 683.

Michel (Saint). Cordaro (A.), S. J. Les grandeurs de l'archange saint Michel, *C. Sommervogel.* 1874², xxxi, 466.

Microphone. Du Moncel (comte), Le téléphone, le microphone et le phonographe, *T. Pepin.* 1879¹, xl, 916.

Micy. Cochard (abbé Th.), Micy, son histoire, son influence sociale au sixième siècle, *C. Sommervogel.* 1876¹, xxxiv, 776.

Minimes. Dabert (Mgr), Histoire de saint François de Paule et de l'Ordre des Minimes, *E. Régnault.* 1876 ¹, xxxiv, 148.

Mioland (Mgr), Desgeorge (abbé), *C. de Laage.* 1872¹, xxvi, 135.

Mirabeau. Loménie (L. de), Les Mirabeau, *J. Brucker.* 1879¹, xl, 783.

Miracle. Bonniot (J. de), S. J. Le miracle et les sciences médicales, *C. Sommervogel.* 1879², xli, 480.

Miramion (Mme de), Bonneau (Alf.), *C. S.* 1868¹, xx, 155.

Misérables (Les), Hugo (V.), *G. Longhaye.* 1870¹, xxiv, 22.

Missel. Missale ad usum insignis et præclaræ Ecclesiæ Sarum (Salisbury). 1862, vii, 717.

Missions. Bertrand (J.), S. J. Mémoires historiques sur les missions des Ordres religieux, *C. Daniel.* 1862, vii, 564, 667.

» Du Bost (F.), S. J. Petit manuel de missions. 1877², xxxvii, 302.

» Durand (abbé E. J.), Les missions catholiques françaises, *C. Sommervogel.* 1874¹, xxx, 771.

» Gilmary-Shea (J.), Geschichte der katholischen Missionen unter den Indianerstæmmen der Vereinigten Staaten (trad. par J. Roth). 1863, viii, 978.

» Grundemann (Dr), Allgemeiner Missions-Atlas, *V. D. B.* 1868², xxi, 986.

» Hahn (Dr H.), Geschichte der katholischen Missionen seit Jesus Christus, *H. M.* 1864³, xi, 708.

Missions. Marshall (T. W. M.), Christian missions : their agents,
(Suite.) their method and their results. 1862, vii, 573 ; — (trad. par
L. de Waziers), *L. Langlois.* 1865[3], xiv, 50.

» Martin de Moussy (V.), Mémoire historique sur la décadence et
la ruine des missions des jésuites dans le bassin de la Plata,
J. Jouau. 1866[1], xv, 245.

» Nampon (A.), S. J. Manuel du missionnaire. 1861, vi, 677.

» *Les Missions catholiques.* 1868[2], xxi, 158.

Moabites. Deschamps (abbé A.), Sur la stèle de Mésa peut-on, au lieu
de Chamos, mettre Jéhovah? Données nouvelles sur la religion moabite, *J. B.* 1876[4], xxxiv, 305.

Mode. Rondelet (A.), Théorie logique des propositions modales.
1862, vii, 123.

Mœurs. Belleval (marquis de), Nos pères; mœurs et coutumes du
temps passé, *C. Sommervogel.* 1879[2], xli, 468.

» Blanchon (J.), Études de mœurs contemporaines, *C. Sommervogel.* 1868[2], xxi, 500.

Moines. Delaunay (Ferd.), Moines et sibylles dans l'antiquité judéo-
chrétienne, *J. Brucker.* 1876[1], xxxiv, 600.

» Martin (abbé F.), Les moines et leur influence sociale, *V. Alet.*
1866[3], xvii, 117.

» Montalembert (comte de), Les moines d'Occident. 1860,
v, 660.

» Stanz (P.), A quoi servent les moines? *H. M.* 1864[3], xi, 124.

Molière. Veuillot (L.), Molière et Bourdaloue, *G. Longhaye,* 1877[2],
xxxvii, 715.

Mollevaut (Vie de M.), Un prêtre de Saint-Sulpice, *C. S.* 1875[1],
xxxii, 297.

Monarchie. Guéranger (dom P.), O. S. P. La monarchie pontificale, *C. Daniel.* 1870[1], xxiv, 630 ; — *A. Matignon.* 1870[1],
xxiv, 796.

» Revelière (L.), Les ruines de la monarchie française, *C. Sommervogel.* 1879[1], xl, 628.

Monde. Boiteux (J.), Lettre à un matérialiste sur la pluralité des
mondes habités, *J. de Bonniot.* 1877[1], xxxvi, 139.

» Guilbert (Mgr), Monde et Dieu, *F. Desjacques.* 1879[1], xl, 766.

» Valroger (H. de), orat. L'âge du monde et de l'homme, d'a-
près la Bible et l'Église, *A. Haté.* 1870[1], xxiv, 644.

» *Les Mondes,* revue hebdomadaire des sciences et de leurs principales applications aux arts et à l'industrie, *N. Larcher.*
1864[3], xi, 99.

Monique (Sainte). Bougaud (abbé), Histoire de sainte Monique, *P. Toulemont.* 1866[2], xvi, 574.

Monnaie. Lenormand (F.), Essai sur l'organisation politique et économique de la monnaie dans l'antiquité. 1863, viii, 976.

Monothéisme. Deschamps (abbé A.), La nouvelle école antibiblique et l'origine du monothéisme, *F. D.* 1873[2], xxix, 143.

Montagnes. Dupaigne (A.), Les montagnes, *N. Larcher.* 1874[2], xxxi, 935.

» Narbey (abbé), Les hautes montagnes du Doubs, *A. Jean.* 1870[1], xxiv, 157.

Montagu (Anne Paule Dominique de Noailles, marquise de), *F. G.* 1865[1], xii, 271,

Montcalm. Cauvain (H.), Le grand vaincu, *C. Sommervogel.* 1878[2], xxxix, 134.

» Sommervogel (C.), S. J. Comme on servait autrefois : le marquis de Montcalm. 1878[2], xxxix, 161.

» Un ancien missionnaire, De Montcalm en Canada, ou les dernières années de la colonie française (1756-1760), *C. Sommervogel.* 1870[1], xxiv, 724.

Monténégro (Le), Delarue (H.), 1862, vii, 126.

» Lenormant (F.), Turcs et Monténégrins, *V. Mercier.* 1866[3], xvii, 282.

Montmorency (Mme de), Renée (A.), *O. B.* 1877[1], xxxvi, 363.

Mont-Saint-Martin. Danko (Jos.), L'abbaye de Mont-Saint-Martin (Sabaria), le lieu de naissance de saint Martin de Tours, *C. Clair.* 1868[1], xx, 419.

Mont Saint-Michel. Jacques (V. D.), Le mont Saint-Michel en poche. 1877[2], xxxvii, 303.

Month (The). 1865[2], xiii, 414.

Morale. Blignières (C. de), Lettre sur la morale, *J. Félix.* 1863, viii, 669.

» Boutteville (M. L.), La morale de l'Église et la morale naturelle, *D. Bellocq.* 1867[1], xviii, 634.

» Castan (abbé), De l'union de la religion et de la morale, *C. de Laage.* 1872[1], xxvi, 452.

» Charaux (C.), De la méthode morale ; — Simple exposé des principes de la philosophie morale, *C. S.* 1868[2], xxi, 336.

» Gérando (G. de), Morale pratique enseignée par l'exemple à la jeunesse française, *C. Sommervogel.* 1877[1], xxxvi, 460.

» Guyau (M.), La morale d'Épicure, *J. de Bonniot.* 1879[1], xl, 178.

Mystique. Verhaege (C.), Manuel de théologie mystique à l'usage *(Suite.)* des confesseurs, *A. Jean.* 1880, xlii, 761.

Mystiques. Rousselot (Paul), Les mystiques espagnols, *E. B.* 1869[1], xxii, 618.

N

Nain. *Le Nain Jaune,* journal. 1863, viii, 670.

Napoléon. Lanfrey (P.), Histoire de Napoléon Ier, *J. Guennégan.* 1875[2], xxxiii, 782.

   » Rocquain (F.), Napoléon Ier et le roi Louis, *C. Sommervogel.* 1876[1], xxxiv, 620.

Naturalisme Le, Pie (Mgr), *G. Desjardins.* 1873[1], xxviii, 261.

Nature. Malebranche (N.), De la nature et de la grâce, *C. Daniel.* 1859, iv, 389.

Navigation. Verne (H.), Les voies navigables de la France et le Rhône à Marseille, *C. Sommervogel.* 1878[2], xxxix, 127.

Nazareth. Saint-Albin (A. de), La maison de Nazareth, *C. Sommervogel.* 1879[1], xl, 953.

Nerprun. Michel (A. F.), Recherches sur la matière colorante des nerpruns indigènes. 1858, iii, 485.

Nevers. Crosnier (Mgr), Études sur la liturgie nivernaise, *H. Le Blanc.* 1869[2], xxiii, 153.

Nicole. Roger (abbé), Histoire de Nicole de Vervins d'après les historiens contemporains. 1863, viii, 834.

Noailles. Tamizey de Larroque (Ph.), Antoine de Noailles à Bordeaux, *C. Sommervogel.* 1879[1], xl, 637.

   » Correspondance du maréchal de Noailles avec Louis XV, *F. Gazeau.* 1866[2], xvi, 115.

Norbert (Vie de saint), Alphonse (le P.), *A. Jean.* 1867[1], xviii, 284.

Nord. Mannier (E.), Études sur les noms des villes, bourgs et villages du département du Nord, *H. Mertian.* 1862, vii, 259.

Nouvelle-Nursie. Bérengier (dom), O. S. B. La Nouvelle-Nursie, histoire d'une colonie bénédictine dans l'Australie occidentale, *J. Brucker.* 1879[2], xli, 613.

Numismatique. Forgeais (A.), Numismatique des corporations parisiennes, *C. Sommervogel.* 1874[1], xxx, 615.

O

Observatoire magnétique et météorologique des Pères S. J. à Zi-ka-wei (bulletins de 1876). 1877[2], xxxvii, 297.

Œuvres. Synésius, Œuvres (trad. par H. Druon), *C. Sommervogel.* (*Suite.*) 1879[1], xl, 461.

» Virgile, Œuvres (E. Benoist), *F. D.* 1872[2], xxvii, 783.

» Zola (E.), Œuvres, *H. Martin.* 1889, xlii, 200, 664.

Office. Blanchon (J.), Les offices paroissiaux, *C. Sommervogel.* 1879[1], xl, 451.

» Un directeur de Saint-Sulpice, Du saint office au point de vue de la piété. 1867[1], xviii, 298.

Oiseaux. Vincelot (abbé), Les noms des oiseaux expliqués par leurs mœurs, *J. de Bonniot.* 1872[1], xxvi, 301.

Olivaint (Pierre), Clair (Ch.), S. J. 1878[1], xxxviii, 873.

Ontologie. Flourens (J. M.), Ontologie naturelle, *A. Matignon.* 1864[1], ix, 70.

» Murgue (abbé), Questions d'ontologie, *J. de Bonniot.* 1876[1], xxxiv, 144.

Optimisme. Martin (Th. H.), Examen d'un problème de théodicée (optimisme). 1860, v, 175.

Optique. Delsaulx (J.), S. J. Éléments d'optique physique. 1868[1], xx, 606.

» Helmholtz (H.), Optique physiologique (trad. par E. Javal et T. Klein) ; — Des progrès récents dans la théorie de la vision (trad. par E. Javal), *J. Delsaulx.* 1870[1], xxiv, 189.

Orain. Cahour (abbé), Vie de M. Orain, prêtre, confesseur de la foi, *P. Loysel.* 1862, vii, 266.

Oraison. Giraud (le P. S. M.), Petit traité de l'oraison mentale, *C. Sommervogel.* 1879[2], xli, 603.

Orateur. Schouppe (F.-X.), S. J. Adjumenta oratoris sacri, *Ch. D.* 1865[2], xiii, 409 ; — *F. Desjacques.* 1867[2], xix, 738.

Oratoire. Cloyseault (C. E.), orat. Vies de quelques prêtres de l'Oratoire (le P. Ingold), *C. Sommervogel.* 1880, xlii, 783.

» Perraud (A.), orat. L'Oratoire de France au dix-septième et au dix-neuvième siècle, *Ch. Daniel.* 1865[3], xiv, 545.

Oratoires. Van Gameren, De Oratoriis publicis et privatis dissertatio canonica, *V. de Buck.* 1863, viii, 1013.

Ordre. Chos (abbé), Études sur l'ordre naturel et sur l'ordre surnaturel. 1861, vi, 352.

» Nicolas (Aug.), La Révolution et l'ordre chrétien, *P. Lodiel.* 1873[2], xxix, 616.

» Schrader (C.), S. J. De triplici ordine, naturali, præternaturali et supernaturali. *A. M.* 1864[2], x, 267.

» Stupuy (Hipp.), L'ordre moral, *A. Dechevrens.* 1875[1], xxxii, 182.

Orthographe. Didot (A. F.), Observations sur l'orthographe, *C. C.*
1869[1], xxii, 158.

Ouvriers. Espanet (D[r]), Une famille d'ouvriers. 1877[2], xxxvii, 129;
1879[1], xl, 465.

» Guénebault (Ange des Ursins), Une solution de la question
ouvrière, *A. D.* 1877[1], xxxvi, 302.

Ozanam. Ozanam (abbé C. A.), Vie de Frédéric Ozanam, *J. Burnichon*.
1880, xlii, 304.

<h1 style="text-align:center">P</h1>

Paganisme. Loudun (E.), Les deux paganismes, *L. Langlois*. 1865[2],
xiii, 541.

Pagnon. Tisseur (Clair), Joseph Pagnon, lettres et fragments,
Ph. Mazoyer. 1869[2], xxiii, 134.

Paix. Le Play (F.), L'Union de la paix sociale, *H. Ramière*. 1873[1],
xxviii, 321.

» Sémichon (E.), La Paix et la Trêve de Dieu, *P. Loysel*. 1861,
vi, 435.

Palestine. Guérin (V.), Description de la Palestine, *J. Martinov*. 1880,
xlii, 474. — Voir *Terre Sainte*.

Palissy (Bernard), Audiat (L.), *P. Mazoyer*. 1870[1], xxiv, 487.

Panégyriques. Besson (Mgr), Panégyriques et oraisons funèbres,
C. de Laage. 1872[1], xxvi, 139; — 1877[1], xxxvi, 762.

Pape. Arsac (J. d'), La Papauté, ses ennemis et ses juges. 1867[1],
xviii, 439.

» Balleyguier (Delphin), Sauvons le Pape! Hymne guerrier des
Franco-Belges. 1868[1], xx, 445.

» Boylesve (M. de), S. J. L'Église et le Pape, *E. M.* 1866[2], xvi,
575; — Le règne de Jésus-Christ par les papes, *E. M.* 1876[2],
xxxv, 761.

» Chantrel (J.), Histoire populaire des papes, *L. de Régnon*.
1865[1], xii, 652; — (trad. ital.), 1863, viii, 979.

» Dandolo (comte T.), Rome et les papes (trad. par le comte de
Richemont), *O. de G.* 1869[1], xxii, 640.

» Ghassellini (cardinal), Des rapports du pouvoir temporel avec
la souveraineté spirituelle des pontifes romains (trad. par
l'abbé Guglielmi), *V. A.* 1865[1], xii, 128.

» Guéranger (dom P.), O. S. B. La monarchie pontificale, *C. Daniel*. 1870[1], xxiv, 630; — *A. Matignon*. 1870[1], xxiv, 796.

» Jacques (le P.), réd. Du Pape et du concile, doctrine de saint
Alphonse, *H. de V.* 1870-71, xxv, 145.

Pape. Julien (F.), Papes et sultans, *C. Sommervogel*. 1879², xli, 778.

(*Suite.*) L'Épinois (H. de), Le gouvernement des papes et les révolutions dans les États de l'Église, *J. Marie*. 1866², xvi, 255.

» Maret (Mgr), Le Pape et les évêques, *A. Matignon*. 1870¹, xxiv, 93.

» Mathieu (cardinal), Le pouvoir temporel des papes justifié par l'histoire. 1863, viii, 976.

» Potthast (Aug.), Regesta Pontificum Romanorum (1198-1304). 1874², xxxi, 307.

» Pressuti (P.), Regesti dei Romani pontefici dall' anno 1198 all' anno 1304. Osservazioni storico-critiche. 1874², xxxi, 307.

» Viennet, Histoire de la puissance pontificale depuis saint Pierre jusqu'à Innocent III. 1866³, xvii, 588.

» Watterich (J. M.), Pontificum romanorum, qui fuerunt inde ab exeunte sæculo IX usque ad finem sæculi XIII, vitæ ab æqualibus conscriptæ. 1863, viii, 157.

» J. P. (abbé), Rome et le Pape-Roi, *O. de Gouttepagnon*. 1868¹, xx, 301.

» Principatus temporalis Romanorum pontificum in suâ integritate propugnatus totius orbis catholici suffragio. Epilogus generalis, *J. Martinov*. 1865³, xiv, 555.

Papyrus. Bargès (abbé J. J. L.), Papyrus égypto-araméen, appartenant au musée égyptien du Louvre, *A. Dutau*. 1862, vii, 705.

Paqueron (Le colonel), Saivet (Mgr), *C. Sommervogel*. 1878², xxxix, 420.

Paraboles. Ventura de Raulica (le P.), Homélies sur les paraboles de Notre-Seigneur Jésus-Christ (trad. par l'abbé Falcimagne), *A. Matignon*. 1865¹, xii, 650.

Pardessus. Eloy (H.), M. Pardessus, sa vie et ses œuvres, *C. Sommervogel*. 1868², xxi, 333.

Paris. Avenel (G. d'), Les évêques et archevêques de Paris, *C. Sommervogel*. 1878¹, xxxviii, 884.

» Du Camp (M.), Les Convulsions de Paris, *C. Sommervogel*. 1878¹, xxxviii, 451; 1879¹, xl, 635; — *J. Burnichon*. 1880, xlii, 157.

» Lebeuf (abbé), Histoire de la ville et de tout le diocèse de Paris (H. Cocheris), *C. Sommervogel*. 1864¹, ix, 264; 1864³, xi, 705.

Parme. Neville (F. de), Un manuscrit inédit d'Isabelle de Parme (1763), *V. Mercier*. 1867², xix, 294.

Paroisses. Sabathier (C.), Traité pratique de l'administration des paroisses. 1880, xlii, 779.

Parole. La parole, son origine, sa nature, *C. C.* 1868², xxi, 140.

Partage. Jannet (C.), Les résultats du partage forcé en Provence, *V. Alet.* 1872², xxvii, 945.

Pas d'armes. Canat de Chizy (M.), Le pas d'armes de la fontaine de Plours, chronique chalonnaise, *C. Sommervogel.* 1879², xli, 470.

Pascal. Faugère (P.), Défense de Pascal, *L. T.* 1869², xxiii, 336.

Pasquier. Audiat (L.), Un fils d'Estienne Pasquier, Nicolas Pasquier, *C. Sommervogel.* 1877¹, xxxvi, 457.

Passion. Dupont (L.), S. J. La Passion de Notre-Seigneur Jésus-Christ (trad. par le P. P. Jennesseaux), *C. de Laage.* 1870¹, xxiv, 969.

  » Fouard (abbé), La Passion de Notre-Seigneur Jésus-Christ, *A. Delattre.* 1877¹, xxxvi, 448.

  » Parvilliers (A.), S. J. Les stations de Notre-Seigneur en sa passion à Jérusalem, *C. C.* 1874¹, xxx, 458.

  » Rohault de Fleury (Ch.), Mémoire sur les instruments de la passion de Notre-Seigneur Jésus-Christ, *C. Sommervogel.* 1870-71, xxv, 146.

Pater. Peysson (abbé), Les parfums du *Pater*, *C. de Laage.* 1872¹, xxvi, 618.

Paternité. Jacquier (Ch.), Des preuves et de la recherche de la paternité, *P. Toulemont.* 1875¹, xxxii, 135.

  » Matignon (A.), S. J. La paternité chrétienne, *Ch. Daniel.* 1870-71, xxv, 948.

Patois. Gazier (A.), Lettres à Grégoire sur les patois de France, *J. B.* 1880, xlii, 638.

Patriarche. Palmer (W.), The Patriarch and the Tsar ; the replies of the humble Nicon (trad. du russe), *J. Martinov.* 1873¹, xxviii, 621.

Patrice (Saint), Waterworth (W.), S. J. The church of St. Patrick, *P. Mazoyer.* 1870-71, xxv, 476.

Patrie. Moigno (abbé), Religion et patrie, *J. de Bonniot.* 1872², xxvii, 138.

  » Montégut (E.), Les transformations de l'idée de patrie, *P. Toulemont.* 1872¹, xxvi, 249.

Patrologie. Alzog (Dʳ J.), Grundriss der Patrologie, *J. Martinov.* 1869¹, xxii, 798.

Paul (Saint). Doublet (abbé), Saint Paul étudié en vue de la prédication, *L. Cochard.* 1874², xxxi, 941.

Père céleste. NAVILLE (E.)*, Le Père céleste, sept discours, *A. Matignon*. 1865², xiii, 552.

Pères (Saints). COMBEFIS (P.), Bibliothèque oratoire des Pères de l'Église (éd. Gouel et Père), *Ch. Daniel*. 1859, iv, 461.

» DRESSEL (Max.), Patrum Apostolicorum opera, *Ch. Daniel*. 1859, iv, 127.

» FREPPEL (Mgr), Les Pères apostoliques et leur époque, *H. Mertian*. 1861, vi, 326.

» GORINI (abbé), Mélanges littéraires extraits des Pères latins, *A. Matignon*. 1864², x, 411 ; — *V. M.* 1865³, xiv, 562.

» HURTER (H.), S. J. Opuscula selecta SS. Patrum, *E. C.* 1868⁴, xx, 303.

» Les Pères de l'Église; choix de lectures morales. 1861, vi, 174.

Pères. LEGOUVÉ (E.), Les pères et les enfants au dix-neuvième siècle, *J. Noury*. 1869², xxiii, 35.

Perfection. FRANÇOIS DE SALES (Saint), Le chemin de la perfection chrétienne. 1877², xxxvii, 130.

» SCHOUPPE (F.-X.), S. J. Compendium perfectionis sacerdotalis. *II. M.* 1865¹, xii, 273.

» UN CHARTREUX, Manuel de direction dans les voies de la perfection chrétienne et religieuse, *P. T.* 1865¹, xii, 266.

Pernette, poème, LAPRADE (V. de), *P. C.* 1869², xxiii, 387.

Perreyve (Henry), GRATRY (A.), *A. M.* 1866¹, xv, 430.

Persécution. AUBÉ (M.), Histoire des persécutions de l'Église jusqu'à la fin des Antonins, *II. Colombier.* 1877⁴, xxxvi, 409.

» SAINT-GENEST, La persécution religieuse, *F. Desjacques.* 1879², xli, 141.

Peste. RIBBE (C. de), Deux chrétiennes pendant la peste de 1720, *C. S.* 1874¹, xxx, 910.

Pharisiens. RÉVILLE (A.), Le Temple et les pharisiens. 1867², xix, 753.

Philippe le Bel. JOLLY (J.), Philippe le Bel, ses desseins, ses actes, son influence, *P. Marie.* 1870-71, xxv, 159.

Philosophie. BAYMA (S.), S. J. Realis philosophiæ institutiones. 1863, viii, 679.

» BÉNARD (Ch.), De la philosophie dans l'enseignement classique. 1862, vii, 426.

» BENSA (chan.), Summarium philosophiæ, *J. Pra.* 1879⁴, xl, 296.

» BERSOT (E.), Essais de philosophie et de morale, *P. Toulemont.* 1864², x, 109.

» BONNIOT (J. de), S. J. Les malheurs de la philosophie, *J. Dorgues.* 1878², xxxix, 872.

Philosophie. Bouillier (F.), Histoire critique de la révolution car-
(Suite.) tésienne, *C. Daniel.* 1859, iv, 411.

» Champenois (abbé), Leçons de philosophie chrétienne et de droit
   naturel selon les principes de saint Thomas, *J. Pra.* 1878[1],
   xxxviii, 852.

» Charaux (Ch.), Philosophes et savants, dialogues, *P. Fristot.*
   1870-71, xxv, 936. — De l'esprit philosophique, *J. de Bonniot.* 1877[1], xxxvi, 919.

» Chartier (P.), S. J. Études de philosophie chrétienne, *J. Pra.*
   1879[2], xli, 130.

» Cornoldi (J. M.), S. J. Leçons italiennes de philosophie scolastique, *J. Pra.* 1878[1], xxxviii, 851.

» Corriol (abbé), Éléments de la philosophie chrétienne (traduits
   de Sanseverino), *J. Pra.* 1879[2], xli, 771.

» Cousin (V.), Cours de l'histoire de la philosophie, *J. de Bonniot.* 1878[2], xxxix, 5.

» Dagorne (abbé), Cours de philosophie, *J. Noury.* 1878[1],
   xxxviii, 298.

» Dejean de Fonroque (Numa), Croyances philosophiques, *J. de
   Bonniot.* 1872, xxvii, 761.

» Egger (F.), Propædeutica philosophico-theologica. 1879[2], xli, 147.

» Ferri (L.), Essai sur l'histoire de la philosophie en Italie au
   dix-neuvième siècle, *C. de Laage.* 1869[2], xxiii, 657.

» Flichaux (abbé), Précis de philosophie chrétienne, *J. de Bonniot.*
   1875[2], xxxiii, 613.

» Franck (A.), Philosophie et religion, *F. Desjacques.* 1867[2], xix,
   453. — Philosophie du droit pénal, *D. Bellocq.* 1868[1], xx, 800.
   — Dictionnaire des sciences philosophiques, *A. D.* 1875[1],
   xxxii, 761.

» Gille (abbé E.), Cours de philosophie, *A. Dechevrens.* 1877[1],
   xxxvi, 749.

» Grandclaude (Eug.), Breviarium philosophiæ scholasticæ, *A. de
   Geyer.* 1868[1], xx, 437.

» Hill (W. H.), S. J. Elements of philosophy, *F. D.* 1873[2],
   xxix, 469.

» Jaffre (F. A.), S. J. Cours de philosophie, *J. Dorgues.* 1879[1],
   xl, 139.

» Janet (P.), La crise philosophique (MM. Taine, Renan, Littré.
   Vacherot). 1865[3], xiv, 408.

» Juvénal (le P.), O. S. F. Solis intelligentiæ lumen indeficiens,
   seu immediatum Dei ut entis summi internum magisterium
   (avec une préface de l'abbé Fabre), *J. Pra.* 1879[1], xl, 30.

Philosophie. KLEUTGEN (J.), S. J. La philosophie scolastique expo-
(*Suite.*) sée et défendue (trad. par le P. C. Sierp), *C. de Laage.* 1872[2],
     XXVII, 124.

»   LAFORET (N. J.), Histoire de la philosophie (ancienne). 1867[1],
     XVIII, 585.

»   LAURENT (F.), La philosophie du dix-huitième siècle et le chris-
     tianisme, *F. Desjacques.* 1867[1], XVIII, 341.

»   LEFÈVRE (A.), La philosophie, *J. de Bonniot.* 1879[1], XL, 824.

»   LÉVÊQUE (C.), Études de philosophie grecque et latine, *P. Toule-
     mont.* 1864[2], X, 109.

»   MARGERIE (A. de), Philosophie contemporaine, *P. Fristot,* 1870-
     71, XXV, 806.

»   MARTIN (Th. H.), Les sciences et la philosophie, *H. de Valroger.*
     1869[1], XXII, 790.

»   MAURO (Silv.), S. J. Quæstiones philosophicæ, *J. Brucker.* 1876[2],
     XXXV, 141.

»   NOURRISSON (F.), La philosophie de Leibnitz, *E. Desjardins.*
     1861, VI, 208. — La philosophie de saint Augustin, *P. Tou-
     lemont.* 1866[3], XVII, 273.

»   PELLISSIER (A.), Précis d'un cours complet de philosophie élé-
     mentaire, *A. de Geyer.* 1868[1], XX, 430.

»   PRISCO (chan.), Cours élémentaire de philosophie spéculative
     selon saint Thomas (trad. par l'abbé Huchedé), *J. Pra.* 1877[2],
     XXXVII, 901.

»   RENARD (Ath.), Les philosophes et la philosophie, *J. de Bonniot.*
     1879[2], XLI, 144.

»   SAISSET (E.), Essai de philosophie religieuse, *E. Desjardins,*
     1861[1], VI, 208.

»   SANSEVERINO (C.), Éléments de la philosophie chrétienne (trad.
     par l'abbé Corriol), *J. Pra.* 1879[2], XLI, 771.

»   SOULLIER (E.), Le dualisme moderne, ou Évangile et philoso-
     phie, *E. M.* 1867[1], XVIII, 441.

»   TARINO (P.), Institutiones logicæ, metaphysicæ, ethicæ atque juris
     naturæ, *F. Desjacques.* 1877[2], XXXVII, 612; — Problema fun-
     damentale della scienza (origine des idées), *J. Pra.* 1879[1],
     XL, 295.

»   TONGIORGI (S.), S. J. Institutiones philosophicæ. 1863, VIII, 679.

»   VENTURA (le P.), La philosophie chrétienne. 1863, VIII, 156.

»   ZIGLIARA (T. M.), O. P. Summa philosophica, *F. Desjacques.*
     1877[2], XXXVII, 612.

»   L. E.. Compendium philosophiæ ad usum seminariorum, *F. Des-
     jacques.* 1877[2], XXXVII, 612.

Philosophie. Cours de philosophie pour le baccalauréat, *J. P.* 1880, (*Suite.*) xlii, 638.

Philosophumena. Armellini (T.), S. J. De prisca refutatione hæreseon, Origenis nomine ac *Philosophumenon* titulo recens vulgata, *A. Matignon.* 1863, viii, 802.

» Cruice (P.), Philosophumena sive hæresium omnium confutatio,
opus Origeni adscriptum. 1861, vi, 165.

Phonographe. Du Moncel (comte), Le téléphone, le microphone et
le phonographe, *T. Pepin.* 1879[1], xl, 916.

» Niaudet (A.), Téléphones et phonographes, *T. Pepin.* 1879[1],
xl, 916.

Physiologie. His (W.), La forme de notre corps et le problème
physiologique de son évolution, *V. Becker.* 1877[1], xxxvi, 672,

» Joire (Dr A.), Introduction à l'étude de la physiologie. 1864[2],
x, 132.

Picardie. Salmon (C.), Recherches sur la prédication de l'Évangile
dans les Gaules et en Picardie, *H. Colombier.* 1877[2], xxxvii, 5.

Pie VI. Bertrand (abbé J.), Le pontificat de Pie VI et l'athéisme
révolutionnaire, *C. Sommervogel.* 1879[1], xl, 635.

» Franclieu (Mlle A. M. de), Pie VI dans les prisons du Dauphiné,
C. Sommervogel. 1878[2], xxxix, 426.

» Poncet (Ch.), Pie VI à Valence, *V. Mercier.* 1868[2]. xxi, 670.

Pie VII. Allies (miss), The life of Pope Pius the seventh. 1877[1],
xxxvi, 625.

Pie IX. Kaudt (J. D.), Pie VI, Pie VII, Pie IX et la persécution.
1863, viii, 153.

» Cerrotti (F.), Le scienze e le arti sotto il pontificato di Pio IX.
1861, vi, 348.

» Déchamps (le P.), Pie IX et les erreurs contemporaines, *A. Matignon.* 1864[2], x, 126.

» Franciscis (Dom P. de), Discours de N. T. S. P. le pape Pie IX,
depuis le commencement de sa captivité, *E. Marquigny.*
1874[1], xxx, 801.

» Nardi (Mgr), Il santo Padre (Pio IX) in Anagni. 1863, viii, 838.

» Pougeois (abbé A.), Histoire de Pie IX, *C. Sommervogel.*
1870[2], xli, 618.

» Roussel (Aug.), Actes et paroles de Pie IX, captif au Vatican,
E. Marquigny. 1874[1], xxx, 801.

» Ricard (abbé), La parole de Pie IX, *E. Marquigny.* 1874[1],
xxx, 801.

» Saint-Albin (Al. de), Histoire de Pie IX et de son pontificat,
E. Chauveau. 1870, xxiv, 491.

Pie IX. Villefranche (J. M.), Pie IX, sa vie, son histoire, son
(Suite.) siècle, *C. Sommervogel.* 1876 [1], xxxiv, 611.

　» Pie IX (d'après l'*Univers*). 1877 [2], xxxvii, 457.

Pierre (Saint). Bartolini (Mgr), Sopra l'anno LXVII dell'era volgare,
　　　se fosse quel del martirio dei gloriosi principi degli Apostoli
　　　Pietro e Paolo. 1866 [3], xvii, 431.

　» Janvier (abbé), Histoire de saint Pierre, *C. Sommervogel.* 1875 [2],
　　　xxxiii, 474.

　» Sanguineti (S.), S. J. De sede romana B. Petri, *H. Colombier.*
　　　1868 [1], xx, 290.

　» Souchkof, Réponse au P. Gagarin sur la primauté de saint
　　　Pierre, *J. Gagarin.* 1863, viii, 525.

Pierre (Saint) **d'Alcantara**. Bouix (M.), S. J. Œuvres spirituelles
　　　(trad. de l'espagnol). 1862, vii, 575.

Pierre (Bienheureux) **Fourier**. Flavigny (vicomtesse de), Le bien-
　　　heureux Pierre Fourier, *C. Sommervogel.* 1873 [1], xxviii, 924.

Pierre I. Tondini (le P.), barn. Règlement ecclésiastique de Pierre
　　　le Grand (trad. du russe), *P. P.* 1874 [2], xxxi, 616.

Pierres. Rambosson (J.), Les pierres précieuses et les principaux
　　　ornements, *P. Clauer.* 1869 [2], xxiii, 817.

　» Stuart (J.), Sculptured stones of Scotland, *V. de Buck.* 1867 [2],
　　　xix, 640.

Piété. Chéry (le P. M.), O. P. Notre-Dame des Eaux; manuel de
　　　piété pour la saison des eaux ; — Manuel de la Confrérie
　　　du T. S. Nom de Dieu et de Jésus; — Le rosaire et les
　　　congrégations romaines ; — Mois du saint Rosaire, extrait
　　　de Bossuet; — Histoire générale du rosaire et de sa con-
　　　frérie; — Notre-Dame du Chêne, *C. Sommervogel.* 1869 [2],
　　　xxiii, 813.

　» Margerie (E. de), Lettres à un jeune homme sur la piété, *C·
　　　Chambon.* 1863, viii, 486.

　» Michaud (abbé), L'esprit et la lettre dans la piété, *C. Sommer-
　　　vogel.* 1869 [1], xxii, 472.

　» Verbruysse (B.), S. J. Manuel de solide piété. 1872 [1], xxvi, 627.

　» Titres et vertus; — Aux âmes affligées, paroles tirées de la sainte
　　　Écriture, par le P. Bouhours; — Sentences et élévations spi-
　　　rituelles, *H. Mertian.* 1861, vi, 350.

Pignatelli. Bouffier (G.), S. J. Vie du vénérable serviteur de Dieu,
　　　le P. J. M. Pignatelli, *H. de V.* 1869 [1] xxii, 317.

Plaisir. Belluxe (abbé), Du plaisir au bonheur, pensées sérieuses
　　　de deux jeunes filles, *C. Sommervogel.* 1879 [1], xl, 453.

Plaisir. Bouillier (F.), Du plaisir et de la douleur, *J. de Bonniot.* 1876[1], xxxiv, 91.

Plantes. Rambosson (N. J.), Histoire et légendes des plantes utiles et curieuses, *F. Paton.* 1867[2], xix, 912.

Plaquettes. Tamizey de Larroque (Ph.), Plaquettes gontaudaises, *C. Sommervogel.* 1878[2], xxxix, 428 ; 1879[2], xli, 470.

Plombs. Forgeais (Arth.), Plombs historiés trouvés dans la Seine, *Ch. Cahier.* 1863, viii, 117 ; 1865[1], xii, 117.

Poésie. Cahour (A.), S. J. Poésies françaises, distribuées et annotées, *Ch. Daniel.* 1859, iv, 286.

» Rousse (J.)., Au pays de Retz, poésies, *C. Clair.* 1867[1], xviii, 713.

» Tardé (P.), Recueil de poésies calvinistes (1550-1566), *C. Sommervogel.* 1867[1], xviii, 149.

» Vissac (abbé), De la poésie latine en France au siècle de Louis XIV, *C. Sommervogel.* 1862, vii, 838 ; 1863, viii, 113.

» Wenig (J.-B.), S. J. Caractéristique générale de la poésie arabe, *M. Le Gall.* 1870-71, xxv, 471.

Poètes. Biré (E.) et Grimaud (E.), Les poètes lauréats de l'Académie française, *Ch. C.* 1865[2], xiii, 409.

» Cahour (A.), S. J., Bibliothèque critique des poètes français, *H. Mertian.* 1863, viii, 1103.

» Mazure (A.) Les poètes antiques (grecs), études morales et littéraires. 1862, vii, 123 ; — Les poètes antiques (latins). 1863, viii, 500.

» Plantier (Mgr), Études littéraires sur les poètes bibliques, *F. Grandidier.* 1865[3], xiv, 536.

Pôle. Dubois (L.), Le pôle et l'équateur ; études sur les dernières explorations du globe. 1863, viii, 498 ; 1877[2], xxxvii, 301.

Polémique. Cognat (abbé), Polémique religieuse. 1861, vi, 176.

Polignan. Dufor (abbé D.), Polignan et Comminges, *C. S.* 1879[1], xl, 305.

Politique. Haller (Ch. de), Restauration de la science politique, *J. de Bonniot.* 1876[1], xxxiv, 623.

» M. (abbé R. de), Esquisse d'une politique chrétienne, *C. de Laage.* 1872[2], xxvii, 113.

Polo (Marco). Pauthier (G.), Le livre de Marco Polo, *Ch. Cahier.* 1865[3], xiv, 394; 1866[1], xv, 125.

Pologne. Bielowski (A.), Monumenta Poloniæ historica, *J. Martinov.* 1865[3], xiv, 556.

Pologne. Lescœur (le P.), orat. L'Église catholique en Pologne sous
(*Suite.*) le gouvernement russe, *J. Martinov.* 1877², xxxvii, 759.

» Montalembert (comte de), Le Pape‚et la Pologne, *A. Matignon.*
1864², x, 412.

» Theiner (Aug.), Vetera monumenta Poloniæ et Lithuaniæ gen-
tiumque finitimarum historiam illustrantia, *J. M.* 1864³, xi,
422.

» Sont-ce les Jésuites qui ont perdu la Pologne? *J. Martinov.* 1873¹,
xxviii, 915.

Polybiblion. 1868¹, xx, 445.

Polyglotte. *Le Jeune Polyglotte*, journal, *J. Brucker.* 1876¹, xxxiv,
140.

Polynésie. Quatrefages (A. de), Les Polynésiens et leurs migrations, *A. Jean.* 1867², xix, 25.

Pompéi. Boissier (G.), Promenades archéologiques: Rome et Pompéi, *F. Desjacques.* 1880, xlii, 941.

Ponlevoy. Gabriac (A. de), S. J. Le R. P. de Ponlevoy, S. J.
1877², xxxvii, 300 ; — *C. S.* 1878¹, xxxviii, 446.

Pont-à-Mousson. Hyver (abbé C.), Le doyen Pierre Grégoire de
Toulouse et l'organisation de la Faculté de droit à Pont-à-
Mousson (1582-97), *C. Sommervogel.* 1874², xxxi, 305.

Porrentruy. Vautrey (L.), Histoire du collège de Porrentruy,
C. Sommervogel. 1867², xix, 156.

Portalis. Frégier (J. C.), Portalis philosophe chrétien. 1861, vi, 510.

Portraits. Margerie (E. de), Portraits et caractères, *H. Leroy.* 1868¹,
xx, 922.

» Oxe (L.), Les vivants et les morts, portraits politiques. 1877²,
xxxvii, 130.

Portugal. Jordao (L. M.), Bullarium patronatus Portugalliæ, *C. C.*
1869¹, xxii, 633.

» Portugalliæ monumenta historica a sæculo octavo post Christum
usque ad quintum decimum, *J. Tailhan.* 1866¹, xv, 249.

Positivisme. Bourdet (Eug.), Vocabulaire de philosophie positive.
J. B. 1876², xxxv, 309.

» Güthlin (abbé A.), Les doctrines positivistes en France. 1865³,
xiv, 408 ; — *J. de Bonniot.* 1873¹, xxviii, 605.

» Littré (E.), Paroles de philosophie positive, *C. Daniel.* 1860, v,
1. — Auguste Comte et la philosophie positive, *J. de Bonniot.*
1870¹, xxiv, 497.

» Littré (E.) et Wyrouboff (G.), La philosophie positive, *E. Marquigny.* 1867², xix, 586 ; — *J. de Bonniot.* 1870¹, xxiv, 497.

Prières. Ducros (O.), Prières et souvenirs, poésies religieuses, *J. de Bonniot.* 1876[1], xxxiv, 150.

» Gérando (baron de), Les divines prières et méditations. 1862, vii, 428.

Problèmes. Janet (Paul), Les problèmes du dix-neuvième siècle, *D. Lodiel.* 1873[1], xxviii, 204.

Progrès. Moigno (abbé), Résumé oral du progrès scientifique et industriel, *N. L.* 1865[2], xiii, 559.

» Recueil de rapports sur les progrès des lettres et des sciences en France, *N. Larcher.* 1868[1], xx, 144.

Promenades. Fournel (V.), Promenades d'un touriste. 1877[1], xxxvi, 920.

» Hübner (baron de), Promenade autour du monde, *C. Sommervogel.* 1873[1], xxviii, 616.

Prophètes. Réville (A.), Les prophètes, *abbé Le Hir.* 1867[2], xix, 522.

Prophéties. Meignan (Mgr), Prophéties messianiques, *F. Desjacques.* 1878[2], xxxix, 414.

Protestantisme. Baumstark (R.), Pensées d'un protestant sur l'invitation du Pape pour la réunion à l'Église romaine (trad. par Th. de Lamezan), *Ch. Daniel.* 1869[1], xxii, 480.

» Coquerel (A.), Les forçats pour la foi. Pourquoi la France n'est-elle pas protestante ? 1866[3], xvii, 584.

» Hæmmerlin (le pasteur), A bas les protestants ! *P. Fristot.* 1873[1], xxviii, 773.

» Martin (abbé F.), De l'avenir du protestantisme et du catholicisme, *J. Jenner.* 1870[1], xxiv, 145.

» Martin (Dr C.), Ein bischœfliches Wort an die Protestanten Deutschlands, *J. Jenner.* 1865[1], xii, 262.

» Moret (E.), Fragment d'histoire sur les dernières persécutions des protestants sous Louis XIV (1711-1715), *A. Sarriot.* 1858, iii, 493.

» Plantier (Mgr), Lettre aux protestants du Gard sur le synode général des Églises réformées de France, *H. Dumas.* 1873[1], xxviii, 134.

» Un catholique, La question entre les catholiques et les protestants jugée par le bon sens, la Bible et l'histoire; Lettres sur l'Église et le schisme. 1861, vi, 173.

» La fin du protestantisme, *C. Sommervogel.* 1876[1], xxxiv, 154.

Provence. Janet (Cl.), Les résultats du partage forcé en Provence, *V. Alet.* 1872[2], xxvii, 945.

Provence. Lenthéric (Ch.), La Grèce et l'Orient en Provence, (*Suite.*) *J. Brucker.* 1878[1], xxxviii, 889.

» La Provence maritime, ancienne et moderne, *J. Brucker.* 1880, xlii, 315.

Providence. Caussade (J. P. de), S. J. L'abandon à la Providence divine (H. Ramière). 1861, vii, 127 ; — *F. Desjacques.* 1880, xlii, 625.

» Lévêque (Ch.), Les harmonies providentielles. 1872[2], xxvii, 943.

» Toulemont (P.), S. J. La Providence et les châtiments de la France. 1870-71, xxv, 639 ; — *J. M. Guénnegan.* 1870-71, xxv, 813.

Prud'hommes. Payan d'Augery (C.), Les prud'hommes pêcheurs de Marseille, *F. D.* 1873[2], xxix, 630.

Prusse. Janiszewski (Mgr), Histoire de la persécution de l'Église catholique en Prusse (1870-76), *C. Sommervogel.* 1879[1], xl, 636.

Psaumes. Champon (R.), S. J. Épopée christologique des Psaumes. 1876[2], xxxv, 133.

» Clerc (Al.), Psaumes, traduction nouvelle, *F. Desjacques.* 1878[2], xxxix, 142.

» Crelier (abbé H. J.), Les Psaumes, *A. Dutau.* 1859, iv, 599.

» Des Moutis (H.), Les Psaumes (traduction en vers), *G. André.* 1864[2], x, 556.

» La Jugie (F. de). Les Psaumes d'après l'hébreu, *Ch. Daniel.* 1863, viii, 126.

» Mabire (abbé), Les Psaumes, traduits en français sur le texte hébreu, *A. Jean.* 1869[2], xxiii, 327.

» Neale (J. M.), A Commentary on the Psalms, *V. de B.* 1868[2], xxi, 667.

» Olivier (F.), Les Psaumes de David (trad. en vers), *C. Sommervogel.* 1878[1], xxxviii, 891.

Psautier. Tosti (dom L.), O. S. B. Le psautier de Marie ; — Le psautier du pèlerin, *C. S.* 1879[1], xl, 454.

Psychologie. Ferraz (M.), Psychologie de saint Augustin. 1863, viii, 496.

» Jungmann (J.), S. J. Das Gemüth und das Gefühlsvermögen der neueren Psychologie, *H. de Bigault.* 1870[1], xxiv, 233.

Publicistes. Franck (A.), Des publicistes du dix-septième siècle. 1860, v, 489.

Purgatoire. Binet (E.), S. J. De l'état heureux et malheureux des âmes du purgatoire. 1863, viii, 153.

Purgatoire. Redon (chan.), Huit jours au purgatoire, lectures et
(*Suite.*) pratiques, *C. Sommervogel.* 1879[1], xl, 454.

Puy-de-Dôme. Tardieu (A.), Grand dictionnaire biographique du
Puy-de-Dôme, *C. Sommervogel.* 1878[2], xxxix, 282.

Pyramide. Piazzi-Smyth, La grande pyramide (trad. par l'abbé Moigno), *T. Pepin.* 1875[2], xxxiii, 465.

Q

Quatre-vingt-neuf. Armel de Kerwan (D. M.), Quatre-vingt-neuf et
son histoire. 1877[2], xxxvii, 401.

Questions. Defourny (abbé), Trois questions capitales : obéissance,
droit des gens, revanche, *H. Ramière.* 1872[2], xxvii, 871.

» Desonnaz (A.), Questions du jour, *J. Babaz.* 1874[1], xxx, 349.

Quiberon. Nettement (A.), Quiberon; souvenirs du Morbihan, *P. du
Reau.* 1869[2], xxiii, 968.

R

Races. Godron (A.), De l'espèce et des races dans les êtres organisés,
A. Matignon. 1864[1], ix, 70.

» Richecour (A. de), Ce que doit être l'alliance des races latines,
C. de Laage. 1872[1], xxvi, 465.

Racine. Bonieux (P.), Critique des tragédies de Racine et de Corneille par Voltaire, *G. Longhaye.* 1867[1], xviii, 391.

Radicalisme. Monsabré (le P.), O. P. Radicalisme contre radicalisme, *P. Toulemont.* 1872[2], xxvii, 455.

Radicaux. Avesne (E. d'), Les deux Frances, radicaux et catholiques,
C. Sommervogel. 1880, xlii, 307.

Raison. Guyot (abbé A.), La raison conduisant l'homme à la foi,
J. Pra. 1878[1], xxxviii, 580.

» Rara (abbé), Raison et révélation, *C. Verdière.* 1877[2],
xxxvii, 445.

Rancé. Dubois (abbé), Histoire de l'abbé de Rancé et de sa réforme,
F. Le Lasseur. 1876[2], xxxv, 321.

Rationalisme. Valroger (H. de), orat. Études historiques et critiques sur le rationalisme contemporain, *J. de Bonniot.* 1878[1],
xxxviii, 599.

Recluseries (Les), Pavy (abbé), *C. Sommervogel.* 1875[1], xxxii,
784.

Religion. Guizot (F.), Méditations sur l'essence de la religion chré-
(Suite.) tienne, *A. Matignon.* 1864[3], xi, 102. — Méditations sur la
religion chrétienne dans ses rapports avec l'état actuel des
sociétés et des esprits, *C. Daniel.* 1868[2], xxi, 37.

»   Hartmann (E. de), La dissolution du christianisme et la religion
de l'avenir, *J. de Bonniot.* 1878[1], xxxviii, 469.

»   Henry (abbé), Les magnificences de la religion. 1877[1], xxxvi, 621.

»   Ketteler (Mgr de), Die wahren Grundlagen des religiœsen
Friedens, *J. Sattler.* 1868[2], xxi, 328.

»   Maunoury (abbé A.), Soirées d'automne ou la religion prouvée
aux gens du monde, *H. de B.* 1865[2], xiii, 407.

»   Moigno (abbé), Religion et patrie, *J. de Bonniot.* 1872, xxvii,
138.

»   Müller (Max), La science de la religion (trad. par H. Dietz),
J. Brucker. 1873[2], xxix, 945.

»   Newman (J. H.), Histoire de mes opinions religieuses, *Ch. D.*
1866[2], xvi, 287.

»   Pradié (P.), Notes sur les propositions soumises à l'Assemblée
nationale et relatives à la religion. 1872[2], xxvii, 275.

»   Renan (E.), Études d'histoire religieuse, *S. Fréchon.* 1859,
iv, 161.

»   Rua (abbé A. F.), Cours de conférences sur la religion, *H. Mertian.* 1864[2], x, 386.

»   Schouppe (F.-X.), S. J. Cours abrégé de religion, ou vérité et
beauté de la religion chrétienne, *A. Dechevrens.* 1874[2],
xxxi, 905.

»   Simon (J.), La religion naturelle, *C. Daniel.* 1856, i, 187.

»   Thomassy (J.), Pensées sur la religion, *P. Toulemont.* 1866[1],
xv, 256.

»   Vidal (abbé), Théologie de la religion naturelle. 1860, v, 175.

»   A*** (abbé), La religion en tunique, *C. Sommervogel,* 1877[1],
xxxvi, 301.

Remi (Saint). Dessailly (abbé), Authenticité du grand testament
de saint Remi, *C. Sommervogel.* 1879[2], xli, 782.

Rémusat (Anne-Madeleine de), Van den Berghe (Mgr), *C., Sommervogel.* 1877[2], xxxvii, 123.

Renan. Gerbet (Mgr), La stratégie de M. Renan, *Ch. Clair.* 1866[2],
xvi, 144.

»   Hello (E.), M. Renan, l'Allemagne et l'athéisme au dix-neuvième siècle, *S. Fréchon.* 1859, iv, 161.

»   Meignan (Mgr), M. Renan et le Cantique des cantiques. 1860,
v, 496.

Révolution. Rastoul (A.), Histoire populaire de la Révolution. (*Suite.*) 1877 [1], xxxvi, 622.

» Véron-Réville, Histoire de la Révolution française dans le département du Haut-Rhin (1789-1795), *C. S.* 1865 [2], xiii, 408.

Revues. Diplomatic Review (Urquhart D.), *H. Ramière.* 1872 [2], xxvii, 871.

» Revue Catholique, année 1858, *D. Lefèvre.* 1859, iv, 298; 1860, v, 328; 1868 [2], xxi, 988.

» Revue catholique de l'Alsace. 1860, v, 489; 1862, vii, 863; 1864 [3], xi, 113.

» Revue catholique des institutions et du droit, *V. Alet.* 1873 [1], xxviii, 303.

» Revue de Bretagne et de Vendée. 1864 [3], xi, 115.

» Revue de Gascogne. 1864 [3], xi, 112.

» Revue de l'année religieuse, philosophique et littéraire. 1861, vi, 677; 1862, vii, 431; 1863, viii, 678; 1864 [2], x, 554; 1867 [1], xviii, 586.

» Revue de l'Orient, de l'Algérie et des colonies. 1862, vii, 429.

» Revue des bibliothèques paroissiales d'Avignon. 1864 [3], xi, 118.

» Revue des cours littéraires, Revue des cours scientifiques de la France et de l'étranger. 1866 [1], xv, 130.

» Revue des questions historiques, *C. Sommervogel.* 1867 [2], xix, 913.

» Revue des questions scientifiques. 1877 [1], xxxvi, 901.

» Revue générale de Bruxelles, *H. Mertian.* 1865 [1], xii, 659.

» Revue germanique, *H. Mertian.* 1861, vi, 60.

» Revue maritime et coloniale, *E. Paton.* 1864 [1], ix, 500.

» Revue nationale et étrangère. 1863, viii, 671.

» Revue scientifique, *J. Brucker.* 1875 [2], xxxiii, 116.

» Revue théologique de Tubingue, *J. Gagarin.* 1859, iv, 153; — 1860, v, 491.

» De quelques revues de province, *P. Toulemont.* 1864 [3], xi, 112.

Rhétorique. Pellissier (A)., Principes de rhétorique française, *A. de Geyer.* 1868 [1], xx, 439.

Rhin (Haut-). Véron-Réville, Histoire de la Révolution française dans le Haut-Rhin, *C. S.* 1865 [2], xiii, 408.

Rhône. Verne (H.), Les voies navigables de la France et le Rhône à Marseille, *C. S.* 1878 [2], xxxix, 127.

Rhumatisme (Du), Vovard (Dr), *J. de Bonniot.* 1879 [2], xli, 940.

Ribadeneyra. Prat (J.-M.), S. J. Histoire du P. Ribadeneyra, disciple de saint Ignace, *Ch. Daniel.* 1862, vii, 267.

Romans et récits. Livonnière (M. de), Petits et grands ; — Otto
(*Suite.*) Gartner ; — Un philosophe ; — La dynastie des Fouchard,
A. de Gabriac. 1 865[1], xii, 254.

» Lohan (abbé), Le fond du cœur, *H. P.* 1874[2], xxxi, 943.

» Macpherson, Temora, *J. O'Carroll*. 1880, xlii, 507.

» Margerie (E. de), Cinquante proverbes ; — Cinquante histoi-
res ; — Nouvelles histoires ; — Contes d'un promeneur ; —
Scènes de la vie chrétienne ; — Aventures d'un berger,
Ch. Chambon. 1863, viii, 486.

» Marmier (X.), A la maison, *L. Senepin*. 1877[1], xxxvi, 298.

» Quinton (A.), Aurélia, ou les Juifs de la porte Capène, *Ch. Clair*.
1867[1], xviii, 154.

» Rondelet (A.), Le lendemain du mariage, *A. M.* 1867[1], xviii, 579.

» Saglier (abbé L.), Voyage d'un enfant à Paris, *Ch. Daniel*. 1870[1],
xxiv, 489.

» Sand (George), Mademoiselle La Quintinie, *G. Longhaye*. 1870[1],
xxiv, 161.

» Verne (J.), Cinq semaines en ballon. 1863, viii, 151. — Voyage
au centre de la terre, *C. S.* 1864[3], xi, 705.

» Violeau (H.), Les surprises de la vie. 1868[1], xx, 608.

» Au jour le jour, ou la foi et le cœur d'une jeune mère. 1877[4],
xxxvi, 761.

Romancero. Duran (don Agustin), Romancero general ó coleccion
de Romances castellanos anteriores al siglo xviii, *J. Tailhan*.
1865[3], xiv, 27, 421.

Rome. Beauffort (comte de), Histoire de l'invasion des États Pontificaux et du siège de Rome en 1870, *C. Sommervogel*. 1874[1],
xxx, 909.

» Bleser (abbé de), Rome et ses monuments, *V. Mercier*. 1870[1],
xxiv, 150.

» Boissier (G.), Promenades archéologiques : Rome et Pompéi,
F. Desjacques. 1880, xlii, 941.

» Coste (C.), Rome et le second Empire, *C. Sommervogel*. 1879[2],
xli, 313.

» Dandolo (comte T.), Rome et les Papes (trad. par le vicomte de
Richemont), *O. de G.* 1869[1], xxii, 640.

» Delloye (E.), Rome pendant la captivité, sous le pontificat de
Pie IX, *C. Sommervogel*. 1878[2], xxxix, 137.

» Devaux (P.), Études politiques sur l'histoire romaine, *F. Desjacques*. 1880, xlii, 939.

» Dupanloup (Mgr), Souvenirs de Rome. 1862, vii, 720.

Rostopchine. Ségur (A. de), Vie du comte Rostopchine, *A. X. L.* 1872[1], xxvi, 408.

Rouen. Robillard de Beaurepaire (E. de), Recherches sur l'instruction publique dans le diocèse de Rouen avant 1789, *C. Sommervogel*. 1872[2], xxvii, 284.

Rouergue. Barrau (E. de), 1789 en Rouergue, *V. Alet*. 1875[2], xxxiii, 938.

Royaumont. Duclos (abbé H.), Histoire de Royaumont, *O. de Goutepagnon*. 1869[1], xxii, 155.

Roye. Delaborde (comte J.), Éléonore de Roye, *O. B.* 1873[1] xxxvi, 363.

Rubrique. Bouvry (J.), Expositio rubricarum breviarii, missalis et ritualis romani, *L. de Régnon*. 1860, v, 613.

Russie. Bazarof (J.), Le mariage selon la doctrine et le rite de l'Église orthodoxe russe, *J. Gagarin*. 1858, iii, 479.

» Boissard (L.), L'Église de Russie. 1867[2], xix, 914.

» Boulgakof (Mgr Macaire), Théologie dogmatique (russe), *J. Gagarin*. 1856, i, 1. — Histoire de l'Église russe, *J. Martinov*. 1866[2], xvi, 278.

» Delière (abbé), Tableau d'une église nationale d'après un pope russe (Belustin), *J. Gagarin*. 1862, vii, 685.

» Gagarin (J.), S. J. Réponse d'un Russe à un Russe. 1860, v, 329. — L'Église russe et l'Immaculée Conception, *P. Pierling*. 1876[1], xxxiv, 772. — Religion et mœurs des Russes, anecdotes (J. de Maistre et le P. Grivel), *C. Sommervogel*. 1879[1], xi, 636.

» Galitzin (A.), La Russie au dix-huitième siècle, mémoires inédits. 1863, viii, 156.

» Koïalovitch, Documents pour expliquer l'histoire du sud-ouest de la Russie, *J. Martinov*. 1865[3], xiv, 556.

» Lescœur (L.), orat. L'Église catholique en Pologne sous le gouvernement russe, *J. Martinov*. 1877[2], xxxvii, 759.

» Maistre (J. de), Anecdotes recueillies à Saint-Pétersbourg, *J. Gagarin*. 1868[2], xxi, 553.

» Palmer (W.), The patriarch and the tsar, *J. Martinov*. 1873[1], xxviii, 621.

» Ribera (P.), O. P. Brevis enarratio historica de statu Ecclesiæ moscoviticæ (J. Martinov), *C. S.* 1874[2], xxxi, 467.

» Rozaven (J. L. de), S. J. De la réunion de l'Église russe avec l'Église catholique, *P. Toulemont*. 1864[2], x, 114. — L'Église russe et l'Église catholique, lettres (J. Gagarin), *P. Pierling*. 1876[2], xxxv, 613.

S

Sagesse. Reusch (H.), Observationes criticæ in librum Sapientiæ. 1862, vii, 866.

» Salazar (F. de), S. J. Les principes de la sagesse (trad. par le P. de Courbeville), *J. M.* 1874², xxxi, 149.

Saint-André. Calonne (A. de), Histoire des abbayes de Dommartin et de Saint-André-au-Bois, *J. Brucker.* 1875¹, xxxii, 775.

Saint-Barthélemy (La), Gandy (G.). 1877², xxxvii, 304.

» Lefortier (abbé), *V. Alet.* 1880, xlii, 312.

Saint-Denis. Ayzac (Mme F. d'), Histoire de l'abbaye de Saint-Denis en France, *C. Sommervogel.* 1863, viii, 484.

» Jaquemet (abbé J.), L'église de Saint-Denis, *A. Matignon.* 1867², xix, 297.

Saint-Eustache. Kœnig (abbé), Saint-Eustache, histoire et vérité de l'église, *C. Sommervogel.* 1878², xxxix, 720.

Saint-Exupéry. Dufour (L.), S. J. Notice sur M. l'abbé de Saint-Exupéry, *E. Régnault.* 1879², xli, 150.

Saint-Germain. Girard-Vezenobre (baronne de), Environs de Saint-Germain-en-Laye. 1877², xxxvii, 131.

Saint-Jérôme. Vie de la Mère Saint-Jérôme (des Oiseaux), *C. Sommervogel.* 1875², xxxiii, 473.

Saint-Léonard. Mabire (abbé P. H.), Vie de Mme de Saint-Léonard, *H. Colombier.* 1876², xxxv, 752.

Saint-Omer. Cavrois (L.), O'Connell et le collège anglais à Saint-Omer. 1868¹, xx, 609.

Saint-Simon. Boislile (A. de), Mémoires de Saint-Simon, *F. Desjacques.* 1880, xlii, 634.

Saint-Sulpice. Sorel (A.), Histoire du couvent des Carmes et du séminaire de Saint-Sulpice pendant la Terreur. 1863, viii, 833.

Saints. Cahier (C.), S. J. Les caractéristiques des saints dans l'art populaire, *J. Tailhan.* 1866³, xvii, 140; — *C. Daniel.* 1868², xxi, 353 .

» Rohrbacher (abbé), Le vite dei santi per ogni giorno dell'anno (trad. par G. Teglio). 1863, viii, 979.

» Stolz (A.), Legende. 1863, viii, 152.

» Surius (L.), Historiæ seu vitæ sanctorum, *H. Colombier.* 1876², xxxv, 759; — *C. S.* 1879¹, xl, 770.

» Vies des saints de l'atelier. 1862, vii, 572.

Salm. Toulza (Ph. de), La princesse de Salm-Salm au Mexique en 1867, *C. Sommervogel.* 1874¹, xxx, 913.

sans Dieu; le monde sens dessus dessous, *T. Pepin.* 1876², xxxv, 139 ; 1879¹, xl, 444, 758.

Science. Parville (H. de), Causeries scientifiques, *N. Larcher.* 1869¹, (*Suite.*) xxii, 480.

» Robert (le P.), cap. Aurifodina universalis ; mine d'or universelle des sciences divines et humaines (abbé Rouquette). 1865², xiv, 275.

» L., Des sciences positives et du surnaturel, *J. de Bonniot*, 1878¹, xxxviii, 447.

» Bollettino di bibliografia e di storia delle scienze matematiche e fisiche, *T. Pepin.* 1879², xli, 618.

Scolastique. Patiss (G.), S. J. Das A B C der Scholastik, *J. Martinov.* 1865³, xiv, 557.

Scouville. Pruvost (A.), S. J. Vie du R. P. Philippe de Scouville, S. J., *F. Marie.* 1867¹, xviii, 155.

Secchi. Angelini (A.), S. J. Tituli in supremis honoribus A. Secchii, S. J., *T. Pepin.* 1878¹, xxxviii, 876.

» Moigno (abbé), Le R. P. Secchi, *J. de Bonniot.* 1879¹, xl, 795.

Ségur (Sabine de), Ségur (comte A. de), *Ch. Daniel*, 1870-71, xxv, 311.

Seigneret. Un directeur de Saint-Sulpice, Paul Seigneret, séminariste, fusillé à Belleville, *C. de Laage.* 1872¹, xxvi, 444.

Self-help. Smiles (S.), Self-help (biographies, trad. par Talandier), *J. Noury.* 1865³, xiv, 131.

Semaine. *La Semaine des familles*, revue universelle. 1865², xiii, 413.

Séminaire. Grandet (J.), Histoire du séminaire d'Angers, *F. Le Lasseur.* 1875², xxxiii, 540.

» Un prélat romain, Quelques observations soumises à Nosseigneurs les évêques, concernant les études des séminaires en France, *H. Ramière.* 1873², xxix, 925.

» L'enseignement des grands séminaires, examen du rapport de M. Guichard, sur le budget des cultes, *C. Sommervogel.* 1878², xxxix, 132.

Sénat. Willems (P.), Le Sénat de la République romaine, *C. Sommervogel.* 1879¹, xl, 631.

Sensibilité. Dumont (L.), Théorie scientifique de la sensibilité, *J. de Bonniot.* 1876¹, xxxiv, 91.

Sépulture. Hornstein (Ed.), Les sépultures devant l'histoire, l'archéologie, la liturgie, le droit. 1868¹, xx, 609 ; — *P. Mazoyer.* 1869², xxiii, 954.

Sépulture. Roux (L.), Le droit en matière de sépulture, *C. Sommer-*
(Suite.) *vogel.*1875², xxxiii, 128.

Séraphine, comédie, Sardou (V.), *G. Longhaye.* 1870¹, xxiv, 6.

Serbes. Schafarick (P. J.), Geschichte des serbischen Schriftthums
(J. Jirecek), *J. Martinov.* 1865³, xiv, 558.

Serment. Dechamps (cardinal), Du serment de fidélité à plusieurs
Constitutions modernes, *F. Desjacques.* 1878², xxxix, 705.

Sermon de Notre-Seigneur, Ginoulhiac (Mgr), Le sermon sur la
montagne, *C. de Laage.* 1872², xxvii, 774.

» Ramus (M.), S. J. Le sermon de Notre-Seigneur Jésus-Christ
sur la montagne, *C. de Laage.* 1872¹, xxvi, 466.

Sermons. Faber (M.), S. J. Conciones in Evangelia et festa, *F. Des-*
jacques. 1879¹, xl, 769.

» Guillois (abbé A.), Sermons, discours, prônes et instructions,
E. M. 1867¹, xviii, 439.

» Vieyra (A.), S. J. Sermons (trad. par l'abbé Poiret), *C. Sommer-*
vogel. 1870-71, xxv, 313.

» Wiseman (cardinal), Sermons (J. L. Lapôtre), *F. Dumas.* 1866²,
xvi, 264.

Serpents. Viaux-Grand-Marais (Dʳ A.), Études médicales sur les
serpents de la Vendée et de la Loire-Inférieure, *F. Celle.*
1869², xxiii, 958.

Servante. Waldner (J.), S. J. La servante de Jésus (J. Eicher).
1877², xxxvii, 120.

Servien. Kerviler (R.), Le Maine à l'Académie française; Abel Servien, *C. S.* 1878, xxxix, 279.

Servites. Ledoux (S.), Les sept bienheureux fondateurs de l'Ordre
des Servites, *C. Sommervogel.* 1878⁴, xxxviii, 891.

Serviteurs. Aubineau (L.), Des serviteurs de Dieu au dix-neuvième
siècle, *E. Régnault.* 1874², xxxi, 933.

Seton. Barberey (Mme de), Élizabeth Seton et les commencements
de l'Église catholique aux États-Unis, *J. Dufour.* 1868²,
xxi, 513.

Sévigné. Capmas (Ch.), Lettres inédites de Mme de Sévigné à Mme de
Grignan, *L. Senepin.* 1876², xxxv, 894.

Shakespeare, Rio (A. F.), *L. Langlois.* 1864², x, 409.

Sibylles. Alexandre (C.), Oracula Sibyllina, *J. Brucker.* 1876¹,
xxxiv, 600.

» Delaunay (F.), Moines et sibylles dans l'antiquité judéo-chrétienne, *J. Brucker.* 1876¹, xxxiv, 600.

Sibylles. Ewald (E.), Abhandlung über Entstehung, Inhalt und
(Suite.) Werth der Sibyllischen Bücher, *J. Brucker.* 1876[1], xxxiv,
600.

Sicard (L'abbé), Berthier (Ferd.), *C. Sommervogel.* 1873[2], xxix, 463.

Silex. Acy (E. d'), Le limon des plateaux du nord de la France et les
silex travaillés qu'il renferme, *A. Haté.* 1879[1], xl, 111.

Sinaï. Brugsch-Bey (D[r]), Neue Bruchstücke des Codex Sinaiticus,
J. Martinov. 1875[2], xxxiii, 945.

» Tischendorf (C.), Notitia editionis codicis bibliorum sinaitici,
A. Dutau. 1861, vi, 660. — Novum Testamentum sinaiticum,
H. Mertian. 1863, viii, 933; — *A. Corluy.* 1876[2], xxxv, 625.

Slaves. Martinov (J.), Les manuscrits slaves de la Bibliothèque impériale de Paris, *J. Gagarin.* 1858, iii, 467.

Smotrzicky. Susza (Mgr Jac.), Vita Meletii Smotriscii, *H. Mertian.*
1864[2], x, 546.

Socialisme. Brac de la Perrière (J.), Le socialisme, *F. Desjacques.* 1879[2], xli, 939.

» Félix (J.), S. J. Le socialisme devant la société, *F. Desjacques.*
1878[2], xxxix, 56; — Christianisme et socialisme, *F. Desjacques.* 1879[2], xli, 629.

» Périn (Ch.), Le socialisme chrétien, *F. Desjacques.* 1879[2],
xli, 586.

» Winterer (abbé), Le socialisme contemporain, *F. Desjacques.*
1879[1], xl, 142.

Société. Belin (F.), La société française au dix-septième siècle,
C. Sommervogel. 1875[2], xxxiii, 611.

» Deschamps (N.), S. J. Les sociétés secrètes et la société. 1874[1],
xxx, 623; 1876[2], xxxv, 762.

» Guizot (F.), L'Église et la société chrétienne, *P. Toulemont.*
1861, vi, 656; — Méditations sur la religion chrétienne dans
ses rapports avec l'état actuel des sociétés et des esprits,
C. Daniel. 1868[2], xxi, 37.

» Isoard (abbé), Hier et aujourd'hui dans la société chrétienne,
P. Toulemont. 1863, viii, 476.

» Martin (Th. H.), Le mal social et ses remèdes prétendus, *V. Alet.*
1872[2], xxvii, 223, 321.

» Périn (C.), Les lois de la société chrétienne, *E. Marquigny.*
1874[2], xxxi, 883.

» Ribot (P.), Philosophie de la société, *E. Chauveau.* 1869[1],
xxii, 799.

» Société bibliographique. 1879[1], xl, 638.

Stimmen *aus Maria-Laach*. 1868[1], xx, 917.

Stoïcisme. Montée (P.), Le stoïcisme à Rome, *L. L.* 1865[3], xiv, 419.

Stuart. Mignet (A.), Histoire de Marie Stuart, *E. Marquigny*. 1864[3], xi, 371.

» Wiesener (L.), Marie Stuart et le comte de Bothwell, *E. Marquigny*. 1864[3], xi, 371.

» La vérité sur Marie Stuart. 1877[2], xxxvii, 130.

Suaire. Carles (le P. A.), Histoire du saint Suaire de Cadouin, *C. Sommervogel*. 1875[2], xxxiii, 312.

Suarez. Werner (Dr K.), Franz Suarez und die Scholastik der letzten Jahrhunderte, *H. Mertian*. 1861, vi, 351.

» Notes et recherches d'un bibliophile sur les publications nouvelles des ouvrages de Suarez, *F. Gaydou*. 1861, vi, 333.

Succession. Gabba (C. F.), Essai sur la véritable origine du droit de succession, *J. Gagarin*. 1862, vii, 405.

Suez. James (Dr C.), Souvenirs de voyage : les Hébreux dans l'isthme de Suez, *D. Pujol*. 1872[2], xxvii, 661.

Suffrage. Lasserre (H.), De la réforme et de l'organisation normale du suffrage universel, *H. Ramière*. 1874[1], xxx, 177.

Suger. Lecoy de la Marche (A.), OEuvres de Suger, *M. Godet*. 1869[2], xxiii, 486.

» Nettement (A.), Suger et son temps, *M. Godet*. 1869[2], xxiii, 486.

Sultan. Julien (F.), Papes et sultans, *C. S.* 1879[2], xli, 778.

Superstition. Martin (Th.), Des superstitions dangereuses pour la science. 1863, viii, 1127.

Surnaturel. Matignon (A.), S. J. La question du surnaturel, ou la grâce, le merveilleux, le spiritisme au dix-neuvième siècle. 1863, viii, 978.

» L. Des sciences positives et du surnaturel, *J. de Bonniot*. 1878[1], xxxviii, 447.

Swetchine. Falloux (comte de), Correspondance de Mme Swetchine. 1861, vi, 676. — Mme Swetchine, journal de sa conversion. 1863, viii, 502. — Mme Swetchine, sa vie et ses œuvres, *C. Daniel*. 1864[2], x, 213.

Syllabus. Falconi (abbé L.), Le Syllabus pontifical, ou réfutation des erreurs qui y sont condamnées (trad. par E. J. Materne), *F. Desjacques*. 1877[2], xxxvii, 691.

» Maupied (Mgr), Le Syllabus et l'encyclique *Quanta cura*, commentaire, *G. Desjardins*. 1876[2], xxxv, 928.

Syllabus. Petitalot (le P.), mar. Le Syllabus, base de l'union des
(Suite.) catholiques, *F. Desjacques.* 1877 [2], xxxvii, 691.

» Verdereau (abbé), Exposition historique des propositions du
Syllabus, *F. Desjacques.* 1877 [2], xxxvii, 691.

Symbole. Fourcez (abbé), Le Symbole des apôtres défendu et vengé
E. Paton. 1869 [1], xxii, 145.

Symboles. Denzinger (H.), Enchiridion symbolorum et definitionum de rebus fidei et morum, *L. de Régnon.* 1864 [3], xi, 407 ;
— *H. Mertian.* 1865 [1], xii, 657.

Symbolisme. La Bouillerie (Mgr de), Études sur le symbolisme de
la nature, *V. Mercier.* 1869 [1], xxii, 953.

» Landriot (Mgr), Le symbolisme, *Ch. D.* 1866 [1], xv, 571.

Synésius. Druon (H.), Œuvres de Synésius, *C. Sommervogel.* 1879 [1],
xl, 461.

Synode. Plantier (Mgr), Lettre aux protestants du Gard sur le synode général des églises réformées de France, *H. Dumas.*
1873 [1], xxviii, 134.

Syriaque. Martin (abbé J. P.), Jacobi Edesseni epistola de orthographia syriaca, *H. Matagne.* 1869 [2], xxiii, 148.

» Wenig (J.-B.), S. J. Schola syriaca, complectens chrestomathiam
cum apparatu grammatico, *J. Martinov.* 1866 [2], xvi, 573 ; —
C. Clair. 1868 [1], xx, 415.

T

Taïgi. Bouffier (Gab.), S. J. La vénérable servante de Dieu, Anna-
Maria Taïgi, *L. L..* 1865 [2], xiii, 561 ; — *P. Toulemont.* 1866 [1],
xv, 45.

Tapisserie. Joannis (L. de), Les tapisseries de l'Apocalypse à la cathédrale d'Angers, *C. Cahier.* 1863, viii, 481 ; 1864 [3], xi, 413.

Téléphone. Du Moncel (comte), Le téléphone, le microphone et le
phonographe, *T. Pepin.* 1879 [1], xl, 916.

» Niaudet (A.), Téléphones et phonographes, *T. Pepin.* 1879 [1],
xl, 916.

Témoignage. Schrader (C.), S. J. De theologico testium fonte, deque edito fidei testimonio, *J. Pra.* 1878 [1], xxxviii, 847.

Temple. Réville (A.), Le Temple et les pharisiens, 1867 [2], xix, 753.

Temps. Letocart (L.), Les temps modernes, selon l'Écriture interprétée, *E. de Lachau.* 1872 [1], xxvi, 303.

» Nadault de Buffon (H.), Les temps nouveaux. 1874 [1], xxx, 460.

Térèse (Sainte). Bouix (M.), S. J. Lettres de sainte Térèse, *Cl. A. Ledoux*. 1861, vi, 489.

» Condamin (abbé J.), Étude sur les lettres de sainte Térèse, *C. Sommervogel*. 1879[1], xi., 954.

Terre. Frain (E.), Une terre, ses possesseurs catholiques et protestants, de 1200 à 1600, *F. Desjacques*. 1879[2], xli, 783.

Terre-Sainte. Guinaumont (H. de), La Terre-Sainte, Constantinople, l'Égypte. 1867[1], xviii, 730.

» Mislin (Mgr), Les Saints Lieux, *J. Gagarin*. 1859, iv, 146; — *E. Seguin*. 1876[2], xxxv, 137.

» Morin, Notice sur un manuscrit (Voyage à la Terre-Sainte). 1862, vii, 423.

» Riant (comte P.), Expéditions et pèlerinages des Scandinaves en Terre-Sainte aux temps des croisades, *C. Cahier*. 1865[2], xiii, 504.

» Saint-Aignan (abbé L. de), La Terre-Sainte, *H. M.* 1864[3], xi, 125.

» Tischendorf (C.), Aus dem heiligen Lande, *J. Gagarin*. 1862, vii, 683.

» Tobler (Dr T.), Theoderici libellus de locis sanctis, editus circa A. D. 1172, cui accedunt breviores aliquot descriptiones terræ sanctæ, *J. Gagarin*. 1865[3], xiv, 121.

» Bulletin de l'Œuvre des pèlerinages en Terre-Sainte. 1862, vii, 576. — Souvenir des Lieux Saints, *P. C.* 1875[2], xxxiii, 463.

Terreur. Des Echerolles (A.), Une famille noble sous la Terreur, *C. S.* 1879[2], xli, 473.

» Longevialle (M. de), Souvenir de la Terreur, *H. de Rochemure*. 1872[1], xxvi, 923.

» Mortimer-Ternaux (M.), Histoire de la Terreur, *A. Rousseliu*. 1870-71, xxv, 155.

» Robillard de Beaurepaire (E. de), Le tribunal criminel de l'Orne pendant la Terreur, *E. Paton*. 1866[3], xvii, 140.

» Sorel (A.), Histoire du couvent des Carmes et du séminaire de Saint-Sulpice pendant la Terreur. 1863, viii, 833.

» Wallon (H.), La Terreur, *E. Régnault*. 1873[2], xxix, 623.

Tertullien. Freppel (abbé), Tertullien, cours d'éloquence sacrée. 1864[2], x, 254.

Tessier. Milcent (A.), Jean-Paul Tessier, esquisse. 1863, viii, 497.

Testament (Ancien et Nouveau). Balleyguier (Mme O. D.), La première aube, ou l'Évangile raconté aux tout petits enfants. 1862, vii, 432. — La deuxième aube, ou l'Ancien Testament raconté aux enfants, *Ch. D.* 1865[2], xiii, 413.

Théologie. Knoll de Bulsano (le P. Alb.), Institutiones theore-
(*Suite.*) ticæ seu dogmatico-polemicæ ; — Institutiones theologiæ
  dogmaticæ generalis, *J. Pra.* 1878², xxxix, 558.

» Konings (le P.), réd. Theologia moralis sancti Alphonsi in compendium redacta, *A. Sigé.* 1878², xxxix, 76.

» Jansen, Prælectiones theologiæ fundamentalis, *C. Desjardins.*
  1876², xxxv, 924.

» Jungmann (Dr), Institutions théologiques, *L. C.* 1873¹, xxviii, 598.
  — Institutiones theologiæ dogmaticæ generalis, *L. Cochard.* 1875¹, xxxii, 142.

» Lebrethon (F.), Theologia seminariorum, *F. D.* 1873², xxix, 467.

» Mazzella (Cam.), S. J. De Deo creante prælectiones scholastico-
  dogmaticæ, *J. Pra.* 1878¹, xxxviii, 413. — De gratia Christi
  J. Pra. 1879¹, xl, 287. — De virtutibus infusis, *J. Pra.* 1879²,
  xli, 765.

» Patrizzi (F.-X.), S. J. De interpretatione sacrarum scripturarum libri II ; — Commentationes tres de scripturis divinis, de
  peccati originalis propagatione a Paulo descripta, de Christo
  pane vitæ ; — De interpretatione oraculorum ad Christum pertinentium prolegomenon, deque Christo Zachariæ et Malachiæ vaticiniis prænunciato commentationes duæ ; — De Evangeliis libri tres ; — De immaculata Mariæ origine a Deo prædicta disquisitio ; — De consensu utriusque libri Machabæorum ;
  — In Joannem commentarium ; — In Marcum commentarium.
  1862, vii, 251.

» Ramière (H.), S. J. De la théologie scolastique, *J. Pra.* 1880,
  xlii, 289.

» Rémusat (Ch. de), Théologie critique, *P. Toulemont.* 1862,
  vii, 115.

» Reusens (E. H. J.), Syntagma doctrinæ theologicæ Adriani VI,
  J. Gagarin. 1862, vii, 841.

» Reuss (Dr E.), Histoire de la théologie chrétienne, *H. Mertian.*
  1862, vii, 66.

» Schouppe (F.-X.), S. J. Elementa theologiæ dogmaticæ, e probatis auctoribus collecta et divini verbi ministerio accommodata. 1862, vii, 425.

» Schrader (Cl.), S. J. De unitate Romana, *J. Janni.* 1863, viii,
  489 ; 1873¹, xxviii, 296. — Theses theologiæ. 1863, viii,
  1127 ; 1867¹, xviii, 582. — De triplici ordine naturali, præternaturali et supernaturali commentarius, *A. Matignon.*
  1864², x, 267. — De theologico testium fonte, deque edito
  fidei testimonio, *J. Pra.* 1878¹, xxxviii, 847.

Théologie. Teyssonnier (abbé), Compendium theologiæ dogmaticæ, (*Suite.*) *G. Desjardins.* 1873², xxix, 770.

» Vacherot (E.), La theologie catholique en France, *P. Toulemont.* 1868², xxi, 257.

» Vincent (abbé), Compendium universæ theologiæ ad usum seminariorum, *G. Desjardins.* 1876², xxxv, 918.

» Werner (K.), Geschichte der apologetischen und polemischen Literatur der christlichen Theologie, *H. Mertian.* 1862, vii, 418.

Theophilus. Martin (Dr C.), Theophilus, oder Unterweisungen über die sonn-und festtæglichen Evangelien, *A. Bourquenoud.* 1863, viii, 806.

Thermidor. Héricault (Ch. d'), La révolution de thermidor, Robespierre et le comité de salut public en l'an II, *C. Sommervogel.* 1876¹, xxxiv, 921.

Thienpont. Notice sur M. J. Thienpont, *A. M.* 1866¹, xv, 572.

Thierry. Aubineau (L.), M. Augustin Thierry, son système historique et ses erreurs, *H. Martin.* 1879², xli, 148.

Thomas (Saint). Cacheux (abbé), La philosophie de saint Thomas d'Aquin, *H. Mertian.* 1861, vi, 351.

» Goudin (Ant.), Tractatus theologici, juxta inconcussa tutissimaque dogmata divi Thomæ, *J. Pra.* 1879², xli, 118.

» Schneemann (Gér.), S. J. L'origine de la controverse thomistico-moliniste, étude historique dogmatique, *J. Pra.* 1879², xli, 123.

» Gravina (Dom.), O. P. Totius Summæ theologicæ sancti Thomæ Aquinatis compendium rythmicum, *J. Pra.* 1879², xli, 771.

» Jourdain (Ch.), La philosophie de saint Thomas d'Aquin, *H. Taupin.* 1859, iv, 137.

» Ramière (H.), S. J. L'accord de la philosophie de saint Thomas et de la science moderne au sujet de la composition des corps, *P. Bottalla.* 1877², xxxvii, 110.

» Uccelli (P. A.), Sancti Thomæ Aquinatis, Doctoris Angelici, ordinis Prædicatorum, Summæ de veritate fidei contra Gentiles quæ supersunt, *H. Ramière.* 1879¹, xl, 883.

» Hommage à saint Thomas d'Aquin, *F. Desjacques.* 1880, xlii, 624.

Thomas a Kempis. Brunton (Th.), *F. D.* 1874¹, xxx, 306.

Tilly. Villermont (comte de), Tilly, ou la guerre de trente ans, de 1618 à 1632, *F. Gazeau.* 1860, v, 157.

» Wittich (K.), Magdeburg, Gustav Adolf und Tilly, *J. M. Guennégan.* 1876¹, xxxiv, 422.

Tonantius Ferreolus, Charaux (Ch.), *H. Colombier*. 1877[1], xxxvi, 453.

Tonkin. Pachtler (M.), S. J. Das Christenthum in Tonkin und Cochinchina. 1862, vii, 272.

Toul. Bach (J.), S. J. Les origines de Metz, de Toul et de Verdun. 1864[1], ix, 271.

Trait d'union. Bailly (L.), S. J., Le trait d'union (proverbe), *L. G.* 1879[1], xl, 460.

Travail. Chausse (J. M.), De la réforme du travail manufacturier par l'établissement des usines à la campagne, *P. T.* 1875[2], xxxiii, 792.

» Desgrand (L.), L'alliance du sentiment chrétien et du travail, *F. Desjacques*. 1880, xlii, 464.

» Le Play (F.), L'organisation du travail, *C. Clair*. 1870[1], xxiv, 311 ; — *V. Alet*. 1872[1], xxvi, 321 ; — *H. Ramière*. 1873[1], xxviii, 710, 801.

» Loriot (abbé Th.), La question du travail entre patrons et ouvriers, *F. Desjacques*. 1879[2], xli, 307.

» Mony (Stéph.), Étude sur le travail, *F. Desjacques*. 1878[1], xxxviii, 692.

» Mouré (abbé A.), Le guide des gens de travail pour être heureux en ce monde et en l'autre. 1877[1], xxxvi, 763.

Trébuquet. L'ange de Frohsdorf, éloge funèbre de M. l'abbé Trébuquet, *O. de Gouttepagnon*. 1869[2], xxiii, 492.

Trévoux. Sommervogel (C.), S. J. Table méthodique des Mémoires de Trévoux, *P. T.* 1864[3], xi, 421 ; — *C. Cl.* 1865[3], xiv, 417.

Trigault. Dehaisnes (abbé), Vie de Nicolas Trigault, de la Compagnie de Jésus, *L. Langlois*. 1864[2], x, 551.

Trilobites. Barrande (J.), Distribution des céphalopodes dans les contrées siluriennes ; les trilobites. 1872[2], xxvii, 946.

Tunique. Guérin (L. F.), Notice abrégée sur la sainte Tunique, *J. Noury*. 1864[2], x, 268.

Tunisie. Sainte-Marie (E. de), La Tunisie chrétienne, *J. Brucker*. 1878[2], xxxix, 431.

Turcs. Lenormant (F.), Turcs et Monténégrins, *V. Mercier*. 1866[3], xvii, 282.

Turibe (Saint). Bérengier (dom), O. S. B. Vie de saint Turibe, *C. Sommervogel*. 1872[2], xxvii, 776.

Tyndall. Delsaulx (J.), S. J. Les derniers écrits philosophiques de M. Tyndall, *J. de Bonniot*. 1876[2], xxxv, 933.

Typiques (Directoires). Toscani (Th.), Ad typica Græcorum ac
præsertim ad typicum cryptoferratense S. Bartholomæi abba-
tis animadversiones, *J. Martinov*. 1866¹, xv, 569.

U

Ultramontanisme. Manning (cardinal), Césarisme et ultramontanisme, *H. Ramière*. 1875¹, xxxii, 515.

Union. Manning (cardinal), De la réunion des diverses parties de la
chrétienté, *P. Toulemont*. 1866², xvi, 145.

» Morochkine, Esquisse historique sur la réunion de l'Union
(Messager de l'Europe), *J. Martinov*. 1873¹, xxviii, 71.

» L'union des peuples, *C. Sommervogel*. 1878², xxxix, 281.

Université. Jourdain (Ch.), Histoire de l'Université de Paris, au
dix-septième et au dix-huitième siècle, *C. Sommervogel*.
1867¹, xviii, 725.

» Newman (J. H.), Idea of a University, *J. Forbes*. 1874¹,
xxx, 321.

» Pontal (E.), L'Université et les jésuites. 1877¹, xxxvi, 758.

» Observations présentées à MM. les sénateurs et députés par le
corps enseignant de l'Université catholique de Lille, *F. Desjacques*. 1879², xli, 139.

Ursins. Fliche (Mgr P.), Mémoires sur la vie de Marie-Félice des
Ursins, *O. B*. 1877¹, xxxvi, 363.

Ursule (Sainte). Buck (V. de), S. J. De S. Ursula et undecim millibus sociarum V. et M., *Ch. Daniel*. 1859, iv, 219.

V

Vacances. Roger (abbé), L'ami du jeune étudiant en vacances,
A. Matignon. 1864², x, 268.

Vaucluse. André (abbé), Les communes de Vaucluse de 1556 à 1789 :
Lagnes, *C. Sommervogel*. 1874², xxxi, 944.

Vendeville. Possoz (A.), S. J. Mgr Jean Vendeville, évêque de
Tournai. 1862, vii, 864.

» Bourgois (J.), Réfutation du système des vents de M. Maury,
N. Larcher. 1864³, xi, 541.

» Dechevrens (M.), S. J. Recherches sur les variations des vents
à Zi-ka-wei, *T. Pepin*. 1878², xxxix, 712.

Ver à soie. Fauvel (M.), The wild silk-worms of the province of
Shan-Tung, *C. Rathouis*. 1878¹, xxxviii, 559.

Verdun. Bach (J.), S. J. Les origines de Metz, de Toul et de Verdun. 1864¹, ix, 271,

Vérité. Champagny (comte de), Le chemin de la vérité, *C. de Laage.* 1872², xxvii, 291.

» Gautrelet (F.-X.), S. J. La vérité catholique brièvement exposée et victorieusement démontrée, *A. D.* 1865¹, xii, 428.

» Hurard (S.), Des vérités fondamentales, *A. Matignon.* 1864², x, 413.

Vert. Rondot (N.), Notice du vert de Chine et de la teinture en vert chez les Chinois. 1858, iii, 485.

Veuves. Chaffanjon (abbé), Les veuves et la charité ; l'œuvre du Calvaire, *C. Sommervogel.* 1872², xxix, 133.

Vianney. Monnin (abbé), La vie du curé d'Ars (M. Vianney). 1861, vi, 678.

Vie. Bautain (abbé), Les choses de l'autre monde, *V. Mercier.* 1869¹, xxii, 626.

» Figuier (L.), Le lendemain de la mort, ou la vie future selon la science, *N. Larcher.* 1870-71, xxv, 859.

» Lescœur (le P.), orat. La vie future, *J. de Bonniot.* 1872², xxvii, 302.

» Martin (Th. H.), La vie future (abrégé, par Cl. Gourju). 1864¹, ix, 515.

» Rambosson (J.), Les lois de la vie et l'art de prolonger ses jours, *N. Larcher.* 1870-71, xxv, 915.

» Ribbe (Ch. de), La vie domestique, *F. Noury.* 1877¹, xxxvi, 449.

» Stœger (J. N.), Die Pilgerreise (le pèlerinage à travers la vie). 1861, vi, 512.

» Tissot (J.), La vie dans l'homme. 1861, vi, 511.

Vieira. Carel (abbé E.), Vieira, sa vie et ses œuvres. 1880, xlii, 788.

Vienne. Terrier de Loray (marquis), Jean de Vienne, amiral de France, *C. Sommervogel.* 1878², xxxix, 132.

Viennois. Chevalier (abbé U.), Inventaire des archives des dauphins de Viennois ; visites pastorales et ordinations des évêques de Grenoble de la maison de Chissé, *C. Sommervogel.* 1875¹, xxxii, 787.

Vierges. Martin (abbé F.), Les vierges martyres, *F. D.* 1874¹, xxx, 463.

Vincent (Saint). Loth (A.), Saint Vincent de Paul et sa mission sociale, *C. Sommervogel.* 1879², xli, 924.

» Margerie (L. de), La Société de Saint-Vincent de Paul, *S. Adigard.* 1874¹, xxx, 459.

Vincent (Saint). Maynard (abbé), Saint Vincent de Paul, sa vie, son
(*Suite.*) temps, ses œuvres, son influence. 1860, v, 662 ; 1861,
vi, 162.

Virgile. Benoist (E.), Œuvres de Virgile, *F. D.* 1872², xxvii, 783.
» Marion de Lauzil, Les Bucoliques de Virgile (en vers français),
S. H. 1874², xxxi, 141.

Vitré. F... (de), Les familles de Vitré de 1400 à 1789, *C. Sommervogel.*
1877¹, xxxvi, 755.

Vocation. Berthier (le P. J.), Des états de la vie chrétienne et de la
vocation, *C. Sommervogel.* 1875², xxxiii, 470.

Voix. Fournié (Ed.), Physiologie de la voix et de la parole ; — Physiologie et instruction du sourd-muet, *A. Haté.* 1869²,
xxiii, 405.
» Sernin Marie (le P.), carme, Voix qui prient (poésies), *J. Dugas.* 1876¹, xxxiv, 140.

Voltaire. Armel de Kerwan (D. M.), Voltaire, ses hontes, ses crimes.
1877², xxxvii, 458.
» Bonieux (B.), Critique des tragédies de Racine et de Corneille
par Voltaire, *G. Longhaye.* 1867¹, xviii, 391.
» Bénard (abbé V.), Frédéric II et Voltaire, *H. Martin.* 1878²,
xxxix, 574.
« Maynard (U.), Voltaire, sa vie et ses œuvres, *G. Longhaye.*
1867², xix, 785.
» Pierron (A.), Voltaire et ses maîtres, *Ch. Clair.* 1866², xvi, 556.

Voyages. Marmier (X.), Nouveaux récits de voyage, *J. Brucker.*
1879², xli, 615.

Vuarin Martin (abbé F.) et Fleury (abbé), Histoire de M. Vuarin
et du rétablissement du catholicisme à Genève, *Ch. Daniel.*
1862, vii, 719, 747.

<h2 style="text-align:center">W</h2>

Wessemberg. Beck (J.), Freiherr J. Heinrich von Wessemberg.
1862, vii, 717.

<h2 style="text-align:center">Z</h2>

Zachariæ. Oasier (J.), Vie et travaux de Zachariæ, *Ch. Daniel.* 1870-
71, xxv, 953.

Zèle. Boylesve (M. de), S. J. Les œuvres de zèle d'après l'ordre des
commandements, *C. Sommervogel.* 1879², xli, 603.

Zendavesta. Voir *Avesta.*

Zénon. Jazdzewski (L. J. V.), Zeno, Veronensis episcopus. 1862, vii, 427.

Zoologie. Bellynck (A.), S. J. Résumé du cours de zoologie professé au collège de Notre-Dame de la Paix, à Namur, *N. L.* 1865[2], xiii, 559.

«   Milne-Edwards (H.), Rapport sur les progrès récents de la zoologie en France, *A. Bellynck.* 1870[1], xxiv, 765.

Zoroastre. Harlez (chan. de), Avesta, livre sacré des sectateurs de Zoroastre (trad.), *J. Brucker.* 1876[2], xxxv, 475 ; 1877[2], xxxvii, 452.

Zô-sé. Palatre (G.), S. J. Le pèlerinage de Notre-Dame Auxiliatrice à Zô-sé, *C. Sommervogel.* 1876[1], xxxiv, 777.

APPENDICE

ABT Emmanuel.
ADIGARD Sylvain.
ALET Victor.
ANDRÉ G.

BABAZ Jean Marie.
BECKER Émile.
BECKER Victor.
BELLOCQ Dominique.
BELLYNCK Auguste.
BENGY (de) Anatole.
BIGAULT (de) Henri.
BONNIOT (de) Joseph.
BOTTALLA Paul.
BOUCHOT Nicolas.
BOULLEAU Adolphe.
BOURQUENOUD Alexandre.
BRUCKER Joseph.
BUCK (de) Victor.
BURNICHON Joseph.

CAHIER Charles.
CANDELOUP Louis.
CARBONNELLE Ignace.
CELLE Ferdinand.
CHABIN Pierre.
CHAMBON Charles.
CHAMPON Régis.
CHARTIER Jules.
CHAUVEAU Émile.
CHAZOURNES (de) Régis.
CLAIR Charles.
CLAUER Pierre.
COCHARD Louis.
COLOMBIER Henri.

COMIRE François Louis.
CORLUY Joseph.
CORNELY Rodolphe.

DAMAS (de) Amédée,
DANIEL Charles.
DECHEVRENS Antoine.
DELATTRE Alphonse.
DELSAULX Joseph.
DEMANTE Henri.
DESJACQUES François.
DESJARDINS Gabriel.
DORET Paul.
DORGUES Jean.
DUFOUR Jules.
DUGAS Joseph.
DUMAS Florent.
DUVAL Xavier.
DUVIVIER Albert.

EHRMANN Joseph.
EICHER Alfred.
ESCALLE Auguste.

FÉLIX Joseph.
FORBES James.
FORBES William.
FRÉCHON Stanislas.
FRISTOT Paul.

GABRIAC (de) Alexandre.
GAGARIN Jean.
GAGNIARD Charles,
GAILLARD Alexandre.
GAUTIER Alfred.

20

Gaydou François.
Gazeau François.
Geyer (de) Alfred.
Godefroy Eusèbe.
Godet Mathurin.
Gouilloud André.
Gouttepagnon (de) Onésime.
Grandidier François.
Guennégan Jean Marie.

Haté Achille.

Janni Jérôme.
Jean Armand.
Jenner Joseph.
Jouan Jean.
Jovene Charles.

Laage (de) Clément.
Lachau (de) Edmond.
Lahr Charles.
Langlois Louis.
Larcher Narcisse.
Lauras Mathieu.
Le Blanc Henri.
Le Breton M.
Lecoq Louis.
Ledoux André.
Le Gall Marc.
Le Génissel Joseph.
Le Hir (abbé).
Le Lasseur François.
Leroy Hippolyte.
Letierce Edmond.
Levallois A.
Lodiel Désiré.
Longhaye Georges.
Loysel Paul.

Marie Jean.
Marquigny Eugène.
Martin Hippolyte.
Martinov Jean.

Matagne Jules.
Matignon Ambroise.
Maurel Antonin.
Mavel Joseph.
Mazoyer Philippe.
Mazoyer Pierre.
Mercier Victor.
Mertian Henri.
Mével François.
Monfort (de) Gustave.
Montézon (de) Fortuné.

Nampon Adrien.
Narducci Henri.
Noury Jean.

O'Carroll John.
Orth (d') Jean.

Paradan Auguste.
Paton Ernest.
Pepin Théophile.
Pierling Paul.
Poirré Félix.
Pra Joseph.
Prat Jean Marie.
Pujol Damase.

Rabussier Louis.
Ramière Henri.
Rathouis Charles.
Reau (du) Paul.
Régnault Émile.
Régnon (de) Louis.
Rochemure (de) Henri.
Rousselin Alphonse.

Sabriot Louis.
Sattler Joseph.
Schneemann Gérard.
Scorraille (de) Raoul.
Seguin Eugène.
Senepin Louis.

Sᴇsᴍᴀɪsoɴs (de) Henri.
Sɪɢᴇ́ Antoine.
Sᴍᴇᴅᴛ (de) Charles.
Soᴍᴍᴇʀᴠoɢᴇʟ Carlos.

Tᴀɪʟʜᴀɴ Jules.
Tᴀᴜᴘɪɴ Henri.
Tʜᴇ́ʀʏ Adolphe.

Toᴜʟᴇᴍoɴᴛ Pierre.
Tᴜʀǫᴜᴀɴᴅ Léon.

Vᴀʟʀoɢᴇʀ (le P. de), or.
Vᴀɴ ᴅᴇɴ Gʜᴇʏɴ Joseph.
Vᴀɴᴅᴇsʏᴘᴇ François.
Vᴇʀᴅɪᴇ̀ʀᴇ Charles.

Wᴀɢɴᴇʀ Louis.

N. B. *Nous croyons devoir respecter le secret des pseudonymes
et des anonymes.*

ERRATA

P.	96,	*l.*	25.	*Lisez :* La solitaire des Rochers.
P.	101,	*l.*	34.	» J. Chantrel.
P.	129,	*l.*	2.	» 1864³, xi, 413.
P.	131,	*l.*	5.	» Ecclesiæ ruthenicæ.
P.	158,	*l.*	21.	» Avant 1789.
P.	162,	*l.*	22.	» Schouppe (F.-X.).
P.	169,	*l.*	6.	» Van der Moere (J.).
P.	173,	*l.*	9.	» Gustav Adolf.

ANCIENNE MAISON RETAUX-BRAY

Victor **RETAUX** et Fils, Éditeurs, 82, rue Bonaparte, à Paris.

Études de théologie positive sur la Sainte Trinité, par MM. P. Th. de Régnon, de la Compagnie de Jésus.

> Première série : *Exposé du dogme*. Un beau volume in-8. . . . . . 7 fr. 50
> Deuxième série : *Théories scolastiques*. Un beau volume in-8. . . 7 fr. 50

Le Prône catéchistique, d'après le Concile de Trente. Sa méthode et ses sources de développement, par J. Fontaine, S. J. Un volume in-18 jésus. . . 2 fr. 50

Le prône a-t-il gardé parmi nous toute l'efficacité qu'il devrait avoir ? D'où vient que les auditoires les meilleurs nous écoutent trop souvent avec une sorte de passivité résignée qui déconcerte et décourage ? Pourquoi les hommes, même chrétiens, évitent-ils de venir nous entendre, comme si rien d'utile pour leur âme et de véritablement instructif ne tombait de nos chaires ? Cela n'indique-t-il pas que nos procédés sont vieillis et usés, puisqu'ils demeurent si impuissants ? Et dès lors, n'est-il pas urgent d'apporter quelques modifications à nos méthodes ?

Autant de questions qui préoccupent bien des esprits sérieux. L'auteur de cet opuscule essaye d'y répondre. Il n'a fait que consigner ici ce qu'il a vu pratiquer autour de lui par de plus habiles, ce que lui-même a tenté parfois avec quelque fruit.

Pour les jeunes gens. — **Entretiens et Discours**, par le R. P. Jean Vaudon, Missionnaire du Sacré-Cœur, auteur de l'*Évangile du Sacré-Cœur*. Un volume in-18 jésus. . . . . 3 fr. 50

Les Psaumes ou les Odes inspirées du roi David. Paraphrase par l'abbé M.-J. Boileau, curé de Sainte-Geneviève de la Plaine-Saint-Denis, diocèse de Paris. Un volume in-8. . . . . 5 fr. »

Vie de la Révérende Mère Thérèse de Saint-Joseph (Ernestine d'Auguste), ancienne prieure du Carmel de Tours (1819-1890), par le R. P. Mercier, S. J. Un fort volume in-8. . . . . 5 fr. »

Les Sculptures de Solesmes. *Reproductions, État de la Question d'origine*, par le R. P. Dom M. de la Tremblaye. Un volume grand in-folio, papier vergé, 200 pages de texte, 37 héliogravures Dujardin. Relié toile. . . . . . 86 fr. »

L'Ame d'un missionnaire. *Vie du P. Nempon*, missionnaire apostolique du Tonkin occidental, par l'abbé Gustave Montecuis, licencié ès lettres, professeur de philosophie à l'Institution de Notre-Dame des Dunes (Dunkerque). Préface de Mgr Baunard, recteur des Facultés catholiques de Lille. Un volume in-8 avec portrait. . . . . 5 fr. »

Le Droit social de l'Église et ses applications dans les circonstances présentes, par P.-Ch. M., docteur en droit. Un volume in-8. . . . . 4 fr. »

Garcia Moreno, presidente de la República del Ecuador, vengador y martyr del Derecho Cristiano, obra escrita en Francés, por el R. P. A. Berthe, de la Congregación del Santísimo Redentor, y traducida al castellano por D. Francisco Navarro Villoslada.

> *Libertad para todos y para todo, menos para el mal*
> *y los malechores.* (Garcia Moreno.)

2 tomos in-8 . . . . 9 fr. »

Une Famille napolitaine, par les PP. L. Sica et H. Le Chauff de Kerguenec, S. J. 1 vol. in-18-jésus. . . . . 2 fr. »

Olivaint (le R. P. Pierre), de la Compagnie de Jésus, *Journal de ses retraites annuelles*, de 1860 à 1878, 4º édition, augmentée d'une table alphabétique et méthodique. 2 beaux volumes in-18 jésus (elzévir). . . . . 5 fr. »

Imp. D. Dumoulin et Cⁱᵉ, à Paris.